国家出版基金项目
NATIONAL PUBLICATION FOUNDATION
“十三五”国家重点图书
出 版 规 划 项 目

中国濒危语言志　组委会

中国濒危语言志
少数民族语言系列

总主编 曹志耘
主编 孙宏开 黄行 李大勤

四川松潘羌语

黄成龙 王保锋 毛明军 张曦 著

创于1897
The Commercial Press
商务印书馆

图书在版编目（CIP）数据

四川松潘羌语/黄成龙，王保锋，毛明军著.—北京：商务印书馆，2019
（中国濒危语言志）
ISBN 978-7-100-17554-8

Ⅰ.①四… Ⅱ.①黄… ②王… ③毛… Ⅲ.①羌语—介绍—松潘县 Ⅳ.①H274

中国版本图书馆CIP数据核字（2019）第107823号

四川松潘羌语

黄成龙　王保锋　毛明军　张曦　著

出版发行：商务印书馆
地　　址：北京王府井大街36号
邮政编码：100710

印　　刷：北京雅昌艺术印刷有限公司

开　　本：787×1092　1/16　　印　　张：$17\frac{1}{2}$
版　　次：2019年6月第1版　　印　　次：2019年6月北京第1次印刷
书　　号：ISBN 978-7-100-17554-8

定　　价：120.00元

埃溪村原址　松潘县小姓乡埃溪村原址/2016.7.1/董瑶 摄

埃溪村传统民居　松潘县小姓乡埃溪村原址/2016.7.1/黄成龙 摄

调查工作现场　松潘县小姓乡 /2015.8.16/ 王保锋 摄

调查团队　松潘县小姓乡 /2015.8.16/ 陶志强 摄

语法标注缩略语对照表

缩略语	英语	汉义
ABL	ablative（marker）	由格（标记）
ADV	adverbial（marker）	状语（标记）
AGT	agentive（marker）	施格（标记）
AUX	auxiliary particle for monosyllabic Chinese loan words	单音节汉语借词的助词
CAUS	causative（marker）	使动（标记）
CL	classifier	量词
COM	comitative（marker）	随同格（标记）
COMP	complementizer	补语句引导词
COMPR	comparative（marker）	比较（标记）
CONJ	conjunctive（marker）	并列连接（标记）
CONT	continuative aspect（marker）	连续体（标记）
COP	copula	系词
CSM	change of state（marker）	状态变化（标记）
DAT	dative	与格
DCT	direct	直接参与
DEF	definite（marker）	定指（标记）
DIM	diminutive（marker）	小称标记
FEM	feminine（marker）	雌性/阴性（标记）
GEN	genitive（marker）	属格（标记）

续 表

缩略语	英语	汉义
INCHO	inchoative aspect	起始体
INDCT	indirect	间接参与
INFER	inferential（marker）	推测（标记）
INST	instrumental（marker）	工具格（标记）
LNK	clause linker	分句连词
LOC	locative（marker）	位格（标记）
M	masculine（marker）	雄性（标记）
NEG	negative	否定
NMLZ	nominalizer（marker）	名物化（标记）
PFV	perfective aspect（marker）	完成体（标记）
PL	plural（marker）	复数（标记）
PROH	prohibitive（marker）	禁止式（标记）
PROS	prospective aspect（marker）	将行体（标记）
PRT	clause/sentence final particle	句尾助词
QUES	question（marker）	疑问句（标记）
REDUP	reduplication	重叠
REFL	reflexive（marker）	反身（标记）
SUPER	superlative（marker）	最高级（标记）

序

我的老家在浙江金华。我在老家生活的年代是20世纪六七十年代。那时候人们白天黑夜地干，酷暑寒冬地干，但就是吃不饱饭。山上光秃秃的，地上光秃秃的，简直成了不毛之地。如今40年过去了，回到家乡，只见茂林修竹，清流激湍，芳草鲜美，落英缤纷，俨然人间仙境。进山的小路早已被草木掩没，没有刀斧开路，则寸步难行。

在我家附近的塔石乡，有一个叫“大坑”的畲族村子，坐落在一条山沟里，有50多人。畲族相传发源于广东潮州凤凰山，明代以来逐渐北迁，从广东到福建，从福建到浙江、江西、安徽等地。数百年来，畲族尽管不断迁徙，散落中国东南各地，然而始终保持着他们共同的语言——畲话。1981年，我在山东大学上学期间，曾经一个人跑到大坑去，拿着日本人编制的调查表记录他们的畲话。当时村里男女老少，基本上人人会讲畲话。但时至今日，很多人已不会讲或讲不好畲话了，25岁以下无一人会讲。照此发展下去，估计几十年后，大坑人沿袭千年之久的母语将彻底消亡。

自然环境的破坏可以修复，但语言的消亡无法挽回，不可再生。

根据联合国教科文组织的《世界濒危语言地图》(2018)，在世界现存的约6700种语言中，有40%的语言濒临灭绝，平均每两个星期就有一种语言消亡。中国有130多种语言，其中有68种使用人口在万人以下，有48种使用人口在5000人以下，有25种使用人口不足1000人，有的语言只剩下十几个人甚至几个人会说了。汉语方言尽管使用人数众多，但许多小方言、方言岛也在迅速衰亡。即使是那些还在使用的大方言，其语言结构和表达功能也已大大萎缩，或多或少都变成“残缺”的语言了。

冥冥之中，我们成了见证历史的人。

然而，作为语言学工作者，绝不应该坐观潮起潮落。事实上，联合国教科文组织早在1993年就确定当年为“抢救濒危语言年”，同时启动“世界濒危语言计划”，连续发布“世界濒危语言地图”(联合国已确定2019年为“国际本土语言年”)。二十多年来，国际上先后成立了上百个抢救濒危语言的机构和基金会，各种规模和形式的濒危语言抢救保护项目在世界各地以及网络上展开。我国学者在20世纪90年代已开始关注濒危语言问题，自21世纪初以来，开展了多项濒危语言、方言调查研究课题，出版了一系列重要成果，例如孙宏开先生主持的“中国新发现语言研究丛书”、张振兴先生等主持的“中国濒危语言方言研究丛书”、鲍厚星先生主持的“濒危汉语方言研究丛书”（湖南卷）等。为了全面、及时抢救保存中国语言方言资源，教育部、国家语委于2015年启动了规模宏大的“中国语言资源保护工程”。在语保工程里，专门设立了濒危语言方言调查项目，迄今已调查76个濒危语言点和60个濒危汉语方言点。对于濒危语言方言点，除了一般调查点的基本调查内容以外，还要求对该语言或方言进行全面系统的调查，并编写濒危语言志书稿。随着工程的实施，语保工作者奔赴全国各地，帕米尔高原、喜马拉雅山区、藏彝走廊、滇缅边境、黑龙江畔、海南丛林都留下了他们的足迹和身影。一批批鲜活的田野调查语料、音视频数据和口头文化资源汇聚到中国语言资源库，一些从未被记录过的语言、方言在即将消亡前留下了它们的声音。

为了更好地利用这些珍贵的语言文化遗产，在教育部语言文字信息管理司的领导下，商务印书馆和中国语言资源保护研究中心组织申报了国家出版基金项目“中国濒危语言志”，并有幸获得批准。该项目计划在两年内按统一规格、以EP同步方式编写出版30卷志书，其中少数民族语言20卷，汉语方言10卷。自项目启动以来，语信司领导高度重视，亲自指导志书的编写出版工作，各位主编、执行编委以及北京语言大学、中国传媒大学的工作人员认真负责，严格把关，付出了大量心血，商务印书馆则配备了精兵强将以确保出版水准。这套丛书可以说是政府、学术界和出版社三方紧密合作的结果。在投入这么多资源、付出这么大努力之后，我们有理由期待一套传世精品的出现。

当然，艰辛和困难一言难尽，不足和遗憾也在所难免。让我们感到欣慰的是，在这些语言、方言即将隐入历史深处的时候，我们赶到了它们身边，倾听它们的声音，记录它们的风采。尽管我们无力回天，但已经尽了最大的努力，让时间去检验吧。

曹志耘

2018年10月

于浙江师范大学

目录

第一章 导论

第一节

调查点概况

羌族自称rma、ʐme、ʐmɑ或mɑ（尔玛），各地读音略有差异。根据2010年全国第六次人口普查统计，羌族总人口数为309 576人。羌族主要分布在四川省阿坝藏族羌族自治州的茂县、汶川县、理县、松潘县和绵阳市的北川羌族自治县[①]，少量分布于四川省甘孜藏族自治州的丹巴县和贵州省铜仁市的石阡县、江口县等地。大约有60 000羌族和50 000黑水县藏族目前还使用羌语。说羌语的人多数是生活在茂县、汶川县、理县、松潘县境内的羌族，其余的是生活在黑水县被划为藏族的人。居住在甘孜藏族自治州丹巴县、绵阳市北川羌族自治县和贵州省铜仁市石阡县、江口县的羌族都已经转用汉语了（黄成龙2007）。

松潘县的羌族分布在镇平乡和小姓乡。调查点小姓乡埃溪村在四川省松潘县西南部的热务沟区。热务沟区东边靠近漳腊区、松城区，东南临镇江关，南边紧靠茂县较场，西南是黑水县，西面是毛儿盖区，北方接红原县麦洼区。新中国成立前，小姓乡为大姓土司辖地。小姓乡东连镇江关乡，南靠茂县较场，辖碑子寺村、姑纳村、平安村、新丰村、大尔边村和埃溪村。

松潘县小姓乡埃溪村村民自称ʐme，此种自称方式类同于其他地区羌族的自称，如rma、ʐmɑ与mɑ等。他们称自己的语言为ʐmeʐ。

藏族称小姓乡埃溪羌民为ʐuwa，而当地羌民称藏民为ʂpə。

调查地居民主要是羌族，但不管在语言上，还是在建筑上，都受当地藏族的影响。大部分人不仅能听懂藏语，也能说藏语，不同民族间通婚现象也较常见。根据历史记载，古羌人的迁徙方向是由北向南的，由甘青地区先进入松潘，再沿岷江到达茂州、威州等地。

---

① 清代称为石泉县，2003年前叫北川县，2003年国务院批准为北川羌族自治县。

清代李元撰《蜀水经》卷一引《峝溪织志》曰："松潘，古冉駹地，积雪凝寒，盛夏不解。人居累石为室，高者至十余丈，名曰琱房，亲死，布衣斩衰，五年不浴。犯淫事者，输金请和，而弃其妻。惟处女婺妇勿禁。有罪者，树一长木，击鼓集众杀之，富者贯死，烧其屋，夺其田畜。部落甚众，无总属，推一人为长。"所以古代松潘的部落中，很大一部分属于冉駹部落。松潘也是白马羌的居地之一。汉代司马迁的《史记·西南夷列传》记载："自冉駹以东北，君长以什数，白马最大，皆氐类也。"白马即白马氏，先秦时分布在今四川省绵阳市北部与甘肃省南部武都之间的白龙江流域。清代陈登龙撰《蜀水考》卷一"东南下百余里至白马岭"下朱锡谷补注云："（白马岭）在松潘厅西北，古白马羌地，蜀汉置白马屯守，晋分置兴乐县，即今白马寨夷地。"

松潘还是汉藏文化交流的要塞，唐时汉藏间主要形成了茶马互市的贸易道路。到明代川藏茶道主要有两条：西路茶道（松茂道）和南路茶道（黎碉道），而西路茶道就是以松潘为中心集散地的。这是由松潘特殊的地理位置决定的：处于岷江源头，是山区与高原的过渡地带。过了镇江关区域向南，就是海拔较低区域，这也形成了畜牧与农作的区别。因此，中央政权对松潘很重视，并将之设为军事重镇。作为交通要塞和军事重地的松潘渐渐涌入了大量汉族和回族，善于经商的回民逐渐占据中心区域，羌、藏人群则渐往山区靠近。

羌族信奉万物有灵，以白石为代表，在屋顶四角，窗沿上都会摆上白石。在当今的小姓乡埃溪村羌族的生活中，也可以看到多种民族文化交融的痕迹。小姓乡羌族最重视的节日是春节，在春节会贴对联。另一个较重要的节日是农历五月十五，有祭寨神仪式，会撒龙达祈福。羌语中也有大量的汉语借词和藏语借词，大多数人都能说汉语、羌语和藏语。

第二节

系属分类

一　方言土语

孙宏开（1981a：177—178）将羌语分为北部方言和南部方言，两大方言均包含五个土语。刘光坤（1998：17—18）提出南部方言划分为七个土语，在原来五个土语的基础上，增加三龙土语和较场土语。根据孙宏开和刘光坤的划分，羌语的方言土语具体划分情况如图1-1所示：

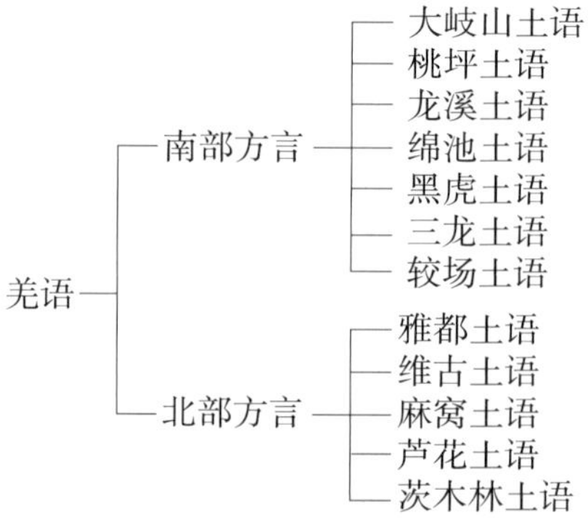

图1-1　羌语方言及土语（黄成龙2006：15）

刘光坤（1998）把茂县较场、石大关、太平、松坪沟以及松潘县镇江关西侧以及北川个别地区统归为南部方言较场土语。黄布凡、周发成（2006）把茂县太平、松坪沟、较场、石大关和松潘县小姓、镇平、白羊等地归为北部方言镇平土语。

二　语言系属

孙宏开（1981）提出羌语属于汉藏语系藏缅语族羌语支。孙宏开（1982，1983）、黄布凡（1991：208—213）和刘光坤（1998）提出羌语支包括羌语、普米语、嘉戎语、尔龚语（或称之为道孚语）、木雅语、史兴语、尔苏语、贵琼语、却域语、扎巴语和纳木依语。在美国学者马提索夫（Matisoff 2000：348）提出的分类中，汉藏语系下分藏缅语和汉语，藏缅语又分为卡玛鲁番支、喜马拉雅语支、羌语支、景颇–依–卢语支、彝–缅–纳西语支、克伦语支、白语支。具体如图 1–2 所示：

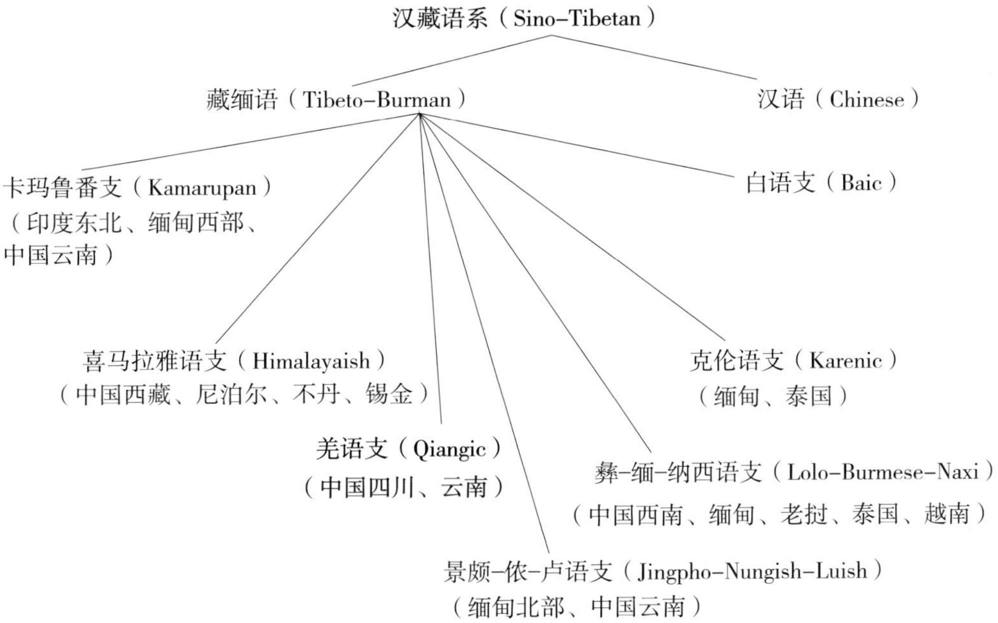

图 1–2　汉藏语系谱系图（Matisoff 2000）

孙宏开（1982,1983a,1983b,2001）和刘光坤（1998）的分类系统中，羌语支包括羌语、普米语、嘉戎语、尔龚语、西夏语、木雅语、史兴语、尔苏语、贵琼语、却域语、扎巴语、拉坞戎语和纳木义语。孙宏开（2001：160）提出，羌语分南、北两支，南支包括尔苏语组、贵琼语组和扎巴语；而北支包括羌语组、嘉戎语组和西夏语：

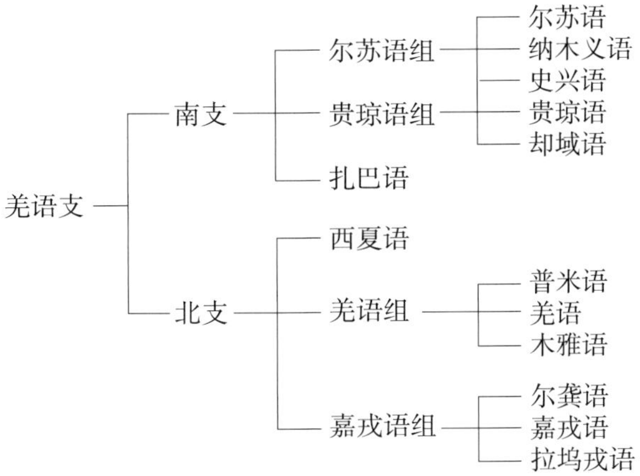

图 1–3　羌语支语言（孙宏开 2001）

三　研究概况

羌语是汉藏语系藏缅语族羌语支的重要语言，还保存着许多藏缅语族的古老特点，在构拟早期语言与追溯人类发展方面都有重要意义，因而受到国际汉藏语学界越来越多的关注。

早在清道光十三年（1833）就有对羌语的记录（聂鸿音2000）。闻宥、张锟、傅懋勣等在20世纪40年代对离成都较近的理县、汶川一带的羌语进行了调查，发表了一系列论文。20世纪50年代，中国少数民族语言调查第7工作队孙宏开、黄布凡、刘光坤、刘辉强等学者对茂县、汶川县、理县、黑水县的羌语进行了较为全面系统的调查，但这方面的成果直到1981年开始才陆续面世。由孙宏开（1981b）出版的《羌语简志》，以理县桃坪话为代表描写了羌语的结构特点，刘光坤在1998年出版了《麻窝羌语研究》，余文生在2001年出版了《羌语语音和词汇概论：共时和历时》，描写了理县桃坪，汶川县绵篪、龙溪，茂县雅都，黑水县麻窝等地的语音系统。黄布凡、周发成（2006）合作发表了描写茂县曲谷羌语的著作《羌语研究》。黄成龙（2007）出版了《蒲溪羌语研究》。早期和近年的羌语调查集中在茂县雅都、曲谷，黑水县麻窝，汶川县龙溪、绵篪，理县桃坪、蒲溪等地。尚未对松潘县的羌语进行过系统的调查研究，更没有系统的描写著作面世。

第三节

濒危状况

一 调查统计

松潘县小姓乡埃溪村有56户，共226人，都能说羌语。此外，多数村民还能说汉语、藏语。我们在调查前得到了小姓乡埃溪村村名的基本信息，包括姓名、民族、身份证号等信息[①]。全村登记在册的村民共238名（2011年统计），经过我们的调查，完整、有效的信息为226人（不包含去世村民和1名有听力障碍者），占全村人数的95.38%。在我们获取的有效村民信息中，村民的民族构成如表1–1所示：

表1–1 埃溪村村民民族构成

	羌族	藏族	汉族	回族	总数
总人数	212	11	2	1	226
百分比（%）	93.81	4.87	0.88	0.44	100

根据表1–1我们可以清晰地看到：在埃溪村的样本中，共有羌、藏、汉、回四种民族。其中羌族人数为212人，占样本总量的93.81%；藏族人数为11人，占4.87%；汉族为2人，占0.88%；回族人数为1人，占0.44%。羌族是埃溪村的主要民族，其他三个民族为少量分布。

针对埃溪村村民羌语使用的情况，我们进行了问卷和入户访谈调查。现将获得的数据整理如表1–2所示：

① 松潘县小姓乡埃溪村文书（2015年）提供。

表1-2　埃溪村村民羌语使用情况

	使用羌语的人数	不使用羌语的人数	总人数
羌语相对使用人数	216	10	226
占样本总量的百分比（%）	95.58	4.42	100

统计表1-2的目的在于得到埃溪村村民使用羌语的相对人数及其在样本中的百分比。经过统计可知，在埃溪村226名村民中，使用羌语的村民有216人，占被调查村民人数的95.58%；不使用羌语的村民有10人，占被调查村民人数的4.42%。从这一点可知，大部分埃溪村的村民都在使用羌语，该村不使用羌语者只是很少的一部分。

相对使用人数反映该村羌语的整体使用情况。当然，在观察语言的使用情况时，还需要参考绝对使用人数。结合统计数据我们得到了表1-3：

表1-3　埃溪村羌族村民羌语使用情况

	人数	占该村羌族人口的百分比（%）	占总人口的百分比（%）
羌语绝对使用人数	206	97.17	91.15
不使用羌语的绝对人数	6	2.83	2.65
总数	212	100	93.80

表1-3显示：埃溪村村民共有226人，其中羌族212人，羌族中使用羌语的有206人，占该村羌族人口的97.17%，占全村人口的91.15%；该村羌族中不使用羌语的村民有6人，占该村羌族人口的2.83%，占全村人口的2.65%。从数据来看，该村大部分羌族村民仍然会说羌语，只有少部分羌族转用了其他语言。

（一）年龄

从年龄段观察该村的羌语使用情况，我们将全村的村民分成了四组，年龄间隔是20岁（除了未成年人），分别是：18岁以下、18—39岁、40—59岁、60岁以上。而后我们根据该村村民掌握语言的情况统计得到表1-4：

表1-4　各年龄段埃溪村村民羌语使用情况

掌握的语言＼年龄段		18岁以下	18—39岁	40—59岁	60岁以上	总人数
羌语	人数	0	0	0	0	0
	百分比（%）	0	0	0	0	0

续表

掌握的语言＼年龄段		18岁以下	18—39岁	40—59岁	60岁以上	总人数
藏语	人数	0	0	0	0	0
	百分比(%)	0	0	0	0	0
汉语	人数	3	1	0	1	5
	百分比(%)	8.33	1.05	0	3.13	2.21
羌语、汉语	人数	26	69	43	13	151
	百分比(%)	72.22	72.63	68.25	40.63	66.81
羌语、藏语	人数	0	0	0	0	0
	百分比(%)	0	0	0	0	0
藏语、汉语	人数	2	2	1	0	5
	百分比(%)	5.56	2.11	1.59	0	2.21
羌语、藏语、汉语	人数	5	23	19	18	65
	百分比(%)	13.89	24.21	30.16	56.25	28.76
总人数		36	95	63	32	226
百分比（%）		15.93	42.04	27.88	14.16	100

从年龄段来看：18岁以下的村民有36人，其中只会羌语或者只会藏语的村民有0人；只会汉语的有3人，占未成年人数的8.33%；掌握羌、汉双语的有26人，占未成年人数的72.22%；掌握羌、藏双语的为0人；掌握藏、汉双语的有2人，占未成年人的5.56%；掌握羌、汉、藏三语的为5人，占未成年人的13.89%。这个年龄段的人大多数掌握羌、汉双语，很少一部分掌握羌、汉、藏三语，只会汉语或者只掌握藏、汉双语的只是非常少的一部分，不存在只掌握羌、藏单语或者只掌握羌、藏双语的村民。

18—39岁的村民有95人，其中只会羌语或者只会藏语的村民有0人；只会汉语的村民有1人，占该年龄段人数的1.05%；掌握羌、汉双语的村民69人，占该年龄段人数的72.63%；掌握羌、藏双语的人数为0人；掌握藏、汉双语的村民2人，占该年龄段人数的2.11%；掌握羌、汉、藏三语的为23人，占该年龄段人数的24.21%。这个年龄段超过一大半的人掌握羌、汉双语，少部分的人掌握羌、汉、藏三语，只会汉语或者只掌握藏、汉双语的只是非常少的一部分，不存在只掌握羌、藏单语或者只掌握羌、汉双语的村民。

40—59岁的村民有63人，其中只会羌语、只会汉语或者只会藏语的村民有0人；掌握羌、汉双语的村民有43人，占该年龄段人数的68.25%；掌握羌、藏双语的人数为0人；掌握藏、汉双语的有1人，占该年龄段人数的1.59%；掌握羌、汉、藏三语的人数为19人，占该年龄段人数的30.16%。这个年龄段超过一半的人掌握羌、汉双语，较多的人掌握羌、汉、藏三语，只掌握藏、汉双语的只是非常少的一部分，不存在只掌握羌、藏、汉单语或者只掌握羌、汉双语的村民。

60岁以上的村民有32人，其中只会羌语或者只会藏语的村民有0人；只会汉语的有1人，占该年龄段人数的3.13%；掌握羌、汉双语的村民13人，占到该年龄段人数的40.63%；掌握羌、藏双语或者藏、汉双语的人数为0；掌握羌、汉、藏三语的有18人，占到该年龄段人数的56.25%。这个年龄段接近一半的人掌握羌、汉双语，超过一半的人掌握羌、汉、藏三语，极少一部分人只掌握汉语单语，不存在只掌握羌、藏单语或者只掌握羌、藏双语的村民。

综合每个年龄段的结果，我们可以看到：整个村民中只会羌语或者只会藏语的村民有0人；只会汉语的村民有5人，占到全村村民的2.21%；掌握羌、汉双语的有151人，占全村村民人数的66.81%；掌握羌、藏双语的人数为0；掌握藏、汉双语的有5人，占全村人数的2.21%；掌握羌、汉、藏三语的人数为65人，占全村人数的28.76%。整体来看，村民大部分是羌、汉双语者，40岁以下的村民也主要是羌、汉双语者，这个比例随着年纪的增大而不断下降；羌、汉、藏三语者在村子中也占有一定的比例，60岁以上的村民大多数为羌、汉、藏三语者，这个比例随着年纪的减小而不断下降；不存在羌、藏双语者、羌语单语者或藏语单语者；藏、汉双语者和汉语单语者占了极少的比例，且出现年龄低龄化现象。

横向来看，只会汉语的村民主要是18岁以下的未成年人，个别青年和老人也出现只会汉语的状况；对比羌、汉双语组和羌、汉、藏三语组的数据可以发现，随着年龄段的增大，羌、汉双语者的比例呈下降趋势，羌、汉、藏三语者的比例则呈上升趋势。

（二）民族

村民分羌、藏、汉、回四个民族，分别统计各个民族的语言使用人数，以及各组的数据在本族和本村中的比例，所得结果见表1-5：

表1-5　不同民族的埃溪村村民语言使用情况

掌握的语言＼民族		羌族		藏族		汉族		回族		总数
		本族	样本	本族	样本	本族	样本	本族	样本	
羌语	人数	0		0		0		0		0
	百分比（%）	0	0	0	0	0	0	0	0	0
藏语	人数	0		0		0		0		0
	百分比（%）	0	0	0	0	0	0	0	0	0

续 表

掌握的语言 \ 民族		羌族		藏族		汉族		回族		总数
		本族	样本	本族	样本	本族	样本	本族	样本	
汉语	人数	4		0		1		0		5
	百分比（%）	1.89	1.77	0	0	50	0.44	0	0	2.21
羌语汉语	人数	150		0		1		0		151
	百分比（%）	70.75	66.37	0	0	50	0.44	0	0	66.81
羌语藏语	人数	0		0		0		0		0
	百分比（%）	0	0	0	0	0	0	0	0	0
藏语汉语	人数	2		3		0		0		5
	百分比（%）	0.94	0.88	27.27	1.33	0	0	0	0	2.21
羌语藏语汉语	人数	56		8		0		1		65
	百分比（%）	26.42	24.78	72.73	3.54	0	0	100	0.44	28.76
总数		212	93.81	11	4.87	2	0.88	1	0.44	226

羌族人数有212人，该组中只说汉语的有4人，占羌族人数的1.89%，占全村人数的1.77%；掌握羌、汉双语的有150人，占该组人数的70.75%，占全村人数的66.37%；掌握藏、汉双语有2人，占该组人数的0.94%，占全村人数的0.88%；掌握羌、汉、藏三语的有56人，占本族人数的26.42%，占全村人数的24.78%。该村羌族村民主要是羌、汉双语者，少部分人掌握羌、汉、藏三语，只有极少部分人是汉语单语者或者转用藏、汉的双语者。

藏族有11人，其中3人掌握藏、汉双语，占该组人数的27.27%，占全村人数的1.33%；剩下的8人掌握羌、汉、藏三种语言，占该组人数的72.73%，占全村人数的3.54%。可见，该村藏族大部分是羌、汉、藏三语者，剩下的则是藏、汉双语者。

汉族人数有2人，其中1人只使用汉语，占该组人数的50%，占全村人数的0.44%；剩下的1人掌握羌、汉双语，占该组人数的50%，占全村人数的0.44%。

回族只有1人，但掌握了羌、汉、藏三语，占该村回族人数的100%，占全村人数的0.4%。

（三）文化程度

村民的文化程度相对来说比较隐私，所以我们只收集到174条信息。根据这些信息，该村村民的文化程度可分为文盲、未入学、小学、初中、中专、高中、大专、大学等8个分组，见表1-6：

表1-6 不同文化程度的埃溪村村民语言使用情况

掌握的语言 \ 文化程度		文盲	未入学	小学	初中	中专	高中	大专	本科	总计
汉语	人数	1	2	1	0	0	0	0	0	4
	百分比（%）	4.8	12.5	1.2	0	0	0	0	0	2.3
羌语汉语	人数	12	11	53	24	6	3	4	2	115
	百分比（%）	57.1	68.8	63.9	68.6	75	60	100	100	66.1
藏语汉语	人数	0	1	2	0	0	0	0	0	3
	百分比（%）	0	6.3	2.4	0	0	0	0	0	1.7
羌语藏语汉语	人数	8	2	27	11	2	2	0	0	52
	百分比（%）	38.1	12.5	32.5	31.4	25	40	0	0	29.9
总人数		21	16	83	35	8	5	4	2	174
百分比（%）		12.1	9.2	47.7	20.1	4.6	2.9	2.3	1.1	100

以文化程度划分，全村村民有文盲21人，占12.1%；未入学（即：七岁以下）的有16人，占9.2%；小学文化程度的有83人，占47.7%；初中文化程度的有35人，占20.1%；中专文化程度的有8人，占4.6%；高中文化程度的有5人，占2.9%；大专文化程度的有4人，占2.3%；本科文化程度的有2人，占1.1%。全村整体文化程度主要集中在小学层次，高学历知识分子只是极少数，初中文化程度的也只有少量，未接受教育的（包含文盲和未入学者）所占的比例接近初中文化程度所占的比例。分组来看：文化程度为“文盲”的村民有57.1%使用羌、汉双语，38.1%使用羌、汉、藏三语，4.8%只使用汉语；文化程度为“未入学”的村民大多是年龄低于7岁的儿童，他们中的68.8%使用羌、汉双语，12.5%的人只说汉语，12.5%只使用羌、汉、藏三语，6.3%的人使用藏、汉双语；文化程度为“小学”的村民，63.9%使用羌、汉双语，32.5%使用羌、汉、藏三语，2.4%使用藏、汉双语，1.2%的人只使用汉语；文化程度为“初中”的村民有68.6%使用羌、汉双语，31.4%使用羌、汉、藏三语；文化程度为“中专”的村民有75%使用羌、汉双语，25%使用羌、汉、藏三语；文化程度为“高中”的村民有60%使用羌、汉双语，40%使用羌、汉、藏三语；文化程度为“大专”“本科”的村民都使用羌、汉双语。

横向来看，随着文化程度的提升，只使用汉语单语的人数呈下降趋势，初中及初中以上文化程度的村民基本不存在单语现象；而随着文化程度的提升，使用羌、汉、藏三语者的文化程度基本都在高中学历以下，尤其是“高中”“文盲”文化程度的村民，使用三语的人数比重在相应组别中占到38%以上。

小姓乡埃溪村地处松潘县镇江关的西部，紧邻纳溪村、白柱头、龙头寺等。镇江关以西，多数村子能通羌、汉、藏三语，也有不会羌语或只通藏语或汉语的，如新丰村只通汉语，而热溪村只通藏语。埃溪村村民多数通羌、汉双语，一部分村民通藏语，藏、羌之间的深度接触导致此处的羌语语言系统有别于其他方言土语。当地可以接收到阿坝卫视、康巴卫视两个藏语电视台，但是埃溪村民所使用的藏语与这两个电视台的藏语有区别，所以当地村民倾向于看汉语频道。在代际传递中，子代大多掌握亲代所使用的语言，但儿童小学期间就普遍住校，这就强化了他们之间的相互交流，使多数孩子至少能听懂羌、藏、汉三种语言。在相互交际中，埃溪村内部使用羌语或藏语的频率高于汉语，对仅掌握汉语的外来人员才使用汉语。埃溪村2008年灾后重建于纳溪和龙头寺之间，被称为埃溪新村，一部分人于2011年移民搬迁至小姓乡。在埃溪新村，相对于藏语来说羌语是更强势的语言，村民多使用羌语进行交际，有部分村民尚未掌握藏语；而在小姓乡，藏语的使用频率更高，但埃溪村民仍把羌语作为第一交际用语，所以在日常生活中我们会见到一边使用羌语一边使用藏语进行交际的情况。

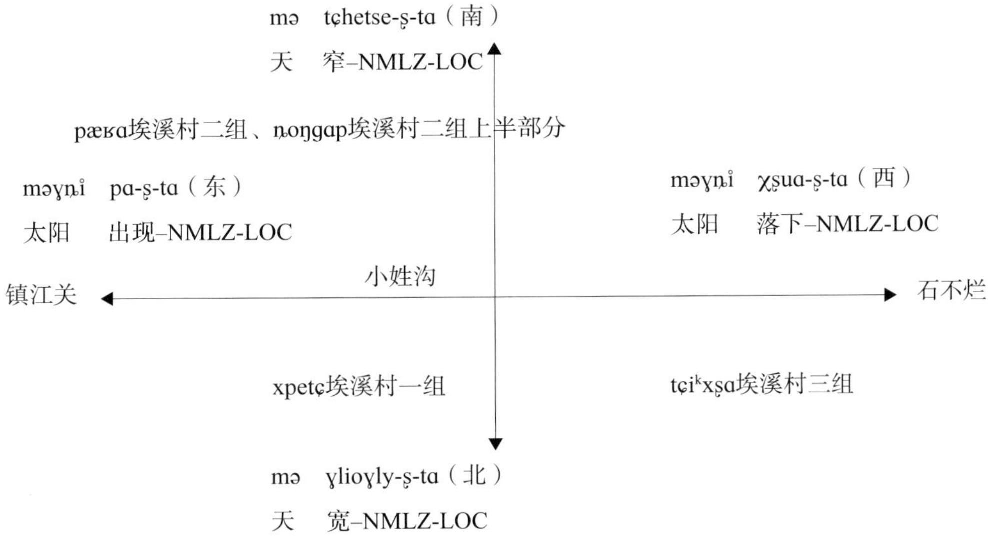

图1–4 埃溪村空间方位图

镇江关沿着小姓沟一直往西到石不烂，北面是xpetɕ（埃溪村一组）和tɕi^{k}[1]xʂɑ（埃溪村三组），南面是pæʁɑ（埃溪村二组）和n̥oŋgɑp（埃溪村二组上半部分）。

镇江关以西，相对于羌语、藏语来说，汉语的使用人群更大。汉语无疑是通用语。但是镇江关区域的藏语又不同于康巴藏语或安多藏语，其使用范围比较小，与外界交流则需换用汉语。而近年到九寨沟、茂县等地学习、工作的人数显著增长，这些人群使用汉语的频率也随之升高，有双语或三语者发展成单语者的趋势。而在当地，村民直接接触汉语的

① 上标音标原处理为长辅音，但根据发音机制不是长辅音，而是协调发音，本书用上标表示，下同。

机会较小，多是通过电视等媒介接触汉语。

在2011年移民搬迁中，大尔边全村、姑纳20户、埃溪11户、平安儿户、碑子寺1户移民至小姓乡。大尔边、姑纳、平安、碑子寺都选择藏语作为第一语言，但生活在小姓乡的村民几乎都能使用羌语，与乡里其他使用羌语的人群能进行无障碍交流。各村羌语只在个别词和语法上有点儿区别，但对应关系明显，并不影响交际。另外，在小姓乡生活的各村村民几乎都是三语者。这虽然降低了汉语对羌语和藏语的影响，但藏语和羌语的接触却增加了。

表1-7　镇江关地区语言使用情况

地区	羌	藏	汉
镇江关村 tɕyɕo			√
小尔边村 ləɣq	√		√
碑子寺村 ɣlehi	√	√	√
新丰村 dogu			√
姑纳村 qula		√	√
热溪村 ʂəja		√	
平安寨 tʂhela		√	
罗卜冲村 ləpsu	√	√	√
龙头寺村 ɣgimba	√	√	√
埃溪村 metspu	√	√	√
纳溪村 lakxʂa	√	√	√
白柱头村 xpetɕ	√	√	√
百花楼寨村 paʁap	√	√	√
寨溪村 tɕekxʂə	√	√	√

二　濒危程度

松潘羌族长期居住在小姓沟（藏羌边界地带），在与藏族交往过程中，他们自然而然学习藏语，因此，该地区绝大多数羌族会说藏语。年长者还自然学会汉语，学龄儿童一进小学就接受汉语文教育，所以，他们都会说汉语。小姓羌族基本上都会说羌语、汉语、藏语三种语言，是多语人。在此选取两个个案，介绍羌语在家庭中的代际传承。

（一）羌语家庭代际传承

自多他，1962年出生，藏族，藏语名字的发音为ziduotha，务农为生。20多岁的时候他作为上门女婿来到埃溪村，因为他的母亲是大尔边的羌族，所以他来到埃溪村之前他可以听懂羌语，来到埃溪村之后为了沟通方便，他开始使用羌语。他本人是藏族，藏语是他的母语和第一语言，因此他藏语说得非常流利。平时在家里跟家人讲话也使用藏语；埃溪村是最靠近藏区的一个羌族村寨，这里的人们多多少少懂一些藏语，所以自多他在日常生活中更多地使用藏语。村子搬迁到新区后，这里的人们也是说藏语比较多，自多他的语言环境基本没有改变，他日常还是以使用藏语为主。

自多他谦虚地说只会一点儿羌语，但是通过细致的观察我们发现，他本人也精通羌语：既能听又会说。他的妻子是埃溪村的羌族，在家日常对话中也会使用羌语，但是更多情况下是自多他说藏语，妻子说羌语，两人可以彼此听懂，不存在沟通障碍；跟村里的羌族乡邻交流时，自多他也是羌语与藏语交替使用；村子里开会时，为了便于村民理解，村干部往往是羌、汉语交替使用，自多他也会交替使用汉语；遇到外人时，自多他也会选择使用汉语。自多他不使用手机，更不使用微信等社交软件，获取外界信息主要是通过电视等传统媒体。在电视节目的选择上，他倾向于选择汉语频道。

自多他有两个儿子，两个儿子户口本上的民族成分都是羌族。村子里离家到县城或者其他城市的人非常多，大儿子几年前去了都江堰，现在全家定居在都江堰。大儿子主要使用藏语和汉语，羌语使用得比较少；学校用汉语进行教学，没有开设藏语课，使用的语言也是汉语。大儿子的妻子是其他村的藏族，几乎听不懂羌语。他俩有一个5岁的儿子，这个儿子主要使用汉语和藏语，能听懂一些羌语，但只会说一点儿，跟父亲、祖父们交流时也使用汉语。二儿子是自多他一家搬到埃溪新村以后才结的婚，现在也定居在都江堰。年初的时候有了第一个孩子。

八江磋，1974年出生，羌族，羌语名字发音为ʐ̥uχʤaŋtshuo，原记作入江磋，汉语名字叫陆石英，文化程度为小学。原来住在埃溪村老村寨，现在居住在埃溪新村。

八江磋精通羌语、藏语，也可以使用汉语进行流利的对话。20多年前，八江磋的丈夫谭耀健上门到埃溪村，并开始学习羌语。在来埃溪村之前，谭耀健一直在羌族聚居的村寨做木工，可以听懂一些羌语。结婚以后，他用了两三年时间便掌握了羌语，夫妻二人平时日常交流也使用羌语。但是据八江磋介绍，他说的羌语还是同母语人说的不太一样，可以听出细微差别，不过不影响交流。

八江磋的三个孩子在家都使用羌语，上的是汉语学校，所以精通羌、汉双语。大女儿、二女儿之前参加了“9+3”计划，在德阳学习酒店管理；小儿子在松潘念完了初中。

八江磋一家平时交流都使用羌语，和外人接触时会使用汉语。在电视节目的选择上，因为没有羌语频道，所以他们通常会选择汉语频道。八江磋去年才开始接触微信，在微信上会选择同样懂羌语的微信好友，以便通过发语音的形式使用羌语交流。

八江磋的妹妹外出务工，平时比较忙，两个孩子平时就送到松潘县城的一家幼儿园。暑假到了，幼儿园放假，妹妹没有时间照顾孩子，所以将两个孩子寄养在八江磋这里。这两个孩子的民族成分是羌族，但是基本都说汉话。据八江磋说，这两个孩子小一点儿的时候会说羌语，现在听得懂，但是不肯说羌语了。对此，八江磋还是希望能慢慢地引导他们说羌语，按照她自己的话说："一个羌族人不会说羌语怎么行？"

郎加他1961年出生在小姓乡埃溪村，是当地土生土长的羌族，也见证了这个村子的搬迁和变化。他以前是村子里的小学老师。他非常爱惜自己的民族语言，总是希望更多的人能够了解自己的语言，所以他非常支持我们的这次语言调查。郎加他有自己的汉语名字，但是在平时他总是使用羌语名字的汉语音译。有客人在的时候，他使用汉语交流，但平时在家他使用羌语。由于该村紧邻藏区，村里之前都是使用羌、汉、藏三种语言，郎加他也精通这三种语言，同藏族村民可以用藏语无障碍交流。在他的倡导下，家人都精通羌、汉、藏三种语言。大儿子陶志强现在在一家旅游公司上班，负责推进石不烂景区工程的进度。之前他是货车司机，常常往返于羌区和藏区，所以他的藏语也非常熟练。陶志强的妻子是马尔康的藏族。

说起下一代的教育问题，郎加他非常明确的一点就是"一定要学习羌语"，他曾说："一个羌族人怎么能不会羌语，说出去也不怕人笑话。"他有一个9岁的孙子，因为他的儿媳妇是藏族，所以这个孩子从小常说藏语，现在一家人生活在一起，爷爷对孙子的要求就是要好好学习羌语。

郎加他最近这两年才开始使用微信。对于这个新兴的社交工具，他是比较支持的。因为微信可以发语音，以此可以鼓励更多的人在微信中使用羌语。但是，对于电视等传统媒体，他是比较反感的。因为电视节目大多数是汉语节目，几乎没有羌语节目。他认为这对下一代的教育非常不利。

村子里还有很多外出务工人员，包括郎加他的长女和小儿子。他知道在外工作一定是使用汉语的场合多，但是孩子们一回到家，他就会督促他们说羌语，尽量不要使用汉语。

郎加他对于羌语文字创制工作也非常热心。他认为一旦羌语有了文字，就能摆脱口传心记、彼此沟通的障碍，也能摆脱即将失传的尴尬局面，而这也可以促进羌族语言文化的传承、发展与保护。

（二）濒危情况

通过观察、问卷调查、入户访谈等方式，我们获得了松潘羌语的濒危程度：

第一，埃溪村村民都会使用汉语进行交流。有些人是自然学会汉语的，现在所有人基本上都会说汉语，这有利于他们与外界的交往，但也威胁松潘羌语的代际传承。

第二，小姓乡只有埃溪村和大尔边村300多人是羌族，周边的其他村寨和热务沟村民都是藏族，相互之间通婚比较频繁，所以绝大多数羌族都会说热务沟藏语。小姓乡和热务沟的强势语言是藏语，这也会影响松潘羌语的使用与代际传承。

第三，2008年“5·12”汶川大地震后，由于埃溪村从山上整体搬迁到河谷，他们跟外界的交流更加频繁。如今多数年轻人都外出务工，他们也逐步改变了观念，让孩子直接学习汉语，与孩子直接用汉语交流。

第四，随着电视传媒和通信的不断输入和普及，绝大多数人都在使用手机，多数人在使用微信社交平台。在微信交流中，他们相互交流时，语码转换相当频繁。有时一句话里羌、汉两种语言并用，有时用一句羌语、一句汉语等，羌语代际传承也受到了极大的威胁。

以上几种因素已经表明：松潘羌语代际传承已经出现了中断的迹象，羌语已经处在高度的濒危之中。

三　调查点口头传统文化

松潘县的国家级非物质文化遗产是羌族多声部。羌族多声部民歌现流传于松潘县小姓乡埃溪五寨、大尔边三寨、镇坪乡和茂县的太平乡、松坪沟乡，以及黑水县世代以羌语为母语的部分地区。在埃溪村，多声部歌舞占优势，单声部歌曲较少；在阿坝藏族羌族自治州其他羌族地区广泛存在的沙朗以单声部的形式演绎，然而埃溪村民仍会在沙朗演绎中插入多声部歌曲。村民都能使用汉语，然而多声部仍以羌语进行演绎。大到节庆聚会，小至日常聚餐、劳作，村民们都会唱多声部以抒发情感。经常演唱的类别为gen和n̥iʂa，都是酒歌类，只能以双声部形式演绎，且只能由男性演唱。gen和n̥iʂa歌词内容相似。其他类别都是以三声部或四声部形式表演。

音乐学者樊祖荫（2004）把多声部分为五类：山歌、酒歌、舞歌、劳动歌和祈祷歌。除了忌讳场合，在接客、聚会中都可以交互演唱。埃溪村多声部传承人雷簇等也对多声部进行了分类，分为没有实际歌词的多声部和有较多实意诗句的多声部。在多声部歌曲的传承过程中，用丰富的表现手法将社会生活和对世界认知的各方面，如宇宙、宗教、自然、劳作、社会交往等表达得淋漓尽致。所以，多声部保存的不仅是羌族的音乐艺术，更是一部羌族古老的口述史。

因为在日常生活中也会演唱多声部，如今埃溪村的年轻人也会演唱多声部，日常能与长辈共同唱出多数曲目。即使是敬神类的matʂe，如今的年轻一代也能通过耳濡目染基本掌握。但下一代是否能传承此文化，却面临着巨大考验，因为这需要他们长期生活在当地，并参与日常的民风民情活动。

小姓乡还有diʂɑ（妮莎）史诗，共100多部，如今没人能唱完。本书作者之一毛明军和台湾“中研院”历史语言研究所所长王明珂自1994年开始记录翻译妮莎史诗，准备在台湾出版，希望能保存这部史诗。

第四节

调查说明

一 调查简况

2015年，课题组成员首次对松潘羌语进行调查，工作主要集中在联系当地有关政府部门、确定发音人、选择摄录场所、了解当地的语言文化状况、整理并摄录词汇、语法、口头文化、话语和地方普通话材料。黄成龙主要负责项目的统筹和计划、羌语常用语和话语故事的记录整理。毛明军与发音人共同确定词汇和语法例句的贴切表达，并提供了语法专题的相关例句。张曦主要负责当地历史文化语言生态状况的调查。王保锋主要负责词汇、语法例句和语法专题的录音，并与董瑶一起在黄成龙的指导下对羌语音系进行了归纳整理。董瑶主要负责词汇的录入和音系的整理。魏久乔主要配合摄录团队进行相应材料的摄录，并填写调查手册。

2016年，课题组成员再次进行调查，本次是对松潘羌语的全面补充调查。黄成龙和毛明军主要对羌语的词法和句法进行了深入的调查和分析。陈维康和王术德主要对当地的特色词汇进行记录，并对文字部分进行整理。王保锋主要对羌语的构词法和词汇进行整理。董瑶、宋佳和吴晓红对当地的语言使用情况进行访谈调查，并对数据进行初步的分析。

二 发音人简况

郎加他，男，羌族，高中文化程度。1961年出生于松潘县小姓乡埃溪村三组，1980—1990年为村小学民办教师，1990—2004年为县里汽车驾驶员，2004年开始做松潘林业局保洁员。长期生活在松潘县小姓乡，母语为羌语，兼通汉语和热务沟藏语，平时主要使用羌语和汉语进行交流。其父母都是埃溪村人，都会说羌语、汉语和热务沟藏语，但其母亲的汉语不流利。其配偶是小姓乡大尔边村人，兼通羌语和汉语。

甲波牙，男，羌族，小学文化程度。1960年出生于松潘县小姓乡埃溪村三组，长期生活在松潘县小姓乡，以务农为生，母语为羌语，日常生活用语为羌语，能熟练地说四川话，兼通热务沟藏语。已于2016年10月因病去世。

毛明军，男，羌族，1962年出生。1982年开始担任小学教师，1989年参与创制羌文及教材编写，1993—1996年在阿坝师范学院从事羌语文教学工作。1997年后从事秘书、科员、县处级干部以及羌族语言文化调查研究。他精通自己的母语，还能流利使用羌语标准音曲谷话。他既是本书的合作作者，又是羌语发音人和翻译者。

陶志强，男，羌族，初中文化。1985年生于四川省松潘县小姓乡埃溪村，从小在村里长大，能熟练使用羌语、藏语和汉语。

第二章 语音

第一节

元辅音系统

一　元音音位系统

（一）基本元音

松潘羌语共有16个元音音位，其中包括10个普通单元音、3个鼻化元音、3个清化元音。与有成套卷舌元音的其他羌语方言不同的是，松潘羌语只有一个卷舌元音 əɻ，考虑到方言间的一致性，暂不将其列为单独音位。表2-1是松潘羌语的10个普通元音音位：

表2-1　松潘羌语普通元音音位

i　y		u
e　ø	ə	o
a	ɐ	ɑ

单元音音位的例词如下：

元音	例词	汉义	例词	汉义
i	pi	父亲	n̥i	人
y	thy	冷	tɕy	小孩
e	pe	猪	le	蒸汽
ø	ɦø	酒曲	hø	虎
a	pa	躲	ba	背
ə	pə	买	kə	去
ɐ	thɐ	那儿	tsɐ	这里

o	poj	艾草	ʁo	碗
u	pu	燕麦	ʁu	同意
ɑ	pɑ	开~花	lɑ	狼

需要说明的是，元音ø出现的频率很低，仅出现在两个语素中，且有部分当地人将之发为类似əɻ的音。目前我们没有发现长短元音对立的例子，不过在一些习惯读作升调的音节中，元音音质较长，这可能与韵律规则相关。

松潘羌语中清化、鼻化元音主要集中在舌位较高的元音中。如表2–2所示：

表2–2　松潘羌语鼻化、清化元音音位

ĩ	i̊ ẙ	ũ	ů
		õ	

表2–2中鼻化元音及清化元音的例词如下：

元音	例词	汉义	例词	汉义
ĩ	hĩ	咂酒	hĩdze	红色
ũ	hũ	毛	mũdɑ	试探
õ	ʁlõʑ	石板	soʁõ dʑy	牛虻
i̊	pɑki̊	脚心	təti̊	懂得
ů	mophůly	便宜	tuɣgů	穿上
ẙ	motɕẙ	不穿~鞋	ʂudẙ	打铁

另有一个卷舌元音əɻ。例如：

əɻ	pankhəɻ	蚌	qəlʁuəɻ	钩子

（二）二合、三合元音

松潘羌语有22个二合元音和1个三合元音，这些复合元音都是前响或后响复合元音。如表2–3所示：

表2–3　松潘羌语二合、三合元音

ie	ia	iɑ	iəɻ	iu	io	iɑu
ue	ua	uɑ	uə	ui	uəi	
ye	ya	yɑ	yə			
ɑi	əi	oi	əu	ou	ɑu	

例词：

元音	例词	汉义	例词	汉义
ie	xtie	菜	kieti	骡子
ia	xpia	药	ɣdia	胆小
iɑ	jytiɑ	蜻蜓	kiɑs	扁担
iəɻ	diəɻ	梨		
iu	kiu	家里	ʂəliu	石榴
io	diop	后年	xtioʁu	欠账
iɑu	thiɑuke	调羹	ʂəupiɑu	手表
ue	ŋue	短	tshue	铜火锅
ua	tʂhua	船	wuaze	桩
uɑ	quɑ	钢火	ʂuɑ	腌
uə	ʁuə	哑巴	tʂuə	雪
ui	wui	伤		
uəi	xkuəi	苏门羚		
ye	khye	圈动词	ɣgye	开~门
ya	tɕhya	播种	ɕya	亮
yɑ	xtyɑq	凉		
yə	ɣgyə	路	dyəb	后年
ɑi	χuɑtshɑi	花菜	khaiguan	开关
əi	pəi	今晚	fəitɕi	飞机
oi	poi	马熊		
əu	məu	孔雀	tshəu	菜籽油
ou	tsou	中间		
ɑu	kɑu	小碗	lɑukɑi	劳改

部分二合、三合元音使用频率很低，仅出现在几个语素中。前响元音和三合元音大部分为汉语借词，本语词中前响元音基本上是由音节缩合而来的，如例词中pəi（今晚）、məu（孔雀）、tsou（中间）、kɑu（小碗）分别由pəs ɣgitɕ、məwu、tso ɣgu、qɑʁu缩合而成，其缩合规律还有待进一步研究。

二　辅音音位系统

松潘羌语共有41个辅音音位，这些辅音都可以出现在节首位置。此外，由其中部分辅音组合可以构成37个复辅音。在这些辅音中，有25个单辅音和14个复辅音可出现在音节末尾。

（一）辅音音位

松潘羌语41个辅音音位分属8个发音部位和8种发音方法。与羌语其他多种方言基本一致，其四套塞音中双唇音、齿龈音、软腭音三套有送气与否及清浊对立之别，小舌音仅有不送气和送气的区别，无清浊对立；三套塞擦齿音、卷舌硬腭音均有送气与否及清浊音之别。如表2–4所示：

表2–4 松潘羌语辅音音位

			唇	齿	齿龈	卷舌	硬腭	软腭	小舌	声门
塞音、塞擦音	清	不送气	p	ts	t	tʂ	tɕ	k	q	（ʔ）
		送气	ph	tsh	th	tʂh	tɕh	kh	qh	
	浊		b	dz	d	dʐ	dʑ	g		
鼻音			m		n		ȵ	ŋ		
擦音	清		f	s	ɬ	ʂ	ɕ	x	χ	h
	浊			z		ʐ	ʑ	ɣ	ʁ	ɦ
通音／边音			w		l		j			

表2–4括号中声门塞音ʔ不是音位，语流中元音开头的音节前偶尔会带有喉塞，但并不与无该辅音的情况对立。音位ʐ和dʐ在部分词中出现变体形式的颤音r和dr。出于系统性考量，将音位ɲ写作ȵ，以便与同一发音位置的其他辅音保持一致。辅音ŋ和ɣ与元音组合受限，只出现在极少词中，但ɣ可参与组成一系列复辅音。辅音音位的例词如下：

辅音	例词	汉义	例词	汉义
p	pa	粗	pu	燕麦
ph	pha	皮袄	phu	吹
b	ba	低	bu	虫子
m	ma	女人	mu	火
f	fəjtɕi	飞机	fu	剂
w	wa	粮食	wu	鸡
t	tats	高兴	tu	犁
th	tha	腰	thu	撞
d	daba	帽子	du	毒药
n	na	好~看	nu	感觉
l	la	狼	lu	舍不得

ɬ	ɬi	放	ɬy	骨髓
ts	tsaga	这样	tsu	水
tsh	tshɑ	柜子	tshu	咳嗽
dz	dza	跟	dzu	荞麦
s	sa	血	su	苎麻
z	zɑ	汤匙	zu	种子
tʂ	tʂɑ	能	tʂu	趟一~
tʂh	tʂha	深	tʂhu	白
dʐ	dʐa	笑	dʐu	客人
ʂ	ʂaka	尾巴	ʂu	扶养
ʐ	ʐə	地	ʐu	又
tɕ	tɕaq	夏天	tɕy	小孩
tɕh	tɕhakə	厕所	tɕhy	绵羊
dʑ	dʑo	面粉	dʑy	薄
ȵ	ȵa	舔	ȵyků	耳朵
ɕ	ɕa	死	ɕy	女阴
ʑ	ʑa	治	ʑy	阉
j	jɑ	岩	jy	马
k	kaka	附近	ku	收割
kh	khi	要	khu	狗
g	ga	倍	gus	衣服
ŋ	ŋue	短	ŋu	银子
x	xɑntsha	辣椒	xu	香
ɣ	ɣɑ	哄孩子		
q	qɑ	我	qu	你
qh	qha	咸	qhu	盖
χ	χa	闲	χu	份儿
ʁ	ʁaɬe	啃骨头	ʁu	肯
h	hathe	顺利	hø	老虎
ɦ	ɦaȵi	一定	ɦo	应答

（二）复辅音

松潘羌语共有37个复辅音，从音位角度来看，这些复辅音分别由x后接p、b、m、t、d、ɬ、

l、s、z、ts、dʐ、ʂ、ʐ、tɕ、dʑ、ȵ、ɕ、ʑ、k、g以及χ后接p、m、t、d、ɬ、l、z、ts、tʂ、dʐ、ʂ、ʐ、tɕ、ȵ、ʑ、q构成。当后接辅音为浊音时，前一辅音x与χ分别体现为浊音ɣ与ʁ。鉴于复辅音的组成成分x、χ、ɣ、ʁ都是独立的音位，也为了识读的方便，此处不将其合并为一个音位。如表2–5所示：

表2–5　松潘羌语复辅音

xp	ɣb	χp	–
–	ɣm	–	ʁm
xt	ɣd	χt	ʁd
xɬ	ɣl	χɬ	ʁl
xs	ɣz	–	ʁz
xts	–	χts	–
xtʂ	ɣdʐ	χtʂ	ʁdʐ
xʂ	ɣʐ	χʂ	ʁʐ
xtɕ	ɣdʑ	χtɕ	–
–	ɣȵ	–	ʁȵ
xɕ	ɣʑ	–	ʁʑ
xk	ɣg	χq	–

由表2–5可以看到：松潘羌语复辅音的分布有一个相对整齐的框架，清音与清音相配，浊音与浊音相配。下面是各复辅音的例词：

复辅音	例词	汉义	例词	汉义
xp	xpa	咬得动	xpu	爆炸
xt	xtə	喂	xtu	油
xɬ	xɬe	编织	xɬi	熬
xts	xtsə	胶水	xtson	跳蚤
xs	xsə	新	xsy	哨子
xtʂ	xtʂə	胆	xtʂu	汗
xʂ	xʂe	八	xʂu	切~菜
xtɕ	xtɕa	叠	xtɕy	释比
xɕ	xɕe	牛	xɕy	獐子
xk	xkə	蒜	xku	硬

ɣb	ɣbɑ	山楂	ɣbu	鼓
ɣm	ɣme	羌族	ɣmu	人民
ɣd	ɣdɑ	云	ɣdu	鹿
ɣl	ɣle	行	ɣly	妹妹
ɣz	ɣzə	草坪	ɣzu	官
ɣdʐ	ɣdʐə	呻吟	ɣdʐu	容器
ɣʐ	ɣʐə	四	ɣʐu	绳子
ɣdʑ	ɣdʑi	炒	ɣdʑy	号名词
ɣȵ	ɣȵe	二	ɣȵi	属实
ɣʑ	ɣʑɑ	小	ɣʑi	会
ɣg	ɣgə	结实	ɣgu	穿
χp	χpɑχpɑ	铁杉	χpe	样子
χt	χtɑ	屁股	χty	债
χɬ	χɬɑ	滑	χɬu	老鹰
χts	χtsɑ	干净	χtsu	好看
χtʂ	χtʂe	记号	χtʂu	六
χʂ	χʂɑ	石墙	χʂu	蜇
χtɕ	χtɕi	喜欢	χtɕy	疟疾
χq	χqa	晴	χqu	金
ʁm	ʁmu	遗体		
ʁd	ʁdi	兔子	ʁdu	牛叫声
ʁl	ʁlə	麦子	ʁli	箭
ʁz	ʁze	瞄准	ʁzu	凿子
ʁdʐ	ʁdʐə	星星	ʁdʐu	口弦
ʁʐ	ʁʐə	鱼	ʁʐaq	软
ʁȵ	ʁȵi	肥料	ʁȵy	蜂
ʁʑ	ʁʑæbe	埃溪地名		

（三）音节尾辅音

松潘羌语有25个单辅音和14个复辅音可做音节尾辅音，大多数音节尾辅音是音节合并、词尾元音脱落导致的。以下为例词：

辅音	例词	汉义	例词	汉义
p	pæp	陡	kop	油菜

b	ʁlib	鹿子	xkieb	梁
m	ɣdam	雾	χem	针眼
t	mut	圆木	tshət	肥
d	kud	害～人	ɣgəd	牛犊
n	xtson	跳蚤	bələn	农民
l	til	绿	wul	打麦场
ɬ	xpiɬ	伤口	ɣguɬ	八月
ts	phəts	屋子	tats	高兴
s	pəs	今天	dʐəs	前天
z	ɑz	一点儿	ləz	松香
dʐ	qədʐ	旋	ʑidʐ	长期
ʂ	qhɑʂ	冰雹	bəʂ	蟒蛇
ʐ	tsuʐ	水田	kuʐ	菜园
tɕ	ʁotɕ	碟子小的	dʐətɕ	耳锅双耳小炒锅
ȵ	təȵ	熟	xtuȵ	兄弟
ɕ	leɕ	手套	saɕ	姐妹
ʑ	qəʑ	树梢	ʑueʑ	窟窿小的
j	qəj	吆喝	sej	柳树
k	pak	手镯	syk	上学
ŋ	qəŋ	声音	təŋ	灯
x	mux	烟烧火形成的	lɑx	哈欠
q	pəq	年初	ȵiq	黑
χ	phoχ	墙板	ʂoχ	命运
ʁ	qoʁ	进	moʁ	蕨菜
xp	buxp	蚊子	saxp	瘀血
xt	xsoxt	听	ɦəxt	沏
xs	pəxs	过年	phəxs	树苗
xʂ	ɦəxʂ	下～蛋	ʐəxʂ	旱獭
xɕ	ləxɕ	冷杉	ʁlaxɕ	狗尾草
xk	tsəxk	今年	zəxk	老鼠
ɣb	haɣb	凸	dzəɣb	堆起来
ɣm	quɣm	忘记	təɣm	振动

ɣȵ	məɣȵ	太阳	theɣȵ	喂
ɣʑ	χʂaɣʑ	石匠	hiɣʑ	十四
ɣʐ	tsuɣʐ	沙子	wuɣʐ	鸽子
χʂ	dɑχʂ	流产	təχʂ	缺口
ʁl	baʁl	乱	tʂhoʁl	秤砣
ʁʐ	qəʁʐ	清水～	səʁʐ	木鱼

三　音节

（一）重音

松潘羌语没有区别词义的声调，不过有固定的重音音节与非重音音节的区别。松潘羌语的词以单音节词和双音节词为主，三音节及多于三音节的词较少。其中单音节词的重音就是该音节本身，双音节词的重音以位于后一音节为主；若重音位于第一音节，则第二音节的元音往往清化、弱化。例如：

mu-ˈgu　松明	ˈmu-gů　火糖
dzu-ˈku　菠菜	ˈdzu-ků　嘴巴
ˈpɑ-ki̊　脚心	ˈʂu-dẙ　打铁

我们没有发现两个音节都重读的双音节词，三音节词基本上按“轻重重”规则配置。例如：

thɑ-ˈmɑ-ˈχɑ　烟草	tə-ˈpu-ˈtsu　弯～腰

（二）音节结构

松潘羌语最小的音节类型为一个单元音，一个音节的基本辅音可以是任一单辅音，而音节首与音节尾的复辅音都满足“擦音＋其他辅音”的规则。松潘羌语音节共有20种类型（其中C代表辅音、G代表介音、V代表元音），具体如下：

V	e	一
VC	eɬ	一月
GV	wə	吐
GVC	wəʑ	土
GVCC	jext	晚饭
CVG	tshəu	菜籽油
CV	be	背
CVC	tɕes	锋利
CVCC	ɦəxt	沏

CVG	ʂəu tɕi	手机
CGV	dzue	节—~
CGVC	gietɕ	内衣
CGVG	piau	表
CGVGC	fən thiɑuts	粉条
CCV	ɣmə	姓
CCVC	ɣmep	民族
CCVCC	χʂaɣʑ	石匠
CCGV	xpie	喝
CCGVC	xpiet	竹子
CCGVCC	ɣgieɣʐ	路费

第二节

音 变

松潘羌语有丰富的语流音变现象，主要是音节弱化导致元音的脱落或清化，以及辅音的擦音化、音节的缩合等。

一　元音弱化

元音ə、i、u、y由于构词或形态处于弱化音节中而呈现出元音清化倾向。例如：

tixtʂ̩ə̊熊胆 < ti熊 +xtʂ̩ə胆

wuχʂ̩ə̊鸡屎 < wu鸡 +χʂ̩ə屎

hɑkə̊出去 < hɑ方向前缀 +kə去

miɣʑi̊不会 < mi否定前缀 +ɣʑi会

tutʂ̩ů拿上来 < tu方向前缀 +tʂ̩u拿来

quxɕẙ休息 < qu方向前缀 +xɕy休息

央元音ə清化后几近脱落。

以上元音清化现象发生在词根上，元音清化也可发生在后缀上。例如：

tʂ̩heʑi̊让吸 < tʂ̩he吸 +ʑi致使后缀

lyʑi̊让来 < ly来 +ʑi致使后缀

当ʑi后又添有其他辅音词缀时，ʑi中的i便不清化。例如：

doɣʐ̩oʑij弄断了 < doɣʐ̩o断了 +ʑi致使后缀 +j陈述式后缀

当元音e由于形态原因处于弱化音节中时，也弱化为央元音ə的现象。例如：

mɑ-ʂ̩ə-ȵi不好地 < mɑ否定前缀 +ʂ̩e好 +ȵi状语标记

当复元音因为形态原因处于弱化音节中时，也有后一音节丢失脱落的现象。例如：

hɑʁuʂ̩返回 < hɑ方向前缀 +ʁue回 +ʂ̩名物化后缀

复元音也有缩合为单元音的现象。例如：

tu-tɕho耕作 < tu方向前缀 +tɕhuɑ耕作

二　复辅音的前置辅音塞擦化

松潘羌语复辅音的前置清擦音x、χ有时分别读作kh、qh，节首塞音（kh、qh等）原为复辅音的基本辅音。例如：

khse ～ xse　三　　　　tə-qhʂ̩e-j ～ tə-χʂ̩e-j　碎了

khsə ～ xsə　新　　　　qhʂ̩ə ～ χʂ̩ə　百

khsuxtu ～ xsuxtu　听　　　　qhʂ̩uʑ̥ ～ χʂ̩uʑ̥　肛门

三　塞（擦）辅音弱化

一些音节首送气清塞音或浊塞音、浊塞擦音前加词缀时，这些塞音、塞擦音会变成同部位擦音或颤音。例如：

dɑ-ɸɑʁu变累 < dɑ方向前缀+phɑʁu累　me-ʋe不想 < me否定前缀+be想要

ɦo-zů坐 < ɦo方向前缀+dzu坐　　　　tə-zʐ̩e-ʂ̩问−NMLZ < tə方向前缀+dʐ̩e问+ʂ̩名物化后缀

dɑ-颤音ɑ-ʂ̩笑了 < dɑ方向前缀+dʐ̩ɑ笑+ʂ̩状态变化后缀

塞（擦）辅音的擦音化（弱化）不仅发生在形态手段中，也发生在构词中。例如：

ɣdiofu < ɣdiophu话　　　　xɕ̩ufů < xɕ̩uphu岁数

音节弱化体现在辅音上的变化还有其他多种形式，如发音部位有变化。例如：

ki-wů< ki-ky家−位格　　　　lowů< logu小绵羊

送气变为不送气。例如：

qu-půly < qu方向前缀+phuly贵

复辅音后某一辅音的擦音化。例如：

qu-xɕ̩i̊< qu方向前缀+xtɕ̩i放

在快速语流中，一些本来不是一个音节的成分有时缩合为一个音节，主要为后缀与其前成分的缩合。例如：

ʁuɑ < ʁo-ʁɑ碗−位格　　　　zʐ̩əqɑ < zʐ̩əq-ʁɑ山−位格

tə-ʁə̊-ʑɑ < tə方向前缀+ʁə̊去+ʑi致使后缀+ɑ将行体后缀

due-n̩ẙ-ʂ̩ɑ < due方向前缀+n̩ẙ到达+ʂ̩ə起始+hɑ将行体后缀+j陈述式后缀

kɑ-tu < kə走+hɑ将行体后缀+tu连接后缀

此外，除形态原因造成音节缩合外，一些词汇也有缩合形式。例如：

pəi < pəs ɣgitɕ̩　今晚　　məu < məwu　孔雀　　tsou < tso ɣgu　中间　　kɑu < qɑʁu　小碗

四　元音和谐

和羌语其他某些北部方言一样，松潘羌语在构词和构形上也有元音和谐现象。

（一）构词上的元音和谐

构词上的元音和谐有亲属称谓词、数词等。亲属称谓词头会与其后词根音节发生元音和谐，只存在舌位和谐，即前元音与前元音和谐，后元音与后元音和谐，如果词根元音是前元音时，词头也是前元音ʔa-，当词根元音是后元音时，词头元音是后元音和ʔɑ-。没有唇状和谐，圆唇元音与圆唇元音和谐，如ʔaků（舅舅）和ʔɑwu（母亲）。亲属称谓元音和谐举例如下：

ʔaȵi　爷爷　　ʔaji　奶奶　　ʔaʑi　哥哥

ʔape　姐姐　　ʔɑwu　母亲　　ʔaků　舅舅

ʔɑmɑ　岳母、继母、婶婶、姨母、姑妈　ʔɑkə　岳父、公公、伯父、叔叔、姨父

表十位数语素hV-（十）[①]与表个位数语素之间也发生元音和谐。不仅有舌位和谐，还有唇状和谐，圆唇元音与圆唇元音和谐，如：

ha-	ɣȵe　二	haȵi̊　十二	χse　三	hasi　十三
hɑ-	ʁue　五	hɑŋue　十五	xʂe　八	hɑxse　十八
ho-	χtʂu　六	hotʂů　十六	ɣgu　九	hoɣgů　十九

此外，大于十九的数字，其十位数与个位数也有元音和谐及其他语音变化现象，详见词汇部分。

（二）构形上的元音和谐

构形上的元音和谐主要体现在数词与量词结合，动词的否定前缀、方向前缀、禁止前缀等与动词词根元音的和谐。

当数词的元音与量词结合构成数量词时，数词的元音根据量词的元音与量词发生元音和谐。以数量“一”为例，数词“一”的元音有e-、a-、ə-、o-、ɑ-五种形式：

e-	e-thue　一阵	e-phi　一会儿
a-	a-ɬe　一下	a-qe　一间
ə-	ə-bən　一本	ə-χʂə　一百
o-	o-tʂu　一趟	o-b　一年
ɑ-	ɑ-s　一天	ɑ-hɑ　一次

形态上的元音和谐主要体现在词缀（主要是前缀）元音与词根元音的和谐。例如：

1. 否定前缀

否定前缀mV-与动词词根发生元音和谐，根据动词词根元音，否定前缀的元音有i、e、

① hV-（十）这个语素不能单用，加在个位数词之前表示“10～19”数词。大写V代表元音，根据个位数词的元音发生元音和谐现象。

a、ə、o、ɑ六种形式：

mi-ɣdi 不曾　　mi-tuɑ 没来　　mi-sy-kə̊ 不去学

me-be 不想　　me-le 没有　　me-tʂhe 不抽

ma-pi 不成　　ma-ʑe 不在

mo-xsuxtu 不听　　mo-xɕy 不敢　　mo-ly 不来

mə-ŋů 不是　　mə-ɣzə̥ 不看　　mə-ɣətə 没什么

mɑ-k 不去　　mɑ-dʐə̊ 不够　　mɑ-ʁo 不肯

2. 方向前缀

松潘羌语有八个方向前缀，每个方向前缀的元音与动词词根的元音发生元音和谐，但数量不同，有的方向前缀只有两三种形式，如qV-只有u、o两种形式，n̥V-的元音有i、y、ə三种形式。其他六个方向前缀tV-、ɦV-、xʂV-、hV-、dzV-、thV-的元音有五六种形式。例如：

qV-　qu-ly 进来　　qo-ʁə̊ 进去

n̥V-　n̥i-xte 向水源方推　　n̥y-ly 向水源方来

　　n̥ə-ʁə̊ 向水源方去　　n̥o-χtso 向水源方跳

tV-　ta-χade（＜χede）骂了　　tə-ɬe 吃了　　tu-ɕẙle 收了

　　to-χu 胜了　　tɑ-χtse 拿了

ɦV-　ɦe-tse 看了　　ɦa-χʂə̊the 弄坏了　　ɦə-qə 瞎了

　　ɦo-zů 坐了　　ɦɑ-ʁə̊ 装了

3. 禁止前缀

禁止前缀（命令的否定形式）tɕV-出现在动词前时，其元音也与动词词根元音发生元音和谐。例如：

tɕV-　tɕi-tsə 别睡　　tɕe-χtsepe 别拿

　　tɕy-ly 别来　　tɕu-tɕů 别穿鞋

第三节

文字

一　羌语拼音文字

根据《中华人民共和国宪法》，各民族都有使用和发展自己语言文字的自由。在国家、省、州、县各级党政机关的大力支持下，在四川省民委、省羌族拼音文字方案创制领导小组的领导下，《羌族拼音文字方案》于1990年创制。1993年经四川省人民政府批准，并按国务院〔1991〕32号文件的有关审批程序报国家民委，并于1993年3月由国家民委委托中国社会科学院民族研究所召集国家语委、中央民族大学、中国人民大学、中国藏学中心等单位的语言文字专家召开了《羌族拼音文字方案》鉴定会，审定专家一致通过鉴定并同意该方案在四川省羌族地区试行推广。羌文的创制和试行推广为羌区的政治、经济、文化教育和羌区学生的智力开发，以及羌族优秀历史文化资源的发掘、继承和弘扬都起到了重要的作用。

《羌族拼音文字方案》是以拉丁字母为基础的拼音文字，以羌语北部方言茂县曲谷话为标准，由26个拉丁字母组成，其字母形式和书写方式跟汉语拼音方案一致。羌文有8个单元音，6个复元音，3个儿化音，41个单辅音，31个复辅音。羌文发音与书写规则见表2-6：

表2-6　字母表

羌文字母		国际音标	字母名称	羌文字母		国际音标	字母名称
大写	小写			大写	小写		
A	a	a	a	N	n	n	nea
B	b	p	bea	O	o	o	o

续 表

羌文字母		国际音标	字母名称	羌文字母		国际音标	字母名称
大写	小写			大写	小写		
C	c	tsh	cea	P	p	ph	pea
D	d	t	dea	Q	q	tɕh	qa
E	e	ə	e	R	r	ʐ	rra
F	f	f	eaf	S	s	s	eas
G	g	k	gea	T	t	th	tea
H	h	x	ha	U	u	u	u
I	i	i	yi	V	v	χ	va
J	j	tɕ	jea	W	w	w	wa
K	k	kh	kea	X	x	ɕ	xi
L	l	l	eal	Y	y	j	ya
M	m	m	eam	Z	z	ts	zea

表2-7　单元音及国际音标

字母	a	o	e	i	u	ui	ea	ae
国际音标	ɑ	o	ə	i	u	y	e	æ

表2-8　复元音、儿化音及国际音标

字母	ia	iea	ue	uea	uei
国际音标	iɑ	ie	uə	ue	uəi
字母	ua	or	ar	ur	
国际音标	uɑ	oɽ	ɑɽ	uɽ	

表2-9　单辅音及国际音标

字母	b	p	bb	m	f	w	z	c
国际音标	p	ph	b	m	f	w	ts	tsh
字母	zz	s	ss	d	t	dd	n	l
国际音标	dz	s	z	t	th	d	n	l
字母	lh	zh	ch	dh	sh	rr	j	q

续表

国际音标	ɬ	tʂ	tʂh	dʐ	ʂ	ʐ	tɕ	tɕh	
字母	jj	ny	x	xx	y	g	k	gg	
国际音标	dʑ	ȵ	ɕ	ʑ	j	k	kh	g	
字母	ng	h	hh	gv	kv	v	vv	hv	vh
国际音标	ŋ	x	ɣ	q	qh	χ	ʁ	h	ɦ

表2-10　复辅音及国际音标

字母	sd	ssdd	xb	xj	xxjj	hz	hs
国际音标	st	zd	ɕp	ɕtɕ	ʑdʑ	xts	xs
字母	hlh	hzh	hhrr	hsh	hj	hx	nggg
国际音标	xɬ	xtʂ	ɣʐ	xʂ	xtɕ	xɕ	ŋg
字母	shb	shm	shzh	shg	shgv	rrm	rrw
国际音标	ʂp	ʂm	ʂtʂ	ʂk	ʂq	ʐm	ʐw
字母	rrdh	rrvv	vs	vlh	vzh	vsh	vvss
国际音标	ʐdʐ	ʐʁ	χs	χɬ	χtʂ	χʂ	ʁz
字母	vvl	vvdh	vvrr				
国际音标	ʁl	ʁdʐ	ʁʐ				

二　羌文音系与松潘羌语音系的异同

松潘羌语的方言土语归属还有争议，但在语音和语法范畴上与羌语北部方言更接近。

羌文音系以羌语北部方言茂县曲谷话为标准音，有8个单元音，6个复元音，3个儿化音；41个辅音音位和31个复辅音。松潘羌语有10个单元音，3个鼻化元音，3个清化音，3个卷舌元音，41个辅音音位和37个复辅音。羌文音系与松潘羌语音系辅音音位相同，都有41个辅音音位，发音部位和发音方法相同。语音对应方面，羌文音系与松潘羌语发音部位有所差异。元音音位也大同小异，因此羌文书写符号能完全适用于松潘羌语。

三　羌文推行概况

1992年秋，羌族地区选送45名教师到四川省威州民族师范学校参加羌文短期培训，其中松潘2名（镇坪1名、埃溪1名）。1993年秋又选送30名高中毕业生到阿坝师范高等专科学校羌文专业学习，松潘因无会羌语的学生参加高考，故无松潘籍学生就读第一届羌文大专班。1994年和1995年又分别选送30名初中毕业生到威州民族师范学校羌文班学习，其中松潘籍学生分别有3名和4名。完成学业后，他们成为推行羌文扫盲和“双语”教学的首批专业教师。

1996年松潘县把羌族文字作为汉语教学的辅助教学纳入到学校的课堂教学之中。小学3—5年级和初中1—2年级每周均为2课时。教材以周发成、张香花和王树全1993年编写的*Rrmea Lehhrr*作为羌语小学教材；以周发成、陈兴龙和毛明军1993年编写的*Rrmea Lehhrr*作为羌语中学教材。这两本羌语教材从1993年发行使用5年后，在1999年曾做过一次修改，但由于无资金再版，导致2009年出现了学生没有羌语教材可用的情况。

2008年“5·12”汶川特大地震后，为恢复学校羌语教学，2010—2011年，阿坝藏族羌族自治州教育局、茂县教育局与北京天下溪教育咨询中心合作，出版了《沃不基的故事》和《云上的家园》两本小学和初中版羌族语言文化教材，在松潘县羌族分布地区的中小学推广教学，但实际教学效果不很理想。

2014—2015年松潘县派教师参加了阿坝藏族羌族自治州教育局和北京天下溪教育咨询中心在茂县举办的阿坝藏族羌族自治州乡土教材教师培训。

2015年阿坝藏族羌族自治州教育局在茂县凤仪镇学校举办了乡土教材赛课活动，松潘县小姓乡教师康忠错参与了赛课。2016年全国乡土教材研讨会在茂县举行期间，小姓乡小学学生在多声部非遗传承人泽旺仁青的带领下，参加了多声部教学展示。

第三章 词汇

第一节

词汇的构成

一　词的特点

松潘羌语像其他羌语方言土语一样，没有对应于英语的“word”或汉语的“词”这个术语，其基本的言语单位是sɑ，表示“言语片断”（segment of speech）的意思，对应于英语的“sentence”和汉语的“句”。尽管羌语没有“词”这个基本概念，但我们可以根据其语音、形态、语义特征和句法功能从小句里把词区分出来。松潘羌语基本的言语单位可以是一个词，或者是由几个成分组成，或者是一个完整的小句。

松潘羌语的词可以定义为一个最小的自由形式，包括停顿、重音；在正常言语里，词的内部不能插入任何成分。一个词至少由一个音节或多个音节组成，如e“一”和be“背”每一个词对应于一个音节。也有些词对应于一个音节以上，如tshəpe“嘴唇”、xʂ̩utuɑ“摔倒”和ɕitɑ“挑选”等，每个词对应于两个音节。除此之外，一个词还可以对应于三个或者四个音节，如χuɑŋkətshe“蒲公英”和qhenbɑ·pətɕɑq“臭蒿”。

松潘羌语的词汇大体由固有词和外来词组成。固有词的词根大多为单音节，多音节词以双音节词为主，这可能跟多数词带词头有关。其次，由这些双音节词为基础复合构成的多音节词也比较多。此外还有一部分叠音词。

二　松潘羌语中的借词

民族间的接触和交往必然会促使语言间的相互影响，特别是词汇这个开放的系统会不断地从与之关系密切而又占优势的语言中吸收借词来丰富和充实自己，以增强自身语言的表达能力。除了本民族固有词之外，在和周边民族的长期交往中，松潘羌语吸收了不少借词。其借词主要包括汉语借词和藏语借词。这些借词融入松潘羌语的词汇系统后会受羌语自身特点的制约而发生一定的变化。

（一）藏语借词

松潘羌语有一些词借自当地藏语，主要为名词和动词。

1. 名词　例如：

kolo　碗子	ʁluxtɑ　龙达	jek　白酒
thɑmɑχɑ　香烟	tɕhodʐ̩ɑ　奶渣	totse　钱
ɕidʐ̩ə　珊瑚	gom　箱子	

2. 动词　例如：

xkodʐ̩ɑχukɕæ　转经	mɑtʂɣliɕæ　念嘛知念藏经
zonthe　谢谢	kɑtʂo　请求

（二）汉语借词

如果从汉语借来的是单音节的名词，常常要加上 -ts 或 -tsə，如果是多音节词，则常常不带 -ts 或 -tsə。例如：

pits　杯子	jɑŋtsə　秧子	pətsə　本子
ʐ̩uts　褥子	pinɕaŋ　冰箱	ɕijitɕi　洗衣机
səlanphe　洗脸盆	toŋkuɑ　冬瓜	

从汉语借来的名词有时还要加上本民族固有的词汇成分。例如：

xɑpɑ+khu　哈巴狗	tsoŋ+phu　棕树
哈巴＋狗	棕＋树
ɣgiɣʐ̩əʂ+tɑ　医院	du+xpa　毒药
医院	毒＋药

如果从汉语借来的是单音节动词、形容词，则该动词、形容词常常要加辅助词dɑ。例如：

tsən+dɑ　挣	xtʂə+fɑ+dɑ　发汗	ʂə+dɑ　使用
挣＋AUX	汗＋发＋AUX	使＋AUX
χuɑn+dɑ　慌	læn+dɑ　懒	
慌＋AUX	懒＋AUX	

三　羌语与藏语关系词

松潘羌语与热务沟藏语有一些音义相近的词，这些词有的是同源词，有的是相互借用的词。例如：

羌语	藏语	汉义
xtej	xtadʐə	斧头
xʂatu	ʂotu	弯刀
gom	gombu	箱子
piɕi	piʂə	琥珀
kuɑ	kɑ	锄头
lats	latɕi	辣椒
papɑ	papɑ	乳房
ŋu	ŋə	银子
məʁ	məʁə	蕨菜
tʂɑnɑ	tʂɑnɑ	一支箭
ʁluxtɑ	ʁluxtɑ	龙达
noqhu	noχ	天窗
ɑkə	ɑkə	叔叔
ɑzu	ɑzu	舅舅
ɑmɑ	ɑmɑ	娘娘
ɑɳi	ɑɳi	爷爷
ɑji	ɑji	奶

第二节

构词法

松潘羌语词的构造方式以派生构词法和复合构词法为主，这两种构词方式在松潘羌语中都是能产的构词类型。由重叠法和拟声法构成的词很少。

一 派生法

派生法是一种用形态手段构成新词的方法，一般是在词根上加上附加成分构成新词。在松潘羌语中能用作派生的手段主要是附加法。附加又称为加缀，是在词根的基础上添加词缀。松潘羌语的词缀主要有ʔa-、-n、-k、-ʂ、-soχ、-du、-n̥i 和 -me 等。

（一）前缀 ʔa-

主要用于构成亲属称谓词。例如：

ʔa-n̥i 爷爷　　ʔa-ji 奶奶　　ʔa-wu 母亲　　ʔæ-pe 姐姐

（二）后缀 -n、-k 和 -ʂ

在松潘羌语里，名物化后缀 -n、-k 和 -ʂ 既可以作为构形成分用于名物化关系子句，又可以作为构词形态用于动词或者形容词之后，分别构成表从事某种活动的有生命的名词（-n）、指物名词（-k）和表处所的名词（-ʂ）。例如：

sə+ɣgə-n=səɣgən 樵夫
柴＋砍-NMLZ

ləɣʐ̥+ɣʐə̥-n=ləɣʐɣʐə̥n 学生
书＋读-NMLZ

xɕe+xty-n=xɕextyn 牧民
牛＋放牧-NMLZ

tʂ̥hoχo+xɬi-k=tʂ̥hoχoxɬik 做饭的锅
饭＋做-NMLZ

dzə+ɣgə̊pə-k=dzəɣgə̊pək 砍的柴
柴＋砍-NMLZ

to+χqupu-k=toχqupuk 煮的酒
酒＋煮-NMLZ

sua-k=suak　算盘	ɬa-k=ɬak　吃的
计算–NMLZ	吃–NMLZ
ləɣẓ+sy-ʂ-tɑ=ləɣẓsyʂtɑ　读书的地方	ɣgi+ɣẓə-ʂ-tɑ=ɣgiɣẓəʂtɑ　看病的地方
书+读–NMLZ-LOC	病+看–NMLZ-LOC
nə-ʂ-tɑ=nəʂtɑ　睡觉的地方	
睡–NMLZ-LOC	

（三）后缀 -soχ 和 -du

用于动物名词之后，表示阳性。例如：

xɕe-soχ　公牛	pe-soχ　公猪未阉割	khu-du　公狗	meȵi-du　公猫
牛–M	猪–M	狗–M	猫–M

（四）后缀 -ȵi 和 -me

用于动物名词之后，表示阴性。例如：

xɕe-ȵi　母牛	pe-ȵi　母猪	khu-me　母狗	lotsqɑ-me　母驴
牛–FEM	猪–FEM	狗–FEM	驴–FEM

二　复合法

复合法一般是由两个或两个以上的词根复合而成新词。在松潘羌语里，由这种方式构成的新词，数量很多，且大多是由两个单音节词根复合而成的双音节词。理论上复合法是可以循环运用的，但本节只讨论简单的复合构词，复杂的复合构词暂不做讨论。考察复合构词法，主要有内部结构关系以及词类两个维度。松潘羌语复合词的主要构成方式如下：

（一）并列式

并列式是指两个或两个以上的语素性质相同、语义并列且无修饰或主从关系。从词类的角度看，并列复合词主要有“名词+名词=名词”“动词+动词=动词”和“形容词+形容词=名词”等三种构成方式。

1. 名词+名词=名词　例如：

pi+mæ=pimæ　父母	khu+pe=khupe　牲畜	ʁli+səŋz=ʁlisəŋz　弓箭
父亲+母亲	狗+猪	箭+弓
mu+zə̣=muzə̣　天地	qəti̊+qəli̊=qəti̊qəli̊　上下	ʁua+næ=ʁuanæ　左右
天+地	上+下	左+右

2. 动词+动词=动词　例如：

tua+ti=tuati　敲打	ze+ʁua=ʁuaze　哭闹	kə+ly=kəly　来往
敲+打	哭+叫	去+来

3. 形容词+形容词=名词　例如：

ba+ɣzu̥=ba·ɣzu̥　高矮　　dzə̥+ŋue=dzə̥ŋue　长短

矮+高　　长+短

xu+bi=xubi　成败　　ɑŋů+tsha=ɑŋůtsha　齐全（全部）

成功+失败　　全+齐

（二）陈述式

陈述式复合词的前一个语素表示事物，是名词语素；后一个语素描述事物的性状或动作，是动词或形容词性语素。从词类的角度看，陈述式复合词的构成方式主要包含“名词+动词=动词”和“名词+形容词=名词”两种情况。

1. 名词+动词=动词　例如：

xtiņi+ɣgi=xtiņiɣgi　心痛　　məɣņ+ɦo-χʂuɑ=məɣņ ɦoχʂuɑ　日落

心+痛　　太阳+DIR–降落

zə̥+ɣmu=zə̥ɣmu　地震　　dzo̥+ʁzu̥ɑ=dzo̥ʁzu̥ɑ　雪崩

地+震动　　雪+滑落

2. 名词+形容词=名词　例如：

miņi+tʂ̥hu=miņitʂ̥hu　眼白　　zatɕ̥+ji=zatɕ̥i　漏勺

眼睛+白　　勺子+稀

（三）修饰式

修饰式是指一个语素是中心成分，另一个语素是对中心成分的修饰或限制。从词类的角度看，修饰式复合词主要有“名词+名词=名词”“名词+形容词=名词”和“形容词+名词=名词”等三种构成方式。

1. 名词+名词=名词　例如：

xɕ̥i+ki=xɕ̥iki　草房　　sə+dʑo=sədʑo　锯末　　tsu+zə̥=suz̥　水田

草+房子　　木+面儿　　水+地

lɑpɑ+ŋətʂ̥ = lɑpɑŋətʂ̥　花蕾　　qhə+ʁuə=qhəʁuə　饭碗

花+包　　米饭+碗

2. 名词+形容词=名词　例如：

tsu+ɕ̥op=tsuɕ̥op　热水　　gus+lat=guslat　厚衣服

水+热　　衣服+厚

dɑqu+ŋue=dɑquŋue　短裤　　mə+ɣʑɑ=məɣʑɑ　小雨

裤子+短　　雨+小

3. 形容词+名词=名词　例如：

pap+zə̣=papzə̣　坡地　　mɑ+xtɕy=mɑ·xtɕy　尼姑　　du+ʁli=duʁli　毒箭

陡+地　　女+和尚　　毒+箭

在松潘羌语里，名词性语素与名词性语素相结合可以构成修饰式复合词，其中后面的语素是中心成分，前面的语素为修饰成分。名词语素与形容词语素组合在一起也可以构成修饰式复合词，其中名词语素是中心成分，形容词语素是修饰成分，形容词词根经常出现在名词词根之后，个别时候出现在名词词根之前。

（四）支配式

支配式是指后面的语素表示动作行为，是动词性语素；而前面的语素表示动作行为支配的事物，是名词性语素。从词类的角度看，支配式复合词主要有“名词+动词=名词”和“名词+动词=动词”两种构成方式。

1. 名词+动词=名词　例如：

tok+hɑ-ɕo=tok·hɑɕo　椅子　　ŋu+qu=ŋuqu　钱包

凳子+DIR–依靠　　钱+包

məl+ʁuə=məlʁuə　火钩

火+钩

2. 名词+动词=动词　例如：

ɣʐ̥u+χtso=ɣʐ̥uχtso　跳绳　　dzə+xulo=dzəxulo　刷牙

绳子+跳　　牙+洗刷

mə+ɣʐ̥e=məɣʐ̥e　下雨　　χɕe+xty=χɕexty　放牛

雨+降落　　牛+放牧

在松潘羌语中，复合构词法是构造新词最重要的手段，以支配式和修饰式构成的双音节词为主。修饰式构成的词，除了极个别情况，形容词性修饰成分一般都居于中心名词之后。由陈述式构成的动词较多，由并列式构成的名词居多，但二者的能产性都不高。并列复合词的数量比较少。

三　重叠法

重叠这种形式广泛存在于藏缅语中。在松潘羌语中，重叠可用来构成名词、状态词、动词等词类。

（一）构成名词

用重叠的手段构成名词的数量并不是很多。例如：

papɑ 乳汁	kɑkɑ 附件	lolo 婴儿
phəɣẓphaɣẓɑ 蝙蝠	lətɕik·lətɕ 曾孙	ṣoṣo 纸

（二）构成状态词

用重叠的手段构成状态词的数量很少。例如：

qhaqha 脆	χtəχtə 稀疏

（三）构成动词

用重叠的手段构成动词的数量相对较多，有些动词词根重叠表达互动义、动作的反复或对家畜的命令，重叠时往往有变音。例如：

ɣdɐkəɣdɐkə 气喘吁吁	quəquɑ 争吵	ləla 交换
quqůquə 吵架	dẓodẓ 剐蹭	dete 抖
xtṣə·xtṣə 锯	χquχqua 雕	tɕytɕtɕo 搅拌
jiji 摇动	bəbbə 争～地盘	xpuxpu 搬～家
titi̊tie 蘸	titti 打架、顶架	bubbɑ 争斗
tətə 往上羊～走	jax·jax 往下羊～走	ɦojgəɦojgə 返回羊～
ɦatɕ ɦatɕ 喊牛	tytytyty 往上耕牛～走	ɦadẓɑ ɦadẓɑ 转弯耕牛～
lelelele 往下耕牛～走	χpuχpu 搬～粮食	khukhůkhuə 生气
tṣutṣůtṣuə 按摩	dẓodẓůdẓuə 捆	lili̊li 卷～席子
lulůlo 涮	dẓudẓůdẓůdẓu 打扫	tṣutṣůtṣuə 搓～手掌
ṣuṣůṣu 收拾	susůsu 熟悉	mosůsu 陌生

四 拟声法

这种构词法是根据人对家禽的呼喊或动物所发出的声音来造词的。例如：

ɑnə̊ɑnə̊ 喊猪	tɕutɕu 喊鸡	tsatsɑ 喊狗大狗
qholqhol 喊狗小狗	menmen 喊猫	mæhæmæhæ 喊绵羊
χqaχqe 喜鹊	kuků 布谷鸟	phutṣa 鞭炮

第三节

民俗文化词

埃溪羌族处在藏羌边界，他们与藏族交往过程中吸收了一些藏文化的元素。2008年以后埃溪村离开原来的寨子搬迁至小姓河谷。他们的衣食住行、生产习俗、婚丧礼俗、节日喜庆、宗教信仰、民间艺术等民俗文化方面也发生了一些变化。本节根据所搜集到的材料，简单介绍一下埃溪羌族的民俗文化。

一　建筑

过去，埃溪房屋建筑形式多为人字形杉板房顶，现在，杉板逐渐被小青瓦和红瓦替代，墙面为石头或黄泥巴。房屋有三层或四层，第一层多为圈舍或杂物间，第二层为堂屋、灶房和寝室，三楼和四楼主要为仓房，是堆放各种食物和贵重用品的地方。三楼最主要的特点是有祭祀的神台和祭祀杆。随着人们生产生活方式的逐渐改变，传统的祭祀用品正渐次消失。

图1　白花寨旧民居　松潘县小姓乡埃溪村旧址/2016.7.29/毛明军 摄

民居在松潘小姓羌语中称ki，其建筑材料以石头、木材和黄泥材料为主，依山而建，根据山势地理，朝向不一（参见图1）。明清时期留下的传统房屋形状大多为方形，楼层大多为四层，有的为五层，楼上有吊脚厕所，屋顶一般为人字顶，上面盖有杉板。一至二层为石墙砌成，三至四层为黄泥夯墙，外墙无粉饰，后墙高过屋顶，呈椅子型。墙面厚度从底层到顶层逐渐变薄，宽度底层约60厘米，顶层约45厘米，四层正面无夯土墙。

建房时，先夯砌四周墙体，后分层立柱搭梁，称为ɣmek tɕats“羌人架子”，梁上密集铺设杉杆，上面铺青苔，避免漏土，覆土夯实，厚约30厘米，再立柱搭梁，以此类推，直到顶层。二层以上内墙和房间间隔为装板，地面铺设木地板，四层正面无夯土墙部分与内墙装板连接向前、向左右延伸出墙外约120厘米，两侧伸出的小耳房，一边设窗户，用于向外瞭望，另一边设吊脚厕所，也设有小窗户。

明清时期的房屋防御功能强，三层以下窗户少且小，都是外小内宽，呈梯形，大门矮小厚实，用木锁。1970年以后修建的房屋，防御功能弱化，突出使用方便、保暖，窗户逐渐放大，采光效果变好。楼层改为二层或三层，甚至将老房屋外墙降至二三层，占地面积加宽。底层关畜，二层为火堂，三层为寝室、客房，四层为储藏室和祭祀房，常储藏草料、麦秆、干菜等。向阳开窗，客厅、客房、寝室、储藏室、厨房等尽在其中，厕所修在拐角处。房屋一般占地80—100平方米不等。门前留有院坝或修有平房，供过往商旅关骡马之用。

2008年灾后重建的安置房屋，由于石材运输方便，墙体都用石材砌成，统一风貌，顶盖用机制红瓦，结构用木料两层连体穿斗架，羌语称为ʁək tɕats“汉人架子”，先立架子，后砌墙。内装饰和房间间隔用材各异。流行用桑拿板或用柏木板装饰房间、吊顶等，常用柏木板做实木碗柜、衣柜、茶几等家具。占地面积150—200平方米不等，不再设吊脚厕所，室内或室外设水冲式厕所。有的另建独立耳房做厨房和厕所。

小姓民居外观朴素大方、典雅端庄，内设功能齐备，冬暖夏凉，防震舒适，融民族风情、建筑、雕刻艺术为一体。目前，其抗震和美观的独特建筑风格已辐射到了周边区县。民居建筑中涉及ki“屋子”、phoχ“板壁”、tɕhakɐ“厕所”、muzekɐ“厨房”、buthi“檩”、tsuko“柱子”、dypɑ“大门”、dyqphu“门槛儿”、pɑŋkhu“大窗”、xʂəm“小窗”、ʁdyngu“梯子”、tebe“屋檐”、xkiebů“梁”、jyel“椽子”、soʁl“木料”、χʂɑ“墙”、tsyki̊“石墩子”、tsuko“柱头”、xkebů“地梁”、ʁʐ̩uli̊“杉板梁”、xtiʐ̩o“楼板梁”、wuʑ̊i“泥土”、su“黄泥墙”、kibu“地板”、ʁɑləʁuɐ“梁勾”、ʁʐ̩utʂhɑ“压杉板石”、ʁʐ̩u“杉板”、ʁdyŋgu“楼梯”、xʂəm“墙眼”、pɑkhute“窗楣”、dypɑ“门框”、dyte“门楣”、dym“门眼”、dymtʂhɑ“门闩眼”、kiel“房基”、χʂɑn̥i“墙基”、məzekə“堂屋”、

xtiχtʂə̥“祭祀杆”、tezu̥“神台”、tebe“平台”、ɣmiç“神龛”、qhueli̥“火炕”、qhuɑs“火炕板”等众多建筑类词汇。

旧式的小姓房屋都有吊脚厕所，羌语叫tɕhɑkɑ（参见图2）。吊脚厕所设在二楼以上，每家每户在修建房屋时都要设计吊脚厕所，直接从室内可以上厕所，使用方便，安全卫生。

图2　传统民居及吊脚厕所　松潘县小姓乡埃溪村旧址/2016.7.29/毛明军 摄

图3　羊部落建筑　松潘县小姓乡埃溪村旧址/2014.9.25/毛明军 摄

修建时将两根房梁向墙外延伸而建，有的直接从地面立柱加固，面积1—2平方米不等。蹲位直接在地板中间开长方形或圆形孔，粪便直接由孔落入下面埋好的大木缸或土坑里，粪便经过发酵后用作农家肥。

埃溪羌族为羊部落，羌语称tɕhaq；大尔边羌族为牛部落，羌语称ɣbəq。在传统建筑中羊部落房屋与牛部落房屋有区别，主要特征是柱子与梁的不同，羊部落房屋柱梁都经过加工，呈方形，独木楼梯顶扶手似羊角（参见图3）；牛部落房屋柱梁不加工，呈原木状，独木楼梯顶扶手似牛角。

二　服饰

埃溪村羌族服饰明显受到藏族服饰的影响，但仍保留着羌族特色，藏羌结合。过去，男子服饰较为简单，头缠黑色头帕、拴腰带、别腰刀、挂火镰，穿大直筒长裤、穿草鞋。冬季穿毪子长衫，外套羊皮褂子；春季穿布衫或麻布长衫，外套毪子长褂（参见图4）。

图4　男子服饰　松潘县小姓乡/2013.10.26/毛明军 摄

女子服饰则较为华贵，是穿在身上的财富；服装颜色以黑色为主，面料有绸缎、棉麻、毪子等，种类有xɕupů、ʁuaʂa、dzuanɣʑapa、khiextsɐ等，衣角边的针脚线叫gaχtsa。背上配的红色和黄色色块叫tʂəχquɐ，袖子上配七彩色块，分别代表赤橙黄绿青蓝紫。里面穿白布衬衫，头戴红色头帕，头帕上缠着珊瑚、玛瑙、银饰、（金）银盘等贵重物品装饰的发带，戴金银耳环、金项链和珊瑚项圈，腰间系五色腰带，外面还要拴上银饰腰带并挂上银钩（参见图5、图13）。

图5　女子服饰　松潘县小姓乡埃溪村新址/2013.10.26/毛明军 摄

常见的与服饰相关的民俗文化词如下：

phatsəȵiq·tɑ	戴黑色头帕	ȵoʁukele	戴耳环单只
ɕophůgu	穿毪子长衫	tɕhejɑkhuɑ·tsəgu	穿羊皮褂
xɕythykhuɑtsəgu	穿毪衫褂子	dʑidedʐ̩udʐ̩-dʐ̩u	系腰带
thɑditɕotɕiʁuedi	腰间吊腰刀	xtɕæm·ʁue	挂火镰
dɑqutshutɕy	穿裤子	dʑydede	缠绑腿
tshuæχæ·tɕy	穿草鞋	phɑtsəhĩdzetɑ	戴红色头帕
ɣdil·tɑ	缠装饰发带	ɕiʐ̩piɕitʂhe	戴珊瑚
ŋuk·leɕy·tshe	戴银饰物	ŋuque·tʂhe	戴银盘
ŋunə·χquk·ȵiʁue	戴金银耳环	ɕiʐ̩·tʂhe	珊瑚项圈
ŋu·nə·χquk·xke·dʑi	戴金银项链	ŋuk·dipe·hæʁuʁue	拴银带挂银钩
gus·ʁuɑʂɑ·gu	穿长衫	dʑite·ʁuɑpɑ·dʐ̩udʐ̩-dʐ̩u	戴五色腰带

另外，小姓羌族常穿牛毛褂子，羌语称xɕythy khuɑts，把牦牛毛纺成线，织成布，经清洗鞣制，裁剪缝制成褂子，无袖无领（参见图6）。保暖舒适，防雨隔潮，轻便耐磨。

图6 牛毛褂子 松潘县小姓乡/2012.9.1/毛明军 摄

三 习俗

埃溪羌族主要信奉xtɕy“释比”和xʂoməx kyn“卦师”。释比主要负责祭山、祈福、驱邪、治病等。如今，由于藏传佛教文化的不断融入，传统的释比文化逐渐消失，埃溪村已无释比。现在，埃溪村传统的祈福消灾宗教仪式主要由卦师来承担，求姻缘、结婚择吉日、修房屋、祛病痛、看运势等，村里人都会求卦师打卦问凶吉。现在埃溪村最有威望的卦师是doʑi“多吉”，他今年已经77岁，所有的仪式都由他来承担。而村中德高望重、能言健谈的hĩ·thum“咂酒开坛者”，则是在咂酒开坛时，负责请神和说吉祥词。

埃溪村各个小组分别祭祀神塔，如qəlaŋtshu“埃溪一组菩萨名”、dænqəůẓuɑ“埃溪二组菩萨名”、dẓətselaχsɑ“埃溪三组菩萨名”、ʁlətɕhi“白石神”、dẓətsəlaχsɑ“菩萨名”、xsəxqoẓuj“五月三十日埃溪三组所敬神”、qəllaŋtshu“神塔名埃溪全村所敬最高神塔”、xɕegolaχsɑ“神塔名五月二十九日埃溪一组所敬神塔”、dænqəůẓuɑ“神塔名五月二十七日埃溪二组所敬神塔”。

祭山是埃溪村一项非常重要的节庆活动。一年中，全村有两次祭山活动：一次是埃溪村本村的祭山庆典，一次是小姓乡的集体祭山庆典。

以前，埃溪祭山都在农历五月三十日，但由于当时埃溪村地广人稀，全村同时在这天去祭山，寨中就空无一人，强盗和小偷就会趁机到村中洗劫。为了防备匪盗，全村三个寨子（村民小组）轮流参加祭山活动。调整以后，xpetɕ“一组”和pæʁɑ“二组”定在五月二十九日祭山，ɳ̥oŋgɑp“埃溪二组上半部分”在五月二十七日祭山，tɕæʂpu“三组”定在五月三十日祭山，五月二十八日这天定为全村集体蒸馍馍和煮猪肉的日子。六月十五日是小姓乡羌族集体祭山的日子。

埃溪村各组在祭山时，所敬神塔有所不同。究其原因，当地人有两种说法。其中一种说法是：埃溪村最先有三弟兄，到了该分家的时候，二弟喜欢晒太阳，于是选择落业在tɕæʂpu，也就是现在的三组，共同祭拜dʐ̥ətselæxsɑ神塔。而小弟胆小，不敢一个人居住，于是就和大哥一起居住在了xpetɕ和pæʁɑ，共同祭拜z̥əle·læxsɑ神塔。另一种说法则是：小姓羌族地区有tɕhaq“羊部落”和ɣbuq“牛部落”的说法，埃溪村原来都属于羊部落，后来χopmu“大尔边”与ɳ̥oŋgɑp“埃溪二组上半部分”通婚和交流增多，逐渐演变成了羊部落。

祭山时，埃溪村男女所敬神塔不一样，xpetɕ“一组”和pæʁɑ“二组”的男性祭拜xɕegulɑxsɑ神塔，女性祭拜natulɑxsɑ神塔。tɕæʂpu“三组”的男性祭拜dʐ̥ətsəlɑxsɑ神塔，女性祭拜ɕoqulɑxsɑ神塔。六月十五日，全村共同在ʁlugu·xsəkə·jɑ祭拜最大的山神qədʐ̥lɑŋtshu。

图7　山神塔　松潘县小姓乡埃溪村/2013.10.26/毛明军 摄

图8　女山神塔　松潘县小姓乡埃溪村/2013.10.26/毛明军 摄

小姓埃溪山神塔一般没有男女之分，羌语叫laxsɐ。只有埃溪百花寨有“女山神塔”，羌语叫maɳabak laxsɐ，也就是natu laxsɐ。各寨祭祀自己的山神时，白柱寨与百花寨共同祭祀一个山神塔，羌语称xçego laxsɐ。祭祀山神塔路程遥远，途经natu laxsɐ“山神塔”，男人们继续前往xçego laxsɐ敬山神。妇女们停下来搭帐篷，准备午饭，然后祭祀“女山神塔”。“山神塔”（参见图7）与“女山神塔”（参见图8）外观没有区别，都是在山顶上用片石围砌成圆形墙，中有空洞，祭祀方式也一样。在祭祀时每人要插一根剥皮的杉树杆或柳树杆，羌语叫χtʂuli̥。年复一年，中间会插满各种不同年份的杆子。

祭山场面庄重热烈又充满神秘色彩，届时，羌民们带上丰富的食物，拿上香、柏香树枝和预先制作好的象征菩萨武器的data“木质宝剑”和χtʂə“剑”，敲锣打鼓地朝着神山进发，在神塔前进行一番祈福祭祀后，便回到寨子上方的zupa“平坝子”，用羌族的最高礼节给尊贵的宾客献上羌红（参见图9），饮宴娱乐，直至天黑。常用的祭山文化词有：

xsəq·dʐ̩u（xsə·qudʐ̩u） 祭山

xtʂ̩uɬ·haŋu 六月十五

xsox·xɬie 熏柏香

ʁloxtɑ·xɬi 撒龙达

ʂɑnɑ·xso·jɑ 祈福说吉祥词

mɑtʂ̩·tshuɑ 唱嘛知祭山时唱的一种曲调

ʁlotsho·χʂ̩u 鸣枪祈求风调雨顺

thəs·ɬiæ 吃早饭

jek·the 喝酒

pæs·ɬiæ 吃肉

zubɑ·ɦiely 下坝子

zæmæ·ɬie 吃午饭

tətʂ̩·sodi 念经祈福

χtʂ̩ə·χtse 拿木质长矛

dɑtɑ·χtse 拿木质宝剑

jyli·χtse 拿祭山旗杆

tɕhɑq 羊部落

boq 牛部落

xsəq·dʐ̩un·tɑ·mɑtʂ̩·tshuɑ 唱敬山嘛知

gənɕi 多声部二声部酒歌

hæji·hælɑ·tshuɑ 多声部的一种

gɑlɑ·tshuɑ 多声部的一种

ɑtshuɑ·toŋ 全村聚会六月十六

mathɑχ·dehĩ·kutse 妇女敬酒给敬山神者

图9 迎亲献羌红 松潘县小姓乡/2012.9.1/毛明军 摄

四　音乐舞蹈

松潘县埃溪羌族的音乐舞蹈丰富多彩，常见的乐器有口弦、笛子、铜锣（参见图10）。多声部音乐闻名海内外。

图10　铜锣　松潘县小姓乡/2012.9.1/毛明军 摄

（一）口弦与笛子

羌笛在小姓羌语中叫pəl，两管六孔。竖笛称sylu，单管六孔；口弦称ʁdzu̥（参见图11）。无论羌笛、口弦、竖笛都是用高山箭竹制作而成。小姓羌笛制作技艺与吹奏曲目曾一

图11　羌族口弦和竖笛　松潘县小姓乡/2012.9.1/毛明军 摄

度失传，后慢慢恢复。羌笛一般由男人吹奏，口弦和竖笛由女人演奏（参见图 12）。

图12　乐器演奏　松潘县小姓乡/2012.9.1/毛明军 摄

（二）多声部音乐

多声部，羌语称为ɣgien diʂɑ，形式比较多，有ɣgien“格林”、diʂɑ“妮莎”、hɑji hɑlɑ“哈依哈啦”、xʂɑm“莎木”、lew“勒唔”、mɑtʂ me“嘛知梅”、tətʂ sɑ“德知萨”、hɑdzʉ lɑji“哈珠啦依”、hɑdzɑ“哈扎”，等等。采用四度、五度及大二度的音程及纵向结合，跟唱声部的音高超过颂唱声部，并使声部相互交替推进的演唱方法（参见图13）。

图13　多声部音乐舞蹈——妮莎　松潘县小姓乡/2012.9.1/毛明军 摄

ɣgien “格林”是酒歌，限男声二声部。现存曲目约60首，有传统歌词，也可以即兴填词，与diʂa “妮莎”是姊妹曲，歌词可互相通用。声音既高亢嘹亮，也低沉悠扬。表现形式为一人先领唱，第二人择机中途跟进，并使声部相互交替推进。

diʂa “妮莎”是创世史诗，现存100余首，有词义的部分达万余行。以一问一答男女对唱的形式为主，人数不限，声部可达四个以上，适合于各种喜庆场合演唱。

haji hala “哈依哈啦”、xʂam “莎木”、lew “勒唔”属于山歌类，在野外演唱，声部两个以上。曲调不多，无固定词，可即兴填词也可作为情歌填词。

hadzʐu laji “哈珠啦依”、hadzʐa “哈扎”属于劳动歌，收割和耕地时演唱，曲调较多，有歌词。

matʂ me “嘛知梅”、tətʂ sa “德知萨”属于祭祀歌，各有50余首曲调，分多个声部，分别有六字真言和七字真言。matʂ me有固定的六字真言：ma tʂə me sa lan do，用于超度亡灵。tətʂ sa有固定的七字真言：a xkə a mi tə tʂə so，用于消灾辟邪。

（三）羌戏

小姓羌族在聚会玩耍时，常常表演一种戏，羌语称ɣtɕokxɕy xtebe ʁzə，意译为“乞丐夫妻”或“讨口子夫妻”，又叫“耍把戏”。表演者一般为男人，2—3人不等，表演时换装并化浓妆，其中有男扮女装，打扮妖娆，盖盖头；男人则反穿皮袄或其他服饰，化浓妆。装束以面目全非、搞笑古怪为胜。表演时，表演者之间相互调侃，与观众互动、开玩笑。有唱、跳、说、问、答等形式。目的是给大家带来欢笑（参见图14）。

图14 羌戏表演 松潘县小姓乡/2012.9.1/毛明军 摄

五　工具

埃溪羌族有一些自己独特的传统工具和称谓，随着现代化进程以及异地搬迁，这些传统的生产生活用具逐步消失。下面介绍几种。

（一）织布用具

羌族传统织布都是手工进行的，织布用具包括纺锤的部件：纺轮和纺坠，腰机的部件：定经杆、卷布轴、提线、分经杆、打纬刀、梭子等，除了打纬刀中有一条钝口的铁刀由本地铁匠打制外，其余的都是用村寨附近的树木、竹子加工而成。

织布机在小姓羌语中叫tæs le“带撕勒”，由tæχe“织布刀”、tæs le“隔线木片”、goçi“推线木片”、tubɑ“上下移线杆”、dzḛ“梭子”、thinçi“回线木杆”、wæze“固定桩子”、tædi̊“腰带”等部件构成（参见图15）。织布机分大小两种，大织布机织的布用于做衣服、腰带、口袋、褂子等织品，织一匹布，做一件织品，布的宽幅与长度都有相对固定的尺寸。小织布机用于织绳子、绑腿带、背带等。

小姓羌族织布用的原料为牦牛绒毛、绵羊毛、山羊绒毛、麻等，毛经过脱脂、清洗、撕理，纺成单线，再拧成双线备用。织布时，先把织布机准备好，桩子固定好。牵线织布，羌语称xçuxt tæ，做成的衣服称çuxpů，穿旧了的衣服叫kalbɐ或kal mɑ。

图15　织布机部件　松潘县小姓乡/2012.9.1/毛明军 摄

小姓羌族织布用的毛线是把毛经过脱脂、清洗、撕理后纺成的线（参见图16）。把毛撕泡羌语叫tɕhuŋů se，撕泡的毛叫sæʐ̩i。纺成单线羌语叫tɕhuŋů li，挽线杆叫pulì，挽线杆的底部坠子叫pikì，挽好线的挽线杆叫ŋuengi，拧成双线叫xpətʂ ɣdʐ̩i，拧线杆叫ɣdʐ̩ilì，拧线杆的底部坠子叫ɣdʐ̩ikì。毛线叫xputʂ，毛线兜叫pək。

图16　毛线　松潘县小姓乡/2012.9.1/毛明军 摄

（二）鞣革工具

制革在小姓羌族生活中是必不可少的技术，鞣革是制革中的重要环节。鞣革要经过泡、洗、刮、鞣等工序。最艰辛的是鞣革，羌语叫dʐ̩ɑba muɫe。为减轻鞣革的劳动强度，使用各种工具（参见图17）。有的用夹鞣，羌语叫ȵekuɐʂ muɫe；有的用旋转车鞣，叫xuɑʂ muɫe；也用手或脚鞣的，费工费时很辛苦。皮革在羌族生活中用途广泛，制作皮袄、皮帽、皮袋、皮绳、皮鞋、皮垫等。

图17　鞣革工具ȵekuɐ　松潘县小姓乡/2012.9.1/毛明军 摄

（三）捕鼠器

小姓羌族捕鼠方法多种多样，图18中的捕鼠器已比较少见，羌语叫zəxk tuɑk。捕鼠器的中间部分是活动的，可升降，做落锤。把落锤提起后设置机关，挂诱饵，老鼠吃诱饵时机关松动，锤落下可压住老鼠。

图18　捕鼠器　松潘县小姓乡/2012.9.1/毛明军 摄

（四）戥子

小姓羌族在过去称贵重物品时都用戥子秤（参见图19），羌语叫təŋz，十六进位制，单位不好换算，现在已经不使用了。

图19　戥子　松潘县小姓乡/2012.9.1/毛明军 摄

（五）火镰与火石

火镰，小姓羌语叫χtɕæme，是羌族比较古老的取火器物，用铁或铜等金属打造，样式很多，常以金银、珊瑚、玛瑙等珠宝做配饰，因形状酷似弯弯的镰刀，与火石撞击产生火星，点燃火绒草得名（参见图20）。打造得好的火镰还作为男士节日盛装的配饰或定情礼物，具有特别的实用性、操作性和装饰性。起源无从考证，因火柴和打火机的问世而被取代了。火绒草是采摘艾草嫩叶晾干或阴干后，用手揉成絮状，火石用的是白石。

图20　火镰与火石　松潘县小姓乡/2012.9.1/毛明军 摄

第四章　分类词表

说明：

1. 本章第一、二两节收录《中国语言资源调查手册·民族语言（藏缅语族）》“调查表”中“叁　词汇”的词条（原表1200词），标记“（无）”的词条不收录。第一节为通用词，是语保工程调查中汉语方言与少数民族语言共有的调查词表。第二节为扩展词（原表1800词），是专家学者根据各个语族的实际情况制定的调查词表。这两节皆分为如下14类：

一　天文地理	六　服饰饮食	十一　动作行为
二　时间方位	七　身体医疗	十二　性质状态
三　植物	八　婚丧信仰	十三　数量
四　动物	九　人品称谓	十四　代副介连词
五　房舍器具	十　农工商文	

2. 第三节为其他词，收录天文、地名、山名、植物、药材、饮食、生产生活用具、人与动物、呼叫动物的拟声词等七类词汇。

第一节

《中国语言资源调查手册 · 民族语言（藏缅语族）》通用词

一　天文地理

太阳～下山了məɣɳ̊

月亮～出来了χɬuɕuɑ

星星ʁdʐ̩ə

云ɣdɑ

风moʁu

台风moʁu xtəj

闪电名词ɕodaj

雷mə ɣgu

雨məɣʐ̩ẙ

下雨məɣʐ̩e

淋衣服被雨～湿了ɦo χɬu

晒～粮食xkuə

雪tʂ̩uə

冰tsupɑ

冰雹qhaʂ̩

霜məxpi

雾ɣdɑm

露xpidʐ̩ qə

虹统称mop tsutʂ̩

日食məɣɳ̊ ʁzəʂ̩ ɬa

　məɣɳ̊ tshudowəj

月食χɬuɕuə ʁzəʂ̩ ɬe

　χɬuɕuətshudowəj

天气mə

晴天～ mə χqa

阴天～ mətsəkuə

旱天～ məhaka

涝天～ tsutə tʂ̩hə

天亮mətusyʂ̩əj

水田tsuʐ̩

旱地浇不上水的耕地ʐ̩ə

田埂ʐ̩ə ɣguə

路野外的ɣgye

山χtsəp

山谷 χupu

江大的河 jomtsu

溪小的河 tsutɕ

xkietsů

水沟儿较小的水道 tsuχ

湖 ɕuəqa

池塘 tsymi̊

水坑儿地面上有积水的小洼儿 tsuqatʂe

洪水 tsuʂətɕi

淹被水～了 tsutətʂha

河岸 tsuzekə

坝拦河修筑拦水的 tsu ɣdi̊

地震 zəɣmu

窟窿小的 ʑueʑ

缝儿统称 χqe

石头统称 ʁləpe

土统称 wəʑ

wəʑpə

泥湿的 χtɕuə

水泥旧称 ʂuni

沙子 tsuɣzɭ

ʁlə ɣzɭuə

砖整块的 tʂuan

瓦整块的 qaʁzɭ

煤 ʁləpeməgi

煤油 məjjəu

炭木炭 məɣi

灰烧成的 kitɕhiwuʑ

灰尘桌面上的 wuʑpa

火 mu

烟烧火形成的 mux

失火 məhaxti

水 tsu

凉水 tsuxtyaq

热水如洗脸的热水，不是指喝的开水 tsuɕop

开水喝的 tsu χpa χpa

二　时间方位

时候吃饭的～ piʑi

tu

什么时候 nantu

现在 tsaha

tsəpqa

以前十年～ tsəqe

tsə qe

以后十年～ tsəχte

tsəχtaka

一辈子 eɕi

今年 tsə xk

明年 nuetɕ

后年 dyəp

去年 nəp

前年 dzəp

往年过去的年份 qethin pu

年初 pəq

年底 pə su

今天 pəs

明天 koxtu

后天 sodi

大后天 disu

昨天 nəs

前天 dzəs

大前天 dzədzɭ sə

整天 aste

　əs
每天 əs mɑqɑ
早晨 tsuetɕ
上午 dzamky
中午 dzɑmtu
下午 dzamkhiɳ̥i
傍晚 məs qodzʐ̥u
白天 ɳ̥o χlu
　dzɑm tu
夜晚与白天相对，统称 mɑzu
　ɣgitɕ
半夜 dzəw dow
正月农历 tie ɬi̊
大年初一农历 tieɬi̊ tiety
元宵节 tieɬi̊ haŋuə
清明 tɕhinmin
端午 ʁue ɬi̊ ʁuedy
　kuto
七月十五农历，节日名 xtili̊ haŋuə
中秋 xʂ̥əɬi̊ haŋuə
冬至 məɳ̥ haʁuə
腊月农历十二月 suhũkutu
除夕农历 ɳ̥isaɣguj
历书 piʑ̥isusuak ləɣʐ̥
阴历 ɣmesuɑ
阳历 ʁəsuɑ
地方 zə̥p
什么地方 zə̥p tanɑ
家里 kiw
　kiků
城里 ʁuɑjɑ
乡下 tɕeki
上面从～滚下来 qəti̊
下面从～爬上去 qəli̊
左边 ʁuɑjɑ
右边 najɑ
中间排队排在～ ɣgutu
前面排队排在～ qe
后面排队排在～ χtɑ kə
　su
末尾排队排在～ su
对面 thə χti
面前 qɑlqu
　qɑltu
背后 tsɑkətu
里面躲在～ ky
外面衣服晒在～ khəɳ̥i
旁边 zɑkhɑ
上碗在桌子～ qəti̊
下凳子在桌子～ qəli̊
边儿桌子的～ ɣguə
角儿桌子的～ ɣguətɕet
上去他～了 təʁ
　haʁ
　təqɑ
　haqɑ
下来他～了 ɦala
　ɦoly
　xpe
进去他～了 quqɑ
　qoq
　ɣʑ̥eɳ̥i
出来他～了 haly
　ɳ̥ykůmaɳ̥

出去他～了haɣə̊

hɑlɑ

回来他～了haʁue

tshəm the

起来天冷～了ly

χtsu

三　植物

树phə

ɦepeli̊

木头soʁl

松树统称xpial

柏树统称zəmɑ

杉树ləp

柳树sej

竹子统称xpieti̊

笋xpieti̊ n̥yetɕ

叶子xɕɑmɑ

花lɑpɑ

花蕾花骨朵lɑpɑ ŋətʂ

牡丹mutan

草xɕi

藤naʁupudʐ

刺名词tshemu

水果phuɣn̥e

苹果phiŋ ko

桃子tɑotsə

梨diəɻ

李子ditsə

杏χəntsə

橘子tɕytsə

柚子jəutsə

柿子ʂətsə

石榴ʂədiu

枣tsɑotsə

栗子litsə

核桃ʁol

甘蔗xpetiʑim n̥iɑq

木耳n̥ukůmap

蘑菇野生的thoχpɑ

香菇təlqəp

稻指植物khə

稻谷指籽实（脱粒后是大米）khə ɣn̥e

稻草脱粒后的khək paha

大麦指植物ʁlə

小麦指植物ʁlə

麦秸脱粒后的paha

谷子指植物（籽实脱粒后是小米）paha

高粱指植物khəpɑɕ

玉米指成株的植物jyme

棉花指植物mianχuɑ

油菜油料作物，不是蔬菜kop

芝麻xpusu

向日葵指植物muɣn̥lɑpɑ

蚕豆di ɣʐuə

豌豆ditɕ

花生指果实loχuts

黄豆diha

绿豆dipəq

豇豆长条形的didʐ

大白菜东北～phatse

包心菜卷心菜，圆白菜，球形的niaχepe

菠菜dzuku

芹菜tɕhintshe

莴笋ʁusen
韭菜ʂ̩əqhɑ
香菜芫荽ʐ̩əqutɕ
葱dotshe
蒜xkə
姜kuji
洋葱xkəpɑɕ
辣椒统称lɑts
χɑm tshɑ
茄子统称tɕhets
西红柿fantɕhe
萝卜统称lop
胡萝卜χoŋlop
黄瓜kuɑhaw
丝瓜无棱的səkuɑ
南瓜扁圆形或梨形，成熟时赤褐色lankuɑ
红薯χoŋʂ̩aw
马铃薯统称jyajy
芋头jyajypɑɕ
藕gəu

四 动物

老虎hø
猴子ʁuɑsɑ
蛇统称bigu
老鼠家里的zəxk
蝙蝠phəɣʑ phɑ ɣʑɑ
鸟儿wutshe
麻雀ʁew
喜鹊χqa χqe
乌鸦nɑʁɑ
鸽子wuɣʐ̩
翅膀鸟的，统称ɣʑɑ xkuə
爪子鸟的，统称pɑz
尾巴ʂ̩ɑkɑ
窝鸟的wuɣbů
虫子统称bu
蝴蝶tɕɑm χɬətse
蜻蜓统称jytiɑ
蜜蜂ʁn̩y
蜂蜜ʁn̩ymathɑ
知了统称matɕ qulu
蚂蚁tik xʂ̩uə
蜘蛛会结网的tʂ̩heɕ
ɣʐ̩uɑn̩i
蚊子统称buxp
苍蝇统称buʑy
跳蚤咬人的xtson
虱子xtʂ̩ə
鱼ʁʐ̩ə
甲鱼wukuj
鳞鱼的ʁʐ̩əja
虾统称tɕhepie
青蛙统称ʁdyzu
癞蛤蟆表皮多疙瘩ʁdydzu
马jy
驴lots qɑ
骡keti
牛xɕe
公牛统称xɕeχu
母牛统称xɕeme
放牛χɕexty
羊tɕhyn̩y
猪pe
种猪配种用的公猪pe soχ

公猪成年的，已阉的pexti̥

母猪成年的，未阉的peɲ̥i

猪崽peli̥tɕy

peli̥

猪圈peki

pekhopu

养猪peʁzʅ

猫meɲ̥i

公猫ɣdu

母猫ʁu

狗统称khu

公狗khudi

母狗khume

叫狗～te

ɣdyjɑ

兔子ʁadi

鸡wu

公鸡成年的，未阉的wutɕe

母鸡已下过蛋的wume

叫公鸡～（即打鸣儿）ɕi

下鸡～蛋ɦəxʂ

孵～小鸡ɣdi

鸭jɑtsə

鹅go

阉～公猪ʑy

tsho

阉～母猪ʑy

阉～鸡ʑy

喂～猪xtə

杀猪统称petɕi

杀～鱼tɕi

五　房舍器具

村庄一个～tshuɑ

胡同统称：一条～χɑŋχɑŋ

街道ʁəɣgye

盖房子kiqatə

房子整座的，不包括院子ki

屋子房子里分隔而成的，统称phəts

卧室nəɕ ki

茅屋茅草等盖的xɕiki

厨房məzekə

灶统称tsum gi

锅统称dʐə

饭锅煮饭的dʐəque

菜锅炒菜的dʐətɕ

厕所旧式的，统称tɕhɑkə

檩左右方向的buthi

柱子tsukuə

大门dy ɣzʅɑ

门槛儿dyoq phu

窗旧式的xʂəm

梯子可移动的ʁdyn gu

扫帚统称wuɕe

扫地dʐudʐu̥

垃圾kuəteɲ̥

家具统称popu

东西我的～popu

炕土、砖砌的，睡觉用tsum ginəphɑ

床木制的，睡觉用nəphɑ

枕头nuku̥

被子pitɑ

棉絮miaɕy

床单phali̊
褥子zu̜ts
席子ɕits
蚊帐buχqua
桌子统称tʂots
柜子统称tsha
抽屉桌子的tshaqe
案子长条形的ɣʐypu
椅子统称tokhaɕo
凳子统称tok
马桶有盖的χʂətů
菜刀xtie xʂuk tɕyetɕ
瓢舀水的tsuza
缸ʂut
坛子装酒的~ qap
ŋuz
瓶子装酒的~ χo
盖子杯子的~ kieχ
碗统称ʁo
筷子medi̊
汤匙za
柴火统称sə
火柴jaŋ χu
səmu
锁tshasy
钥匙tshaʁu
暖水瓶ʂujphin
脸盆səlanphe
洗脸水mahaχuluatsu
毛巾洗脸用phats
手绢haɕuephats
肥皂洗衣服用jits

梳子旧式的，不是篦子qusy
缝衣针χe
剪子ɕixpu
蜡烛jyla
手电筒tianthu
雨伞挡雨的，统称tʂhota
自行车ɕimujy

六 服饰饮食

衣服统称gus
穿~衣服ɣgu
脱~衣服qa
系~鞋带zədzu̜ə
衬衫ɣgietɕ
背心带两条杠的，内衣khuats
毛衣gustəxɬe
棉衣gus lat
袖子philĩ
口袋衣服上的jaqu
裤子daqu
短裤外穿的daquŋue
裤腿daqu χquə
帽子统称daba
鞋子tɕys
袜子wats
围巾wəjtɕin
围裙wujapha
尿布ʁubů
扣子phits
扣~扣子dzəts
戒指leɕy
手镯pak

理发 qəŋ ɦəwə

qəŋ tɕy

梳头 quty xʂe

米饭 qhə

稀饭用米熬的，统称 qhəji

面粉麦子磨的，统称 dʑo

面条统称 ʁlu xtɕuɑ

面儿玉米～，辣椒～ dʑo

馒头无馅的，统称 hal̥i

包子 ʁudɑ

饺子 ʁudɑ

馄饨 ʁudɑ

馅儿 guxt̥i

油条长条形的，旧称 hal tʂhoŋ tʂho

豆浆 diji

豆腐脑 tuxyqəɳɑ

元宵食品 qhədʑo

粽子 tsoŋtsə

年糕用黏性大的米或米粉做的 qhəhal̥i

点心统称 mɑpints

菜吃饭时吃的，统称 xtie

干菜统称 xtiejikuə

豆腐 tuxu̥

猪血当菜的 pesɑ

猪蹄当菜的 pek pudi

猪舌头当菜的 pek ʑeq

猪肝当菜的 pek sə

下水猪牛羊的内脏 tshus

鸡蛋 wuxt̥i

松花蛋 wuʑwuxt̥i

猪油 pese

香油 xpusu tshəw

酱油 təujəu

盐名词 tɕhi

醋 tshu

香烟 məx

thɑmɑχɑ

xpe

旱烟 lanχuajan

白酒 jek

黄酒 hĩ

江米酒酒酿，醪糟 lopmehĩ

茶叶 tʂhəqəmɑ

沏～茶 ɦəxt

冰棍儿 tsupɑ

做饭统称 tʂhoχoqɑt

炒菜统称，和做饭相对 xtieχʑi

煮～带壳的鸡蛋 χqu

煎～鸡蛋 ɣdʑi

炸～油条 tʂɑ

蒸～鱼 tʂendɑ

χqu

揉～面做馒头等 xtɕuɑ

擀～面，～皮儿 ləllə

吃早饭 thəsthə

吃午饭 dzameɬa

吃晚饭 jext thə

吃～饭 ɬa

喝～酒 thə

喝～茶 thə

抽～烟 tʂhe

盛～饭 ʁə

夹用筷子～菜 xte

斟～酒 ʁə

渴口～ xpie

饿肚子～ çypi

噎吃饭～着了 xʂoqty

七　身体医疗

头人的，统称 qəpɑtʂ

　qə

头发 quty

　qəŋ

辫子 qudy

旋 qədʐ

额头 ɣdu xku

相貌 qəz

脸洗～ maha

眼睛 mimi

眼珠统称 miniku xti̊

眼泪哭的时候流出来的 mal

眉毛 miŋů

耳朵 ɳuků

鼻子 χtəq

鼻涕统称 ha

　haʁʐə

擤～鼻涕 çɑ

嘴巴人的，统称 dzuků

　χtybɑq

嘴唇 tshəpe

口水～流出来 χtyjɑ

　χtytsů

舌头 ʑeq

牙齿 dzə

下巴 mej

胡子嘴周围的 ɣdioŋů

脖子 χlikə

　mɑkə

喉咙 tshosxti̊ mɑkə

肩膀 lyoχu

胳膊 pulpɑ

手包括臂：他的～摔断了 lɑpɑ

　latçy

左手 ʁuɑjɑ

右手 nɑjɑ

拳头 ɣloxɳi

手指 lesu

大拇指 leɳipukɑ

食指 mɑɳiwə

中指 ɣdɑtɑntshu

无名指 khiem me

小拇指 kietçẙtçy

指甲 ʁdʐəs

腿 duɑ

脚包括小腿和大腿：他的～压断了 dʐɑqu

膝盖指部位 ʁuɑχ

背名词 tsəkə

肚子腹部 pobu

肚脐 pitç

乳房女性的 pɑpɑ

屁股 χtɑʁu

肛门 χʂuʑ

阴茎成人的 pipi

女阴成人的 qhapi

肏动词 qutçe

精液 tsu

来月经 mɑχtsɑ

拉屎 xʂətsə

撒尿 sakaɬi

放屁 χʂəɬi

病了 ɣgi

着凉 tshuquɳy

咳嗽 tshu

发烧 dʐə qha

发抖 dakxsə

肚子疼 phobu ɣgi

拉肚子 kuʂa

sigi xti

患疟疾 maχtsaquza

肿 təp pha

化脓 xpəsa

疤好了的 ɣɳes

癣 tɕhidapa

痣凸起的 zʐetʂ

疙瘩蚊子咬后形成的 patʂ

狐臭 tɕaqus ɣzʐu

看病 ɣgi ɣzʐə

诊脉 lekə ɣzʐə

针灸 χeɬi

ʁdʑytshu

打针 χeχʂu

打吊针 χeteʁue χʂu

吃药统称 xpethə（ɬa）

汤药 xpetsů

病轻了 ɣgitətʂa

八　婚丧信仰

说媒 tɕo ɣzu dʐek

媒人 tsow ɳi

ɣguduɳi

相亲 kueɕẙtsu

订婚 dzədʐe

嫁妆 xti

结婚统称 tɕudʐujudʐu

hĩtʂhe

娶妻子男子～，动宾 belequɬi

出嫁女子～ ɣzykə

拜堂 ʁutshu

新郎 tɕeme xsə

新娘子 tɕu ɣzu xsə

孕妇 phobuwən

怀孕 phobudowo

phobuwəj

害喜妊娠反应 khupusotmoŋů

分娩 tɕytse

流产 daχʂ

双胞胎 aʁuə

坐月子 tɕytsedzu

吃奶 papatʂhe

断奶 papa xʂuə

满月 eɬi̊ datshe

生日统称 tsem

做寿 tɕidʐ tsə

死统称 ɕa

quɕa

死婉称，最常用的，指老人：他～了 miɣleʂku

自杀 ɳyɳyɕa

咽气 məʂ daqa

入殓 xpəkiʁakəle

棺材 kuan tshe

xpəki

出殡 taxuə

灵位 kəpudzuɕ

坟墓单个的，老人的 xpəl

上坟 xpəlqudzʮ

纸钱 tɕhantʂətɕhɑmu

老天爷 mutəp

菩萨统称 ɣmiɕ

观音 kuanjin

灶神口头的叫法 muwɣmiɕ

寺庙 xsəki

祠堂 xsəki

和尚 xtɕy

尼姑 mɑxtɕy

道士 ʁəxtɕy

算命统称 xʂomuxty

运气 ʂoχ

保佑 ɣmiɕqoʁo

九 人品称谓

人一个～ n̥i

男人成年的，统称 tɕomu

女人三四十岁已婚的，统称 mɑ

mɑmu

ɣʑe n̥i

单身汉 tɕomuetip

老姑娘 mɑ etip

婴儿 lolo

小孩三四岁的，统称 tɕy

男孩统称：外面有个～在哭 tɕe

女孩统称：外面有个～在哭 tɕi

老人七八十岁的，统称 ɦepim

亲戚统称 kun etɕy

朋友统称 ɣgyədz̩

邻居统称 kie tshɑ

客人 dzʮ

农民 bələn

商人 khietsən

手艺人统称 leʑiwen

泥水匠 χeʂaɣʑ

木匠 ɣmətɕɑ

裁缝 gusjin

理发师 qəŋ tɕyn

厨师 koxtin

师傅 ɣʑin

sun

徒弟 ɕodɑn

乞丐统称，非贬称 khəɕən

妓女 tɕi χtaχuɑn

流氓 n̥i ɣz̥e

贼 xku

瞎子统称，非贬称 min̥i moty

ɕats qɑ

聋子统称，非贬称 n̥ykůmɑn̥

buʂɑ

哑巴统称，非贬称 ʁuə

驼子统称，非贬称 tsybwə

瘸子统称，非贬称 χtɕiɬi̊

疯子统称，非贬称 ʁuʁůʁun

傻子统称，非贬称 ʁuəqpatʂ

笨蛋蠢的人 ɑjɑwən

爷爷呼称，最通用的 ɑn̥i

奶奶呼称，最通用的 ɑji

外祖父叙称 ɑn̥i

外祖母叙称 ɑji

父母合称 pima

父亲叙称 pi

母亲叙称 ɑwu

ma

爸爸呼称，最通用的 apa

akə

妈妈 awu

ma

继父叙称 akə

继母叙称 ama

岳父叙称 akə

岳母叙称 ama

公公叙称 akuə

婆婆叙称 ama

伯父呼称，统称 akə

伯母呼称，统称 ama

叔父呼称，统称 akə

排行最小的叔父呼称，如“幺叔” akə

叔母统称，呼称 ama

姑呼称，统称 ane

姑父呼称，统称 akə

aků

舅舅呼称 azu̪

舅妈呼称 ane

姨呼称，统称 ama

姨父呼称，统称 aků

弟兄合称 ʂtən

tɕextů

姊妹合称 saɕ 不包括男性

哥哥呼称，统称 aẓi

嫂子呼称，统称 xtsəmə

弟弟叙称 tu

弟媳叙称 tuk kikůpu

姐姐呼称，统称 ape

姐夫呼称 aẓi

妹妹叙称 ɣly

sa

妹夫叙称 ɣlyk dʑaʁu

堂兄弟叙称，统称 xtuɳ

表兄弟叙称，统称 xtuɳ

妯娌弟兄妻子的合称 saɕ

连襟姊妹丈夫的关系，叙称 xtuɳ

儿子叙称：我的～ tɕe

儿媳妇叙称：我的～ tɕuɣzu

女儿叙称：我的～ tɕi

女婿叙称：我的～ tɕeme

孙子儿子之子 ɣzu̪tɕ

重孙子儿子之孙 lətɕ

侄子弟兄之子 tɕe

外甥姐妹之子 tɕiqhap

外孙女儿之子 ɣzu̪tɕ

夫妻合称 xtebe

丈夫叙称，最通用的，非贬称：她的～ dʑaʁu

妻子叙称，最通用的，非贬称：他的～ bele

kykůpu

名字 ɣmə

绰号 ɣmədzu̪

十　农工商文

干活儿统称：在地里～ bəlkə

事情一件～ dzə̪

插秧 qhətshu

割稻 qhəku

种菜 xtietɕhua

犁名词 tu

锄头 kua

镰刀 ɕedî

把儿刀~ kej

扁担 kiɑs

箩筐 puɣʐ

筛子统称 xʂese

sotɕ

簸箕农具，有梁的 ʁo χtʂə̊

簸箕簸米用 ʁo χtʂə̊

独轮车 sək kholɑ

轮子旧式的，如独轮车上的 kholo

碓整体 toʁ pu

臼 ʁloʑ

磨名词 dʑo

年成 pənɑ

走江湖统称 phəʑ kə

打工 bəl kə

斧子 xtej

钳子 tshexte

螺丝刀 kej tɑo

锤子 ʁduɑ

钉子 ɕi tiɑ

绳子 ɣʐʅ

棍子 ʁuɑq te

做买卖 khie tsəj

商店 phuts

饭馆 tʂhoχu ɬaʂtə

旅馆旧称 jaʂtə

贵 phuly

便宜 mophůly

合算 tɕhapto

折扣 ɦek xɕi

亏本 quk xɕi

钱统称 totse

零钱 totse χtʂetse

硬币 totsexkukɑ

本钱 pəntɕhe

工钱 ʁlaɣʐ

路费 ɣgieɣʐ

花~钱 ʂədɑ

ʂəqɑ

赚卖一斤能~一毛钱 dowuə

挣打工~了一千块钱 tsəndɑ

ɣme

欠~他十块钱 khi

算盘 suɑk

秤统称 tʂhə

称用秆秤~ tʂhəq

赶集 ȵiluɑkə

集市 ȵiqueʂtə

庙会 xsəkiqudʐʅ

学校 ləɣʐsy ʂtə

教室 syki

上学 syk

放学 sydeɬi

考试 ɣʐʅmyʐə

书包 ləɣʐjɑqu

本子 pətsə

铅笔 tɕhianpi

钢笔 kɑŋpi

圆珠笔 jyatʂupi

毛笔 mɑopi

墨 me

砚台 me χtʂek

信一封~ ləɣʐ

连环画 lɑpɑk ləɣʐ

捉迷藏 kupilulu

跳绳 ɣzu̥ χtso

毽子 thitɕo

风筝 ʂoʂokwu

舞狮 saŋgaʁzə̥

鞭炮统称 phutʂɑ

唱歌 tshuɑ

演戏 ʁzəj

锣鼓统称 hatɕhanpu

笛子 sylu

划拳 xətʁə

下棋 ɣdʑobuʁə

打扑克 pheʁə

打麻将 matɕaŋʁə

变魔术 ləllaɣʑi

讲故事 dixpeχuɑj

猜谜语 n̥ɑm tshe

mun dɑ

玩儿游玩：到城里～ ʁzə̥q tsə

串门儿 ʁuli̊kə

走亲戚 kunutɕykakə

十一　动作行为

看～电视 ɣzə̥

听用耳朵～ xsoxt

闻嗅：用鼻子～ təhĩ

吸～气 tʂhe

ɬi

睁～眼 tətɕhuɑ

闭～眼 ɦetɕi

眨～眼 ɦete

张～眼 təqɑ

闭～嘴 ɦoqu

咬狗～人 ʁdze̥

嚼把肉～碎 χtsɑti

咽～下去 ʁzu

舔人用舌头～ n̥ɑ

含～在嘴里 ɦaʁdze̥

亲嘴 poputsə

吮吸用嘴唇聚拢吸取液体，如吃奶时 tʂhe

吐上声，把果核儿～掉 phu

吐去声，呕吐：喝酒喝～了 wə

打喷嚏 ɑɕautsə

拿用手把苹果～过来 dzutʂů

给他～我一个苹果 ɣde

摸～头 wəli̊

伸～手 thətʂ

挠～痒痒 xʂuɑ

掐用拇指和食指的指甲～皮肉 pitsho

拧～螺丝 χudʐuɑ

拧～毛巾 ɦoʁdʐuɑ

捻用拇指和食指来回～碎 dzətʂuɑ

掰把橘子～开，把馒头～开 qa

剥～花生 qa

撕把纸～了 xʂək xɕɑ

折把树枝～断 dzə χɬɑ

拔～萝卜 xtuə

摘～花 tsho

站站立：～起来 hɑ tshů

倚斜靠：～在墙上 haɕuɑ

坐～下 dzu

跳青蛙～起来 χtso

χtsondzo

迈跨过高物：从门槛上～过去 ʁuɑ

踩脚～在牛粪上 tɕhyan̥

翘～腿 ɦebbe

弯～腰 təl ʁuə

təputsu

挺～胸 haʁe

趴～着睡 ɦeque

爬小孩在地上～ buk

走慢慢儿～ kə

跑慢慢儿走，别～ tun̥o

逃逃跑：小偷～走了 dɑphɑ

追追赶：～小偷 tʂhək

抓～小偷 quese

抱把小孩～在怀里 the

背～孩子 be

搀～老人 ɦeç

推几个人一起～汽车 xte

摔跌：小孩～倒了 xʂutuɑ

撞人～到电线杆上 thu

挡你～住我了，我看不见 ʐuɑ

躲躲藏：他～在床底下 ʮe

藏藏放，收藏：钱～在枕头下面 xtu

放把碗～在桌子上 quxç

摞把砖～起来 thɑ

埋～在地下 que

盖把茶杯～上 kieχů·tsə

压用石头～住 tʂhɑ

摁用手指按：～图钉 tʂhɑ

捅用棍子～鸟窝 ti

插把香～到香炉里 tshu

戳～个洞 phə

砍～树 tshuɑti

削～苹果 ɕuə

裂木板～开了 ʁe

皱皮～起来 qutstsu

腐烂死鱼～了 tsəqɑ

擦用毛巾～手 ɕueti̊

倒把碗里的剩饭～掉 quto

扔丢弃：这个东西坏了，～了它 luqhuɑ

扔投掷：比一比谁～得远 ɣguɑt

掉掉落，坠落：树上～下一个梨 duetshy

丢丢失：钥匙～了 təp

找寻找：钥匙～到 ɣme

捡～到十块钱 deti̊

提用手把篮子～起来 təχtse

挑～担 kia

扛 kánɡ，把锄头～在肩上 χuəli̊

抬～轿 kia

举～旗子 hɑtshů

撑～伞 phɑ

撬把门～开 ɣbi

挑挑选，选择：你自己～一个 ɕitɑ

收拾～东西 ʂuʂůʂu

挽～袖子 haɣʐ

涮把杯子～一下 lulůlo

洗～衣服 χulo

捞～鱼 haχtʂe

拴～牛 ɕuə

ɣdʑy

捆～起来 dʐodʐůdʐuə

解～绳子 tuwwə

挪～桌子 təxpu

端～碗 taχtse

摔碗～碎了 ʂulkhuə

掺～水 ʁə

烧～柴 xty

拆~房子ɣdzɿ kha

转~圈儿xua

捶用拳头~ xʂə

打统称：他~了我一下tuati

打架动手：两个人在~ tuatij jitsə

休息xɕy

打哈欠laxtsəj

打瞌睡məʑytaj

睡他已经~了nə

打呼噜χəpatsə

做梦muʑy

起床təj

刷牙dzəxulo

洗澡khupuχulo

想思索：让我~一下χtɕua

想想念：我很~他χtɕuaj

打算我~开个店χtɕuats

记得dukle

忘记quɣm

怕害怕：你别~ qu

相信我~你χte

发愁tʂhun ɕi

χtɕuaʂ de xtɕ

小心过马路要~ akha

喜欢~看电视χtɕi

讨厌~这个人maχtɕi

χtɕis mowə̊

舒服凉风吹来很~ naj

难受生理的manaj

难过心理的manaly

高兴tats

生气khukhůkhuə

责怪xkieləqhua

ȵikə luqhuə

后悔ɣgə χtɕua

忌妒mojtsə

害羞dzɑ̱

丢脸dzɛɦekuej

欺负ȵaʁzə̱

装~病χpata

疼~小孩儿wəj

要我~这个khi

有我~一个孩子ʑe

没有他~孩子maʑe

是我~老师ŋu

不是他~老师moŋů

在他~家ʑe

不在他~家maʑe

知道我~这件事tɕhoŋů

不知道我~这件事matɕhoŋů

懂我~英语ɣʑi

不懂我~英语məɣʑi

会我~开车ɣʑi

不会我~开车məɣʑi

认识我~他tɕhoŋů

不认识我~他matɕhoŋů

行应答语ɣle

不行应答语meɣle

肯~来ʁu

应该~去ŋukhi

可以~去ŋuʁdzə̱

说~话tʂua

zə̱

话说~ ʑi

ʑiχuɑ

聊天儿ʑi χtʂe

叫~他一声儿ʁuɑ

吆喝大声喊qəj

哭小孩~ze

骂当面~人χede

吵架动嘴：两个人在~ quqů̊quə

骗~人ɣɑ

哄~小孩ɣɑ

撒谎ʑiɣgɑ

吹牛tɑχutsə

拍马屁hødʐ̩u

开玩笑ɦədioʐ

告诉~他tʂuɑ

谢谢致谢语zon the

ʑe

quk ʑe

对不起致歉语mɑkhibɑ

再见告别语tsuɕɑ

十二　性质状态

大苹果~ɣʐ̩uɑ

小苹果~ɣʑɑ

粗绳子~pɑ

细绳子~ʁʐ̩ue

长线~dʐ̩ə

短线~ŋue

长时间~ʑidʐ

短时间~ŋue

宽路~ɣlio ɣl̊i

宽敞房子~ɣlio ɣl̊i

窄路~wutse

高飞机飞得~ɣʐ̩u

低鸟飞得~bɑ

高他比我~ɣʐ̩u

矮他比我~bɑtse

远路~ɣgioχu

近路~ɣgioɳi

深水~tʂhɑ

浅水~dʑytse

清水~qəʁʐ

浑ʁʐ̩ɑji

圆pɑtʂ

扁lepe

方ɣʐ̩u ɣdʐ̩ů

尖tɕet

syt

平delə

肥~肉tshət

瘦~肉tsha ɣʐ̩e

肥形容猪等动物tshət

胖形容人ɣguɑt

瘦形容人、动物tsha ɣʐ̩e

黑黑板的颜色ɳiq

白雪的颜色tʂhu

红国旗的主颜色，统称hĩdze

黄国旗上五星的颜色haw

蓝蓝天的颜色pəq

绿绿叶的颜色til

紫紫药水的颜色tʂoŋse

灰草木灰的颜色jyepe

多东西~que

少东西~ki

kietɕi

重担子～dʑi

dʑi tɑq

轻担子～ɣʑy

ɣʑy tse

直线～xtə

xtətʂ

陡坡～，楼梯～pap

弯弯曲：这条路是～的təl ʁuə

təxuɑ

歪帽子戴～了dotɕho

厚木板～la

薄木板～dʑy

稠稀饭～bi kə

bi

稀稀饭～ji

ji χtəχtə

密菜种得～xtɕep

稀菜种得～χʂa

亮指光线，明亮ɕuɑ

黑指光线，完全看不见ȵiq

热天气ɕe

暖和天气ɕop

凉天气xtyaq

冷天气thy

热ɕop

凉xtyq

干干燥：衣服晒～了jikuə

湿潮湿：衣服淋～了xʂuq

干净衣服～χtsɑmɑ

脏肮脏，不干净，统称：衣服～mɑχtsɑ

快锋利：刀子～tɕe

tɕet

钝刀～mɑtɕe

快坐车比走路～dʐu

慢走路比坐车～ʁlɑ

早来得～dʐu

晚来～了qoʁlɑ

晚天色～məs qoʁdʐu̥

松捆得～dɑq

紧捆得～ɦəs

容易这道题～ɣʑetse

难这道题～χqo

新衣服～xsə

旧衣服～bɑ

bɑqhu

老人～ɦepi̥

年轻人～xɕup tse

软ʁzɑ

ʁzɑq

硬骨头～xku

xkukə

烂肉煮得～dothu

煳饭烧～了tədʐ qhɑ

结实家具～ɣgə

破衣服～doʑo

富他家很～jop

穷他家很～bi

忙最近很～me ɣde

闲最近比较～daχɑ

ɣde

累走路走得很～phɑʁu

疼摔～了ɣgi

痒皮肤～ʁdʐe

热闹看戏的地方很～ɦeti

ɣgiodʐ na
熟悉这个地方我很～ susůsu
陌生这个地方我很～ mosůsu
味道尝尝～ χqə
气味闻闻～ χqə ɣʐu
咸菜～ qhɑ
淡菜～ moɣʐů
酸 tsuɑ
甜 ʑim ȵiɑq
苦 qhɑq
辣 tsə
tsəste
鲜鱼汤～ ʑi
香 xu
χqəxu
臭 ɣʐu
ɣʐuχtʂe
tshəm the
馊饭～ kuɑntʂhɑ
腥鱼～ χqə
好人～ ʂe
坏人～ mɑʂe
差东西质量～ mɑʂej
对账算～了 təpij
错账算～了 mipij
漂亮形容年轻女性的长相：她很～ ʂe
nɑ
χtsu
丑形容人的长相：猪八戒很～ ʁʐej
勤快 tʂhukuəku
懒 landɑ
乖 χtɕiswə
顽皮 guezej
老实 tɕɑχpɑ
傻痴呆 ʁo
笨蠢 ɑjɑwə
大方不吝啬 xtijɑ
小气吝啬 mɑjɑ
直爽性格～ gəɣʑy
犟脾气～ ɦoʁdʐo

十三　数量

一～二三四五……，下同 e
二 ɣȵe
三 xse
四 ɣʐə
五 ʁue
六 χtʂu
七 xti
八 xʂe
九 ɣgu
十 hady
二十 ȵisu
三十 xsɑsu
一百 əkxʂə
一千 oxtů
一万 ɑʁuɑn
一百零五 ɑkxʂəneʁue
一百五十 ək xʂəneʁosu
第一～，第二 tiqek the
二两重量 ɣȵidʐu
几个你有～孩子？ ne
俩你们～ dʐe
仨你们～ dʐe

个把 eɣn̥e

个一～人 e

匹一～马 zɑ

头一～牛 zɑ

头一～猪 e

只一～狗 e

只一～鸡 e

只一～蚊子 i

条一～鱼 ti

条一～蛇 ti

张一～嘴 e

张一～桌子 e

床一～被子 oxtẙ

领一～席子 e

双一～鞋 tue

把一～刀 tsɑ

把一～锁 tsɑ

根一～绳子 tʂə

支一～毛笔 tʂəi

副一～眼镜 xuɑ

面一～镜子 ʑi

块一～香皂 bi

辆一～车 zɑ

座一～房子 i

座一～桥 kho

条一～河 zɑ

条一～路 χtʂə

棵一～树 ɣgo

朵一～花 i

颗一～珠子 i

粒一～米 i

顿一～饭 ɣʑi

剂一～中药 fu

股一～香味 thue

行一～字 ʁe

块一～钱 i

毛角：一～钱 tɕo

xtu

件一～事情 xtɕa

点儿一～东西 ɑz

些一～东西 lɑ

下打一～，动量，不是时量 ɬe

会儿坐了一～ phi

顿打一～ tuɑ

阵下了一～雨 thue

趟去了一～ tʂu

χtʂə

十四　代副介连词

我～姓王 qɑ

你～也姓王 qu

您尊称 qu

他～姓张 the

我们不包括听话人：你们别去，～去 tsɑn dzʅe

咱们包括听话人：他们不去，～去吧 tsɑ n̥i

你们～去 quɑn dzʅe

他们～去 thɑndzʅe

thɑχ

大家～一起干 ɑŋů

自己我～做的 ɑlɑn̥i

qɑn̥ n̥i

别人这是～的 n̥i thəm

我爸～今年八十岁 qɑk pi

你爸～在家吗？ quk pi

他爸～去世了thek pi

这个我要～，不要那个tse

那个我要这个，不要～ the

哪个你要～杯子？ nəgələ

谁你找～？ ʂ̥e

ʂ̥əle

这里在～，不在那里tsə

那里在这里，不在～ thə

哪里你到～去？ tɑnɑ

这样事情是～的，不是那样的tsɑgɑ

那样事情是这样的，不是～的thɑgɑ

怎样什么样：你要～？ nɑgɑ

这么～贵啊lek

怎么这个字～写？ nale

什么这个是～字？ nale

什么你找～？ nale

为什么你～不去？ naleŋuȵ̥i

干什么你在～？ naqatə

多少这个村有～人？ nɑn ŋu

很今天～热ȵ̥e χpek

非常比上条程度深：今天～热ȵ̥e χpek

更今天比昨天～热thəs

太这个东西～贵，买不起thəs lə

最弟兄三个中他～高tik

都大家～来了ɑŋů

一共～多少钱？ ɑŋů

一起我和你～去ɑŋů

只我～去过一趟ɣdi

刚这双鞋我穿着～好thɑq

刚我～到tsəpqɑ

tsəpqamaȵ̥i

才你怎么～来啊？ tsəp qɑ

就我吃了饭～去ȵ̥i

经常我～去es te

又他～来了ʐ̥u

还他～没回家pitı̊

再你明天～来ʐ̥ulə

也我～去；我～是老师lə

反正不用急，～还来得及ɦɑȵ̥i

没有昨天我～去mi

不明天我～去mɑ

别你～去tɕi

甭不用，不必：你～客气mɑkhi

快天～亮了mɑpi

差点儿～摔倒了ɑzdi

宁可～买贵的nelə

故意～打破的hɑtɕtɕheʂ̥

随便～弄一下naleŋůȵ̥ihɑŋů

白～跑一趟məlaχ

肯定～是他十的tɕhothe

可能～是他干的ŋuhaj

一边～走，～说ʁze

和我～他都姓王nə

和我昨天～他去城里了nə

对他～我很好ji

往～东走thə

向～他借一本书ji

按～他的要求做theʁɑ

替～他写信χu

如果～忙你就别来了ȵ̥i

不管～怎么劝他都不听ŋuȵ̥i

第二节

《中国语言资源调查手册 · 民族语言（藏缅语族）》扩展词

一 天文地理

天～地 mu
阳光 məɕe
日出 məɣn̩ ʂo χɬů
日落 məɣn̩ ɦoχʂuɑ
彗星扫帚星 ʁdʐə̥ sɑkɑ wə
北极星 mɑtʂ̥ kuə ʁdʐə̥
七姐妹星 ʁdʐə̥ op tshə
光～线 ɕuɑq
影子 məʂ̥
刮风 moʁu tsə
风声风呼呼声 moʁujisɑ
打雷 mu ɣgu
响雷霹雳，名词 muɣgujisɑ
大雨 mədɑʂ̥uɑ
小雨 mə ɣʐɑ
毛毛雨 muzəm zɑmɑ
暴风雨 məʂ̥ moʁu
雨声 məɣʐ̥eqəŋ
下雪 dʐ̥o ɣʐ̥e
雪崩 dʐ̥o ʁʐ̥uɑ
雪水 dʐ̥ok tsu
结冰 tsupɑʁu
融化雪～了 dədʐ̥
乌云 ɣdɑn̥i
彩云 χtʂ̥u
蒸汽水蒸气 le
地总称 ʐ̥ə
土地 ʐ̥ə
坡地 pap ʐ̥ə
荒地 sugi
山地 ʐ̥əq
平地平坦的土地 ʐ̥ədelə
地界田地的边界 zədʐ̥e
庄稼地 tɕhuɑʐ̥
沼泽地 tsugu

坝子山中的平地qaq ʁɑ

地陷qɑq

海大~ ɕo

田总称tsuʐ

梯田golu

田坎zəɣgo

秧田qhəʐ

小山ʁutɕ

荒山zəse

雪山tʂoχ tsəp

山顶χtsəp qəʐ

山峰χesəp tɕet

山腰zəqɑ

阴山指山背阴一面χɬekɑ

阳山指山朝阳一面dzəkɑ

岩洞jɑ χqo

岩石jɑ

花岗岩jɑ xkukə

鹅卵石tsol pɑtʂ

平原delɑ

滑坡səjɑ

陡坡pap

悬崖峭壁ɦexɑ

石板ʁlõʐ

小河tsutɕ

河水jom tsu

上游河的~ ɳy

下游河的~ xɕi

旋涡河里的~ tsuɳi

泡沫河里的~ mɑm qətɕ

泉水tsuku̥

清水与浊水相对tsu qəɹʐ

瀑布tsuɣdi̥

草原zəse

峡谷χupuwutse

泥石流tsuʂuɑ

地洞zək

洞口zək χquɑ

山路suɣgye

岔路ɣgyequtɕe

大路野外的jy ɣgye

小路野外的tɕe ɣgye

公路ʁə ɣgye

桥统称tshopu

石桥ʁləpek tshopu

渡口tsuʁɑkəʂ tɑ

菜园kuʐ

果园phuyɳeʐ

尘土干燥的泥路上搅起的wuʐ pɑ

红土wuʐ hĩn dze

粉末dʐo

渣滓榨油剩下的~ ʁzɑji

煤渣炭屑煤炭燃烧后余下的东西mej wuʐ

锅烟子ʁloɳi

金χqu

银ŋu

铜ha

铁ɕi

ɕimu

锈名词ɣzə

ɣzəɕ

生锈动词ɣzəɕiʂ təɬa

钢quɑ

锡ɣʐeɳi

铝bethu̥

铅 xtʂ
玉 ʁəji
翡翠 ʁəji
玛瑙 piɕi
玻璃 melu
硫黄 sebi
碱 tɕhiqhɑ
火药 məd
硝做火药的～ tɕhiqhɑ
火种 məkə
火光 məle
火焰 məle
火塘 mugů
打火石 ʁlətɕhi
山火 zə̣m
火把 mədzụɑ
火星火塘里的 mətʂ
火舌火苗 məlephu
火灾 muze
火石 ʁlətɕhi
火铲 məl ʁuə
汽油 tɕhijəu
油漆 jəutɕhi
井水～ tsuků
沸水 tsuphe
温水 tsuɕop
碱水 tɕhikhɑq tsu

二　时间方位

春天 mam noq
夏天 tɕɑq
秋天 ɕitu
冬天 soq
过年 pus
过节 pus
每年 opmɑqɑ
上半年 pəq
下半年 pəsu
闰月 ɬilu
二月 ɣn̥ ɬi̊
三月 xsiɬi̊
四月 ɣzə̣ɬi̊
五月 ʁuəɬi̊
六月 χtʂuɬi̊
七月 xtiɬi̊
八月 xʂəɬi̊
九月 ɣguɬi̊
十月 hadyɬi̊
十一月 hatieɬi̊
十二月 han̥ ɬi
每月 eɬ mɑqɑ
月初 ɬiq
月底 ɬisu
元旦 ʁək pəxs
初一除了正月以外，其他月份的初一。下同 tiety
初二 ɣn̥ity
初三 xsity
初四 ɣzə̣ty
初五 ʁoty
初六 χtʂuty
初七 xtity
初八 xʂəty
初九 ɣguty
初十 hadyɬi̊

昼夜指白天黑夜 ɣgitɕ ȵ̥oχɬu
半天 ez me
古时候 tsəqe
东 məɣȵ̥ paʂ̥ta
南 mətɕhe tse ʂ̥ta
西 məɣȵ̥ χʂ̥ua ʂ̥ta
北 məɣlio ɣli ʂ̥ta
正面 qalů·tu
反面 tsokoto
附近 kaka
周围 ɦoxua oxůte
对岸河的～ qhotu
门上挂在～ dypaqətǐ
楼上 kotu
楼下 kielǐ
角落墙的～ qeʁů
在……后 tsə χte
在……前 tsəqe
在……之间 tsək tsow

三　植物

杨树 ʁlap
枫树 ŋuləs
白桦 ʁditɕhi
棕树 tsoŋphu
冷杉一种树 ləxɕ
青冈栎 səɣʐ
万年青 ʁdʐuʁu
树皮 sapa
树枝 kheji
树干 suap
树梢 qəʑ

根树～ kə
树浆 phətsů
年轮树的～ puxua
松球 ləpeʑ̊i
松针 xɕama
松脂 ləz
松香 ləz
松包松树枝头上的果实 ləpeʑ̊i
松明劈成细条的山松，可以点燃照明 mugu
西瓜 ɕikua
桃核 ɣȵ̥e
葡萄 phuthao
樱桃 khuba
 jyba
壳核桃～ jaba
核儿枣～ kuxtǐ
香蕉 xaŋtɕao
柑子 tɕytsə
橙子 kuaŋkəɻ
山楂 pasȵ̥i
果皮统称 phu ɣȵ̥ek jaba
果干晒干了的果实 phu ɣȵ̥ejikuə
杏仁 ɣȵ̥e
葵花籽未去壳的 mən̥ lapazu
荆藤 xʂ̥asy
瓜蔓 kuxtǐ
艾草 poj
狗尾草 ʁlaxɕ
车前草 ɣgioxpa
草根 xɕikə
青苔 ləme
菊花 aʐulapa

杜鹃花 ʁulapɑ
月季花 tshoʁlapɑ
葵花 mən̥lapɑ
桃花 khalalapɑ
花瓣 lapɑ ebi
花蕊 lapakuxti̊
芦苇 ʁlaxɕi̊
红菌 naʁutse
黄菌 tsikha
松茸 kophaɕ
毒菇 dutse
笋衣指笋的嫩壳 n̥yetɕjaba
瓜子西～ zu
籽菜～ zu
薄荷 poχ
蒲公英 χuaŋkətshe
灵芝 ʁdin̥ ku
银耳 n̥ykůmaptʂhu
竹根 xpietkə
竹节 xpiet saq
竹竿 xpiet
柳絮 sejlapa
篾条编篮子的～ xpiet xɕaqa
发芽 xɕama dapa
结果 ɣn̥edzu̥
成熟 ɦepi
开花 lapapa
吐须 xtiɬi̊
凋谢 ɦeɣʑi
粮食统称 wa
种子 zu
秧植物幼苗的统称 jaŋ tsə
稻穗 qhəxtiq
抽穗 xtiɬi
大米脱粒后的 qhə
小米脱粒后的 qhə eɕkə
糯米 tɕəumi
红米 qhəhĩ
稗子 qhəpaɕ
糠 xtʂəts
玉米苞玉米棒子 jymipaopao
玉米秆 jymisuapů
玉米须 jymihũ
青稞 høndʐo
燕麦 pu
荞麦 dzu
苦荞 dzukha
麦芒 xtihũ
麦穗 xti
麦茬麦秆割过余下的部分 χəpů
荞花 dzulapa
荞壳 dzujaba
苎麻 su
豆子统称 di
豆秸 dikho
豆芽 diqma
四季豆 sətɕitəu
豆苗豆类的幼苗 dieqma
扁豆 dilepe
冬瓜 toŋ kua
苦瓜 khukua
青菜 xtiepəq
菜花一种蔬菜 χua tshai
空心菜 toŋtoŋ tshai

蕨菜 moʁ

卷心菜所有菜心卷起来的菜的统称 n̥aχepe

苦菜 rbən̥i

百合蔬菜 zəɣguəlapɑ

蒜苗 xkək xɕɑ

青椒 latɕ pəq

红椒 latɕ hɑdze

干辣椒 latɕ ji kuə

春笋 nən̥yetɕ

冬笋 sun̥yetɕ

笋壳 n̥yetɕjɑbɑ

笋干 n̥yetɕsuɑp

萝卜干 lopjikuə

萝卜缨子 lop xɕɑmɑ

根茎菜的～ kə

四　动物

野兽 xsi xpi

狮子 sɑŋgɑ

豹 ɣdiodzu̥

大熊猫 tilɑpɑ

狗熊 ti

熊掌 tilɑpɑ

熊胆 tixtʂ̥

野猪 pehø

獒藏～，狗的一种 dzo̥ts

豺狗 xpiɣzu̥ə

豪猪 kublu

鹿总称 ɣdu

鹿茸 ɣdukjɑq

麂子 ʁlib

狐狸 ɣguə

狼 lɑ

黄鼠狼 tɕequ

穿山甲 zəs

水獭 tsudze̥

旱獭土拨鼠 zəs

野牛 ɣdʑyhø

牦牛 ɣbu

挤～牛奶 so

大象 jati̥

象牙 jɑku

象鼻 jaχtəq

松鼠 leʁɑ

金丝猴 xɕythi

啄木鸟 kietiʁuɑnthe

布谷鸟 kuků

斑鸠 tubisyti

燕子 igogo

野鸡 wudzu̥

老鹰 χɬu

鹰爪 χɬuk pats

猫头鹰 wuxů

孔雀 mowů

画眉鸟 ɣdʑohũ

白鹤 xʂ̥oqxʂ̥u

鸟蛋 wu xti̥

鸟笼 wuki

麝 xɕy

麝香 luků·xɕy

野兔 ʁadi

毒蛇 bigutule

蟒蛇 bəʂ̥

水蛇 tsubigu

菜花蛇bigulapawə

竹叶青一种毒蛇bigupəq

蛇皮bigujaba

蛇胆bigu xtʂə

蛇洞biguʐueʑ

刺猬khulbu

田鼠jaz

母老鼠母的家鼠zəxkme

蜥蜴baxɬe

壁虎baxɬepaç

蜈蚣tɕhepi

头虱xtʂə

虮子虱卵xtʂəʑ

蝗虫蚱蜢tshəutʂhəthe

螳螂ɕəxtapaç

蟋蟀蛐蛐bə

地蚕土壤里吃土豆、花生的虫子，色白状似蚕bu

蜂总称ʁɳy

蜂窝ʁɳyk tulu

蜂王ʁɳyk ɣzu

蜂箱ʁɳyki

蜂蜡ʁɳyla

飞蛾dobatɕam χɬətse

萤火虫buɕua

白蚁tikxʂuətʂhu

蚁窝tikxʂuə ɣbu

蚁蛋tikxʂuəwuxti̊

牛虻soʁodʑy

蠓墨蚊tshəbuɣʑy

臭虫bu tshəm the

毛毛虫buhũwə

蛔虫肚子里的sy

肉蛆pasakbu

屎蛆tɕhakabu

滚屎虫屎壳郎χʂəbů

绿头蝇tɕhakabuɣʑy

蜘蛛网ɣʐuaɳiki

织网蜘蛛～ɣʐuaɳikixua

乌龟wukuj

蜗牛bu χtʂe

蚌pan khəɻ

海螺toŋ ga

蝌蚪ba ʁe

泥鳅ʁʐə ɣdioŋwən the

娃娃鱼鲵tsuqpe

鱼鳍鱼翅膀ʁʐə ɣdʑa xkuə

鱼刺ʁʐə jekə

鱼子鱼卵ʁʐəwuxti̊

鱼苗ʁʐətɕẙ

鱼饵ʁʐəɬak

鱼鳔ʁʐəməʂ

鱼鳃ʁʐəɳixkə

剖鱼ʁʐəsusůsue

钓鱼竿ʁʐə χtʂek ʁuq te

皮子总称jaba

毛总称hũ

羽毛wuɳe

角动物身上长的jaq

蹄子统称qətɕaq

发情动物～tɕidʑəj

产崽动物～ɦodʑů

ɦexpe

ɦepeli̊

开膛剖开宰杀动物的腹部phobuɦesue

交尾 χtsuə

蝉脱壳 matɕqulujaba

水牛 tsuxɕe

黄牛 ʑiw

公牛阉过的 xɕexů

牛犊 ɣgəd

牛角 xɕekjaq

牛皮 xɕekjaba

牛筋 xɕekɣʑə

牛垂皮黄牛颈项垂下的～ xɕek miʂa

牛打架 xɕetitti

牛反刍 xɕe ʁdʐu

公马 jyχ

母马 jyme

马驹 jok tɕy

马鬃 tɕom pə

绵羊 tɕhy

山羊 tɕhe

公羊 nogu 公绵羊

dʐegu 公山羊

母羊 tɕhy 母绵羊

tɕheme 母山羊

羊羔 logů 绵羊羔

tɕime 山羊羔

羊毛 tɕhoŋů 绵羊毛

tɕheŋũ 山羊毛

羊皮 tɕhyja 绵羊皮

tɕheja 山羊皮

公驴 lotsqasoχ

母驴 lotsqame

看家狗 ki χqua khu

哈巴狗 χapakhu

猎狗 phu xɕy ʁuak khu

疯狗 khupaɕ

狗窝 khuki

冠鸡～ quzu

鸡崽 wutɕẙ

鸡爪 wuk pats

鸡屎 wuxʂ

鸡胗 wudzuan

蛋壳 wuxti jaba

蛋清 wuxtitʂhu

蛋黄 wuxt hawů

鸡内金 dzuankuxti̊

嗉囊鸟类食管后部用于暂存食物的膨大部分 muque

脚蹼鸭子的 pats qutstse

蜕皮 jabala

叮蚊子～ ʁdʐe

蜇蜂子～ χʂu

爬虫子～ dəde

叫牛～ ɣdyja

五　房舍器具

楼房 kisa

木板房 buki

砖瓦房 qaʐ ki

磨坊 tɕyʑo

仓库 xpu

棚子 jaki

草棚 pahaki

窑炭～ zək

碉楼 xtydʐu

山寨 tshuɑ
屋檐 dzuxty
屋顶 kiq
梁 xkieɣ
椽子 jyel̥i
立柱房屋中间的主要支柱 tsukuə
榫头 χtsu
门 dypɑ
寨门 tshuɑdy
门口 dypɑkɑ
闩门～ dyquəl̥i
篱笆竹木条～ tsək
栏杆 tʂeʁu
桩子 wɑze
ʁlodɑ
级楼梯的～ khu
木料 sol
圆木 mut
板子 bu
墙板 phoχ
楼板 kibu
木板 bu
天花板 tinphu
门板 dybu
墙壁 χʂɑ
su
围墙 χʂɑxuə
砌墙 χʂɑxɬe
砖墙 tʂuɑnxɬe
土墙 su
城墙 ʁuɑjɑ
石墙 χʂɑ
房间 phəts
外间 khəɲithɑqɑ
里间 kyk thɑqɑ
箱子统称 gom
木箱 sək gom
皮箱 dʐɑk gom
衣柜 gus tshɑ
饭桌 tʂots
小板凳 tok
棕垫棕树纤维做的床垫 zoŋ phɑl̥i
电视 dianʂə
冰箱 pin ɕɑŋ
洗衣机 ɕijitɕi
电灯 tiantən
灯泡 tənphɑo
电线 tianɕɑn
开关 kɑiguɑn
油灯 tən tʂɑ
灯罩油灯的～ təntʂɑo
灯芯 ʁdu dʐe
灯花烧过的灯芯 lɑpɑ
灯笼 tulu
松明灯 ləzɕuɑk
电池 tiantʂhə
钟敲～ ʁdʐɑʁue
盆洗脸～ səlɑnphe
镜子 melu
风箱 phɑtɑ
篮子 pək
瓜果盘专用于盛放瓜果的 ʁdʐəzequɕik
背篓背小孩的～ tɑqu
袋子装粮食的～ jɑqu

麻袋 suqu
钩子挂东西用的 qəlʁuəɭ
抹布 phɑts
手纸便后用的～ χʂəɕuetik
蓑衣 xɕythy
斗笠 xɕiktɑbɑ
雨衣 tɕhejɑkhuɑts
炉子 lutsə
吹火筒 phəs
火钳 ɕe xte
铁锅 dzə̥
铝锅 petluku
砂锅 qɑʐ luku
小锅 dzə̥tɕ
锅盖 ʑitɑ
锅垫圈 dzə̥q qhuə
三脚架柴火灶的～ ɕiʑi
锅铲 kutʂhantsə
刷子统称 ʂuɑtsə
锅刷 ʂəxpi
调羹 tiɑoke
勺子盛汤、盛饭用的～统称 zɑtɕ
木勺子 səzɑ
饭勺 qhəzɑ
砧板 tshepen
饭碗 qhəʁuə
大碗 thopaʁo
小碗 ʁo ɣʑɑ
木碗 səʁo
筷子筒 medi̊qhɑ
盘子大的 phaz
碟子小的 ʁotɕ

刀总称 tɕuetɕ
尖刀 tɕuetɕtɕet
刀刃 tɕuetɕdzə
缺口刀刃上坏掉缺少的一块 təχʂ
刀面 tɕuetɕ maha
刀背 tɕuetɕiwu
刀鞘 tɕuetɕ jɑbɑ
柴刀 xʂɑtu
磨刀石 ʁlaχtʂe
瓦罐 qɑkuendze
杯子统称 pits
玻璃杯 poɲipits
酒杯 jekpits
茶杯 tʂhɑkpits
蒸笼 loŋtʂhɑ
箅子 pɑ χtsɑ
甑子 tʂəŋz
捞箕笊篱 tʂhɑse
烧水壶 kucndzc
臼窝 toʁ pu
碓杵 ʁlõʑ
工具统称 ɕuetɕ
铁锤 ɕimuʁduɑ
锯子 ɕiqɑ
推刨 pule
钻子 ʁɲy
凿子 ʁzu
墨斗 metu
尺子 tʂhəts
铁丝 ɕitʂ
纺车 ɣdzi̥l
织布机 tasle

纺线 tɕhoŋli

梭子 dzə̧

针眼 χem

顶针 xtɕimu

lextɕi

枪 ʁlotshu

子弹 təŋz

子弹头 təŋz qəpatʂ

子弹壳 təŋz qhoqho

土铳火枪 sətɕha

炮 phao

长矛 χtʂə

弓箭弓与箭的统称 ʁlisəŋz

弓 səŋz

箭 ʁli

毒箭 duʁli

箭绳弦 səŋz xky

马笼头 jyn thu

马嚼子 tshel̥i

马鞭 ʁla ʂa

马鞍 jy xty

脚蹬马鞍上的～ ȵyex

前鞧固定马鞍用的～ kuta

后鞧固定马鞍用的～ χtap

缰绳 jyɣʑ̥y

缝纫机 fəŋzəntɕi

箍桶～，名词 de

柴草枝叶柴 ləxpam

锉子 ɕiʁl

锥子 ʁȵy

车轴风车或独轮车的 kholokej

铃打～ ʁdzə

蒲团 dzəl̥i

手表 ʂəupiao

眼镜 ʁȵiʁa

扇子 ʂantsə

拐杖 kuej phats

篦子用来篦虱子用的 xtʂəʑ qusy

钱包 ŋuqu

大烟罂粟 japhe

烟头 thamaχakupa

烟灰 thamaχawuʑ

烟丝 thamaχakuxt̥i

烟斗 jaŋga

水烟筒 tsujaŋga

烟嘴 jaŋgadzuk

烟锅 jaŋgaqəp

竹签 xpesy

水桶 khuʂuə

洗衣粉 ɕijifen

花瓶 lapakəlek

花盆 lapasəlaphe

刀架放刀的木架 tɕuetɕquxtɕik

刨花 mutʂa

锯末 sədʑo

水磨 tɕydʑo

筲箕 peʁe

磨盘 gopha

磨眼儿 tɕiqa

小钢磨 fəntshuj tɕi

老虎钳 tɕhextepəka

推剪 ɕixpu

剃头刀 ɣdʑolə

剃须刀 ɣdʑolə

棉被 pitɑ

被里 pitɑkuxti̊

被面儿 pitajabɑ

毯子 phɑli̊

枕巾 nukphɑts

枕芯 nukkuxti̊

水池洗碗或涮墩布使用的池子 tsuqɑ

沉淀物澄清后沉在底层的东西 qɑdʐ

大刀 diʁo

小刀 tɕuetɕy

匕首 tɕɑχtu

铁箍 ɕide

门帘 dypɑʁuek

火镰 χtɕame

炭火盆 χophen

瓶塞儿 χoχtʂů

拖拉机 thoɫatɕi

驮架 xtytɕats

靠背椅～ haɕuek

牙刷 jaʂuɑ

牙膏 jɑkɑo

收音机 ʂəujintɕi

手机 ʂəutɕi

飞机 fəj tɕi

六　服饰饮食

布总称 bəme

棉布 bəme

麻布 suxpů

灯芯绒灯草绒、条绒 təŋtshaozoŋ

线总称 maχɑ

毛线 xpətʂ

棉线 maχɑ

麻线 sutʂ

sul

线团 xputʂ ʁu

绸子 ʁue

皮革 dʐɑbɑ

皮袄 phɑ

上衣 ɣgus

内衣 ɣgieɕ

夹袄 khuɑts

外衣 ɣgus

单衣 ɑxeɕɑ

长袖 philidʐədʐ

夹衣 lɑmaʂɑ

短袖 philiŋuetse

扣眼 phits ʑueʑ

袖口 philiχquə

衣襟 phisu

大襟 phisunɑsɑ

小襟 phisu ɣgosɑ

裙子 qhuntsə

绣花名词 lɑpaji

花边 ɣgəχtsɑtɕope

领子 pheχu

衣袋 gusjaqu

内裤 jokhu

裤裆 dɑqukitʂ

布鞋 puχe

靴子 ʂuts

草鞋 tshueχe

皮鞋 phiχe

胶鞋 jueχe

鞋底 tɕuskitʂ

鞋后跟 tɕus ɣɳ̥esa

鞋带 tɕus xky

草帽凉帽 xɕik taba

皮帽 dʐ̥ak taba

棉帽 mian χuataba

手套 leɕ

腰带 dipe

围腰帕 wej pha

绑腿兵～ dʑ̥y de

带子统称 dʑ̥ide

头巾 phats

头绳 ɣdili̊

镯子 pak

耳环 ɳ̥iʁue

项链 xkiedʑ̥i

珠子 ɕidʐ̥

粉化妆用的 dʑ̥o

食物总称 ɬak

肉总称 pas

肥肉 pekho

瘦肉 tshəɳ̥ə

肉皮指猪、牛、羊等可食用的～ pas jaba

排骨 haj

剔骨头 jekə xʂ̥əte

腊肉 pasɦoků

熏腊肉 pas khada

五花肉 piʂ̥a

炖肉 pasχqu

坨坨肉一块一块的肉 pas kəta

猪腰子 pek xpəl

锅巴 kupa

粉丝细条～ fəntiaots

米线米粉 qhekfəntiats

粉条粗条～ fəntiau

粉皮片状～ fəntiaolot

面片儿 ʁluxtɕo

粑粑 kuephe

烧饼 ɣʑ̥yxpů

月饼 mapintsə

素菜 xtixtie

荤菜 tshəxtie

咸菜 jantɕhe

酸菜 kotsu

豆豉 təuʂ̥ə

汤总称 ji

米汤 qhəji

肉汤 pasji

菜汤 xtiekji

舀汤 jiʁə

豆腐干 təxůjikuə

糖总称 matha

白糖 pethaŋ

冰糖 pinthaŋ

红糖 χoŋthaŋ

瓜子儿 kuatsə

茶总称 tʂ̥hə

浓茶 tʂ̥həʁʐ̥aji

油总称 xtu

板油 xpəl se

猪油炼过的～ pese

油渣 sebi

菜籽油 tshəu

芝麻油 xpusutsəu

花生油 loχutstsəu
花椒 tɕhehĩ
豆腐渣 tuxůketʂhe
面糊 malɑ
麻花 mɑχuɑ
酥油茶 ɣdektʂhə
牛奶 tsup
酒总称 hĩ
蛇胆酒 biguxtʂəjek
酒曲 ɦø
冷水 tɕyxte
蒸饭 qhətʂəndɑ
夹生饭 teȵʑɑmipi
白饭 qhə
硬饭 qhə xkukə
软饭 qhəʁʐɑq
碎米 qhəketʂe
咸蛋 tɕhiɣʐuwuxt
寡蛋孵不出小鸡的蛋 wuxtĭjikuə
凉粉 tɑdʐɑ
搅团一种用玉米、荞麦面做的糊糊 lop me

七　身体医疗

皮肤 jɑbɑ
皱纹 quts tsu
肌肉人的 pas kətɑ
血液 sɑ
骨头 jekə
骨髓 ɬy
肋骨 haj
脊椎 zuŋgu
头盖骨 qej
肩胛骨 xʂətɕhək
踝骨 sasapatʂ
内脏统称 tshus
心 xtiȵi
肝 sə
脾 xpə
肺 tshuphɑ
肾腰子 xpəl
胃 phobu
胆 xtʂə
筋 ɣʐə
脉 kə
血管 sɑxky
肠子 tɕyȵi
大肠 tɕyȵipɑt
小肠 tɕyȵi ɣʐuetse
发髻 quty
头顶 qəxtɑ
头旋脑旋 qədʐ
脑髓 qəȵe
后脑 qəxtɑ
囟门 qəȵaphe
白发 qutytʂhu
鬓角 ȵixpaqəlẙ
睫毛 miŋů
气管 məʂ xky
食道 tshoxti̊mɑkɑ
喉结 mɑkə patʂ
酒窝 ʑiqatʂe
颧骨 ȵi xkəjekə
太阳穴 ȵixpə

眼皮 mija
单眼皮 mini aχqe
双眼皮 mini ɣni χqe
眼角 miniqəʑ
眼白 minitʂhu
眼屎 miχʂ
耳孔 nukůʑueʑ
耳垂 nukůɦolůlo
耳屎 nukůtɕhoχʂ
痰 tshyxpi̊
鼻孔 χtəq ʑueʑ
鼻尖 χtəq tɕet
鼻梁 χtəq tsutu
鼻毛 χtəq hũ
鼻屎 haχʂ
门牙 xduz
犬齿 khuz
臼齿 kəz
齿龈 ɬys
牙缝 dzəχqe
牙垢 dzəχʂ
假牙 dzəkəle
小舌 phaʂa
舌尖 ʑeqqəɕ
兔唇 χtypaq hasue
人中 χtəq χuly
络腮胡 kienhũ
八字胡 ɣdioŋ datɕa
乳头女性的 ɣzu niaq
乳汁 papa
胸脯 jepe
腰 tha
小腹 phobu eɕ kə
手心 lexti
手背 leni
手茧子 tsoq jikuə
手腕 lextidzəxuə
lapadzəxuə
汗毛 mem hũ
汗毛孔 mem hũʑueʑ
粉刺脸上的～ tshəɣne
痱子 ɕeɣzuə
指纹 lesuqədz
虎口 lapaqhumu
倒刺指甲下方的翻起的小皮 ɕesu
腋窝 dzamu
腿肚子 dzitɕ phobu
腘窝大腿和腿肚子中间的弯曲处 ɣzəqu
脚心 paki̊
脚趾 dzaqu lesu
脚印 nuengie
响屁 χʂəsaj
闷屁 χʂəmasaj
稀屎 sigi
膀胱尿泡 tʂheɕ
子宫 tɕyqůque
阴道 qhapeʑueʑ
阴毛 ɕyhũ
睾丸 quepe
汗 xtʂə
汗垢 xtuej
唾沫 xtyja
医院 ɣgiɣzəʂ ta
药店 xpia χuaʂ ta

中医 hakəʂ ɣgiʑɑn

西医 xpiaʂ ɣgiʑɑn

小病 ɑz ɣgi

大病 ɣgimɑʂe

内伤 kytoʁno

外伤 khəȵitoʁno

药总称 xpia

药丸 xpiapɑtʂ

药粉 xpiadʑo

药水 xpiaji

药膏 xpiamɑk

药酒 xpiajek

草药 hakə

蛇药 biguxpa

毒药 du

开药方 xpiak ləɣʐ jɑ

熬药 χpia xɬi

搽药 xpa mɑk

动手术 susů·sue

麻药 xpa dzun du

补药 sək xpa

忌口 χqo tsez

治～病 ɣgiʑɑ

呕干～ wəʂ ly

发冷感冒前兆时～ xsək xsə

打冷战发疟疾时～ xsəkxsəj

感冒 tshuquȵy

传染 quȵy

头晕 qəpɑtʂ χqoŋguə

头疼 qəpɑtʂ ɣgi

按摩 tʂutʂůtʂuə

穴位 kə

发汗 xtʂəfɑdɑ

牙痛 dzəɣgi

抽筋 ɣʐəxudʐu

抽风 χʂedowəj

瘟疫 ȵe

哮喘 məʂ ɣdəkə

麻风 dzu

天花 ɣʐutɕ

水痘 khuɣʐ

疟疾 ȵyetɕi

麻疹 ɣʐutɕ

痢疾 kuʂɑ

中风 ʁuʁůʁu

toʁůʁu

大脖子病 xpiʂ ɣgi

骨折 jekədzɑ χɬɑ

脱臼 sɑq doχɬu

伤口 xpiɬ

痂伤口愈合后结的～ ɣȵes

疮总称 qulu

痔疮 sɑχʂəj

冻疮 thytsəj

起泡 tsoq hatɕẙ

水泡 tsogə

血泡 sɑts qɑ

流鼻血 xtisɑkhu

梅毒 jɑm tʂhɑ

伤痕未好的 ɣȵes

胀肚子～ phəpphɑj

麻手发～ ɣʐən dʑe

僵硬 χtsuts

伤受～ xpiɬ təkuə

出血 sɑhatɕy

瘀血 saxp

茧手上长的老～ tsoqjikuə

雀斑 zetʂ

麻子 mats

胎记 tɕiwə

结巴 ʑ̩i haly maʁu

脚气 dʐ̩aqu ɣʐ̩u

灰指甲 ʁdʐ̩əs ɣn̩i χqe

瘌痢头癞子 dzuq

左撇子 ʁuatɕaqəpe

六指 lesuluwə

近视眼 min̩imaʂe

老花眼 min̩i pep papapi

白内障 min̩i xʂ̩əp le

鸡眼脚茧病 wuts

独眼 min̩iakie

对眼 min̩itutsu

斜眼 qhoʐ̩o

歪嘴 χtypaq xʂ̩o ʁdʐ̩o

瘫痪 deɣl̥i

八　婚丧信仰

招赘 tɕemequɬi

接亲 tɕuzudək

抢婚 tuxto

离婚 ɦedzi̥

胎 phobuwə

胎衣 tɕyqůque

脐带 pitɕ xky

小产 dəχʂ

打胎 tɕy xʂe

寿命 so

岁数人的～ xɕoxp

送葬 ʁmutaxua

遗体 ʁmu

寿衣 ɕap

唱丧歌 matʂ me ɣdi

火葬 ʁmuɦeɕůte

火葬场 ʁmutɕuɕteʂəta

土葬 ʐ̩əl̥ikəle

天葬 mətaxua

坟地 xpəl

灵魂 sodʐ̩

法术 xkie ɣʐ̩i

作法 xkie tsəj

命运 ʂ̩oχ

打卦 xʂ̩omu xty

拜菩萨 ɣmiɕ qudʐ̩u

佛 xsə

鬼 duba

祸～不单行 man dʐ̩o

仙 ɣmiɕ

巫师 ɣtɕy

巫婆 ma xtɕy

经书 ləɣʐ̩

龙 ɣbu

许愿 tuxů

还愿 tudʐ̩u

占卜 χpaʁʐ̩o

供祭品 tsho χtso

鬼火磷火 dum

凤凰 qhua

九　人品称谓

高个儿 ɣʐ̩oχu ɣʐ̩ua

光头 qətʂ
老太太 ɑjiɦep
老头子 ɑn̥iɦep
年轻人 xɕoptsen
小伙子 baphe
姑娘 tɕi
熟人 tɕho ŋun
生人 matɕhoŋən
富人 jopən
穷人 bin
工人 bələn
官总称 ɣzu
头目 qəpɑtʂ
土司 ɣguwə
医生 ɣgiʑan
猎人 khuw kən
屠夫 tɕin
老板 kəhũn
强盗 χtɕɑpɑ
土匪 χtɕɑpɑ
骗子 ʑilen
胖子 ɣguɑt
羌族自称 ɣmep
汉族 ʁə
老百姓 ɣmu
姓你~什么？ ɣmu
主人 kop
兵总称 ɣʐ̩uə
老师 syn
学生 sykən
敌人 ɣbu
伙伴 ɣgiedʐ̩

裁判 ɣgutuk n̥i
酒鬼 hĩj tɕhɑ
证人 tsow n̥i
鳏夫 χquʑ
寡妇 mɑ χquʑ
接生婆 tɕytə tsen
国王皇帝 ɣmətɕe
王后皇后 ɣmətɕek bele
头人 qəpɑtʂ
石匠 χʂɑɣʑ
篾匠 xɬeɣʑ
铁匠 dyn
渔夫 ʁʐ̩ə χtʂe
中人 tsown̥i
流浪汉 ɣdʑok ɕi
叛徒 n̥i quzɑ
本地少数民族 xpə藏族
χoχ回族
私生子 ɣdioq phu
囚犯 qukyen
赶马人 jy xkie ʁən
长辈统称 pokəm
曾祖父 ɑnitsutsu
曾祖母 ɑjitsutsu
大舅 ɑʐ̩upəkə
小舅 ɑʐ̩uiɕikə
大舅母 ɑnepəkə
小舅母 ɑne eɕikə
兄弟 xtun̥
姐妹 sɑɕ
堂兄 ɑʑi
堂弟 tu

堂妹 sɑ

ɣly

表姐 ape

表妹 ɣly

表哥 ɑʑi

表弟 tu

子女 tɕud mu

侄女 tɕi

外甥女 tɕi

孙女 ɣʐ̥utɕ

外孙女 ɣʐ̥utɕ

重孙 lətɕ

祖宗 pipu

孤儿 kəp tɕy

母女俩 tɕyn̥i

男朋友 tɕomu ɣgiodʐ̥

女朋友 tɕi ɣgiodʐ̥

大舅子 ɑʑi pəkə

小舅子 ɑʑi eɕkə

大姨子 ɣly pəkə

小姨子 ɣly iɕikə

兄弟俩 xtun̥ mu

夫妻俩 xtenebe

姐妹俩 saɕ mu

曾孙 lətɕik lətɕ

母子俩 tɕyn̥i

父女俩 tɕytɕe

婆家 kykukthɑq

亲家 kunetɕi

亲家公 ɑʑi

亲家母 xtsəmu

父子 tɕytɕe

父女 tɕytɕe

母子 tɕyn̥y

母女 tɕyn̥y

十　农工商文

种水稻 qhətɕhuɑ

播种 tɕhuɑ

点播 zuqhi

撒播 zuse

犁田 zə̥lə

种田 tsuʐ̥ tɕhya

栽种 ɦotshu

耙田 ɣbudʐo

挖地 zə̥xʂ̥uə

锄地 hadʐ̥o

除草 ha xto

收割 ku

开荒 zə̥seligu

səl ʂ̥ɑ

浇水 tsuse

肥料 ʁn̥i

施肥 ʁn̥ise

沤肥 ʁn̥iʂ̥uɑ

掰玉米 jymetsho

杠子抬物用的 ʁuɑqte

楔子榫 sə

连枷 tus n̥i

连枷把 tun̥epe

连枷头 tul̥i

锄柄 kuɑkej

铁锹 ʂ̥ətsqhiu

铲子 tʂ̥hua

犁头 tu

犁铧 ɣz̧olɑ

犁架 tule

犁弓 tuphɑ

犁把 tunɣ̊ku

铡刀 xʂuktɕuetɕ

耙～地 dʐuepe

牛轭 hĩtɕ

打场指在谷场上脱粒 wul

晒谷 wɑxkuə

晒谷场 wul

风车扇车 fəŋpo

麻绳 suɣz̧

撮箕 tshyki̊

木耙 sobɑ

鞭子 wedi̊

牛鼻绳 xɕek χtəq ɣʐy

筐统称 puɣz̧

粗筛指眼大的筛子 xʂe se

细筛指眼小的筛子 sotɕ

圈儿统称，名词 khopu

牛圈 xɕoʁu

马棚 jyki

羊圈 tɕhyn̥iki

鸡窝 wuɣbů

笼子 khyek

猪槽 khotsu

木槽 sək khotsu

谷桶 dʐutů

猪草 pedz̧

猪食 pexti̊

利息 pi

买 pə

卖 χuɑ

交换物物～ ləlɑ

价钱 xpi

phu

借钱 totsen̥içe

还钱 totsehɑwə

讨价 xpitʂutʂytʂo

还价 xpihɑwuə

出租 then̥ ɕe

债 χty

赢～钱 toχu

输～钱 bi

戥子厘秤 təŋz

秤钩 tʂhə qɑl ʁuə

秤盘 tʂhən phe

秤星 tʂhə lɑpɑ

秤砣 tʂho ʁl

火车 χo tʂhe

汽车 tɕhi tʂhe

船总称 tʂhuan

渡船专门用于摆渡用的 tʂhua ʁə

划船 tʂuan ʁz̧uɑ

邮局 jou tɕy

电话 dian χuɑ

机器 tɕitɕhi

属相 ɣdʐyq

子属鼠 zəxk

丑属牛 jeti̊

寅属虎 hø

卯属兔 ʁdi

辰属龙 ɣbu

巳属蛇bigu

午属马jy

未属羊tɕhe

申属猴ʁuasa

酉属鸡wu

戌属狗khu

亥属猪pe

国家统称kuetɕa

政府tʂəŋ fu

乡政府ɕaŋ tʂəŋ fu

省行政区划的～ sən

县行政区划的～ ɕan

村行政～ tshua

印章统称，名词thi

私章个人用的qaȵik thi

记号标记χtʂe

证据kieme

黑板buȵiq

粉笔dʑojak

笔总称jak

纸总称ʂoʂo

书总称ləɣʐ

念书ləɣʐ ɣdi

小学syq

中学sygů

大学sysu

请假xɕyɕe

放假aɕoɬi

毕业sytəʂ

荡秋千naʁutɕhula

踩高跷sək bukə

吹口哨xsyxsyphə

唱调子指民族地区说唱的一种形式diʂa tshua

练武术leʁʐtsə

打弹弓thaputsəχʂu

翻筋斗qəsəligu

潜水tsuʁakə

跳舞tʂoχtson dzo

锣总称hanbu

钹tɕhala

鼓总称ɣbu

腰鼓thadik ɣbu

镲小钹tɕhalaiɕkə

箫sylu

号吹～ haɣʑy

唢呐lapa

口弦ʁdʐu

簧口弦～ ʑeq

哨子xsy

喇叭lapa

戏演～ ʁzə

木鱼səʁʐ

照相ȵiχpe tshon

相片ȵiχpe

颜色nedikdũ

射击ʁdʐək χʂu

墨水tsu ȵiq

墨汁tsu ȵiq

糨糊mala

地图ʐəpək χpe

图画thu χua

涂改xʂaʂte

字写～ ləɣʐ

算～数sua

数～数 susuɑ

加数学中的～法 ləbə

减数学中的～法 xçi

乘数学中的～法 ʂənfɑ

除数学中的～法 tʂhufɑ

球总称 pɑtʂ

倒立 qeç

对歌 χtɕejitsə

唱山歌 hajihɑlɑtshuɑ

棋子统称 ɣdʑobɑ

比赛 xtuxtu

游泳 tsuʁʐ

骑马 jytɑ

钓鱼 ʁʐə χtʂe

十一　动作行为

燃烧火～ do wə

哈气 məʂ phu

浮～在水面 tətɑ

流水～动 kə

飞在天上～ ɣʑe

住～旅馆 dzu

来～家里 ly

吹～火 phə

拉～车 xudʐu

挖～土豆 xʂuə

捉～鸡 qutse

挠用手指或指甲抓人 xʂuɑ

圈动词，～牲口 qhye

刺～了一刀 titi̊tie

搓～手掌 tʂutʂůtʂuə

榨～油 tʂhɑ

抹～水泥 mɑ

笑 dʐɑ

旋转 ʁexuɑ

沉～没 tʂhɑ

浸～泡 xtə

漏～雨 ly

溢水～出来了 hɑχɬɑ

取名 ɣmudʐu

晾衣 gus xkuə

补～衣服 xpə

剪～布 xtʂə

裁～衣服 ʁze

织～毛线 xɬe

扎～稻草人、风筝等 dʐudʐůdʐuə

砍柴 səɣgə

淘米 qhəχulo

洗碗 ʁoχulo

搅拌 tɕytɕtɕo

焖～米饭 tʂəndɑ

炖～牛肉 χqu

烤～白薯 xkuə

腌～咸肉 ʂuɑ

饱吃～了 χə

醉酒～ hĩq təqɑ

打嗝 χʂəptətʂ qhui

讨饭 khəçe

酿酒 hĩχqu

搬家 kixpuxpu

分家 ȵiʑe ɣdʑy

开门 dy ɣgye

关门 dy tsə

洗脸 mahaχulo

漱口 dzəχulo

做鬼脸 qətɕimitɕi

伸懒腰 thɑxuxuj

点灯 təŋtʂɑdzʐuaj

熄灯 təŋ tʂɑ xpia

说梦话 muɣʐ̩y maw tsəj

醒睡～ təzʐuən

晒太阳 muɕe xkuə

烤火 mu xkuə

暖被窝 nəɕ ɕop

等待 zy

走路 ɣgyəjikə

遇见 tu tsu

去～街上 kə

进～山 quʁ

出～操 haly

进来 quly

上来 tuly

下去 ɦaqɑ

争～地盘 bəbbə

吃亏 debi

上当 ʂan tag

道歉 tɕikhubɑ

帮忙 liʁua

请客 dzʐuʁua

送礼 tykuə

告状 lək

犯法 mipi

赌博 toχudebi

坐牢 jamadzuk

砍头 qɑpɑtʂtʂho

吻 poputsə

呛喝水～着了 xʂəts gu

呼气 məʂɬi

抬头 qəpatʂtətse

低头 ɦoqů̊thu

点头 qeʁůtsə

摇头 qəpatʂjiji

摇动 jiji

招手 leʁutsə

举手 latɕyhɑtsů

笼手～在袖子里 latɕyɦoʁu

拍手 letɕẙtua

握手 latɕyqutse

弹手指～ ʁədzʐ

掐双手指～虱子 ɦetɕi

抠手指～ xʂua

牵～一条牛 ɕi

扳～手腕 lextitʂutʂůtʂuə

捧～水 lexpi

抛向空中～物 hɑl khuə

掏从洞中～出来 χtʂe

骟～猪 ʑy

夹～腋下 dzəxte

抓～把米 ʂuɑ

甩～水 xʂəjji

搓～面条 ləlɑ

跟～在别人的后面 dzɑ

跪～在地上 ʁuqu

踢～了他一脚 tʂhu

躺～在地上 ɦatʂ

侧睡 təχaɦən
靠~在椅子上睡着了 haɕo
遗失 təp
堆放 obů
叠~被子 xtɕa
摆~碗筷 quɕ
搬~粮食 xpuxpu
塞堵~ χtʂu
抢~东西 thue
bə
砸~核桃 tua
ɕuə
刮~胡子 xʂe
揭~锅盖 ty ɣgye
翻~地 təli̊gu
挂~书包 ɦeʁuə
包~饺子 que
贴~年画 xpə
割~麦子 ku
锯~木头 xtʂə xtʂə
雕~花 χquχqua
箍~桶 de
装~口袋 kəle
卷~席子 lili̊li
染~花布 təsə
吓~人 xə
试~衣服 ɣzə̥
换~灯泡 la
填~土 ləba
留~在我这里 dal kha
使用 ʂəda

顶用角~ di
刨食鸡用脚~ tʂhuatsi
晒衣 gus xkuə
摘菜 xtieɕita
切菜 xtie xʂu
烧开水 tsu xɬi
熬~茶 xɬi
烘把湿衣服~干 xkuə
蘸~一点儿辣椒 titi̊tie
溅水泼到地上~了一身 tətʂhə
洒水 tsuse
返回 haʁo
到达~北京 dueȵij
招待 xʂəxt xʂəȵ
认罪 mipitətɕhaŋ
包庇 χudi
卖淫 ɕyχua
偷盗 xkuts
毒~死 du
听见 quȵij
偷听 xku xsoxt
看见 quty
瞄准 ʁze
剐蹭我的车被他的车~了 dʐodʐ
啃~骨头 ʁaɬe
磕头 ʁu tshu
拖在地上~着走 ɕixk
拍~肩 tua
托用双手~ haty
压双手~ tʂha
抽鞭~ ɕuə

勒～在脖子上 χtɕi

抖～袋 dete

拄～杖 ɦekie

垫～在屁股地底下 xɕy

划刀～ ɦosue

锉～锯子 xʂe

钻～在地洞里 quz

捂用手～住嘴 χtʂu

渗～透 qupɑ

hapɑ

滤～沙子 se

叼～烟 ɦoqu

叉腰 thajqutse

赤膊 χtaɳi

敲打 tuati

撒娇 khies

呻吟 ɣdʐə

仰睡 haq χʂeʂ nə

喂草 ɕidʐu

放夹捕捉猎物方式 wuxtequxɕ

装索套捕捉猎物方式 xɕul tʂhe

拔毛 hũxtuə

燎毛 hũtɕyɕtue

剥皮剥动物皮 jɑbɑqɑ

烧砖 tʂuatɕyɕtue

烧窑 zək dʐuɑ

烧石灰 ʂoχtɕyɕtue

刷墙 sodʐodʐ

穿针 maʁue tɕaχtsu

绣花 lapaji

缠足 dʐaqude

磨刀 tɕuetɕχtʂe

劈柴 səχʂe

酒醒 hĩqdzətɑ

闩门 dyti

剪指甲 ʁdʐəstsho

掏耳朵 ɳyk thɕoʂ χtʂe

动身 haɣgů

赶路 ɣgyeq kə

让路 ɣgyedzətɕhədatɕhə

劝架 ləɣʐxɕɑ

报恩 quhawə

报仇 lasɣguə

照顾 tshox

收礼 tyxdʐu

抢劫 ɦothue

杀人 ɳiqəte

劳改 laukaj

鞭打 ʁlaɕ ɕuə

胜利 toxu

失败 debi

瞪～着双眼 ɣʐəʂ dzu

拽用绳子～ thuthůthue

捋～袖子 ɳiɣʐ

搁把东西～在房顶上 quxɕi̊

揣怀～ thekle

携带 χtse

扒～土 phate

蹦一～老高 χtso

跺脚 kitsho

打滚 ləɕə

扑猫～老鼠 qoχtso

粘～贴 quza

剖～膛开肚 ɦøsue

劈分开 qatʂhe

漆～桌子 sə

搓～绳 lili̊

钉～钉子 tiɑ

ʁədʐ

绞～肉 χtʂetsetsə

蒙～眼 haχtʂů

和打麻将～了 dzəxtʂəj

和下象棋～了 ɑkkə

发脾气 hĩʁutsəj

赌气 khukhůkhuə

生长 tuʑẙ

haʑẙ

打猎 khuwkə

蛀虫子吃 tutuɑ

系围裙 wujaphadʐudʐůdʐuə

打结 xtɑka xɬi

认得 tɕhoŋuj

伤心 xtikətshuj

讨喜小孩讨人喜欢 χtɕiɕabe

恨你别～我 ma χtɕi

满意 xtiɳɑkə

着急 χuan dɑ

理睬 χqo ɣgye

担心 xtimapɑ

放心 xtipɑ

愿意 ʁu

变～作 təʁəj

恼火 khukhuəly

心痛 xtiɳiɣgi

记仇 xtiɳɑʂəlɑk

害～人 kud

反悔 mipibe

可惜 mipi

声音 qəŋ

喊～话 ʁuɑ

问～话 dʐe

答应 χqo de ɣgẙ

介绍 dʐe

回答 hɑ ɣguə

造谣 phun dʐe

打听 χsoxt

十二　性质状态

凸 haɣb

凹 haqatʂe

正 quɣli̊

反 haɣli̊

斜 dotɕho

横 dethi

竖 ɦətʂ

活～鱼 χsə

满水很～ tuso

足分量～ ʁdʐə

光滑鱼很～ χtsamɑ

冷清街上～得很 wupɦeχe

浊 ʁʐɑji

空瓶子是～的 sot

嫩 xsə

生 xʂuaq

熟 dən̥

乱 baʁl

真 ɦəzpu

假 ʑi

暗光～ n̥imtʂaq

闷热 ɕop

破碗～了 χʂe

缩～脖子 quthẙthy

困了 muʑytytɑ

瘪压～了 ɦeχɕpe

倒～着放，去声 qəɕ

纯～棉衣服 ɦəz pu

枯叶子～了 ɦel me

潮衣服～ n̥apɑ

强身体～ χən dɑ

弱身体～ tʂhə qhɑ

焦烤～了 tədʐ qhɑ

清楚 tɑ χmu

模糊 matɕ tɕi

准确 pi

耐用 ɣgə

空闲 daχɑ

涩柿子～嘴 tsum tsodʐu

脆花生米～ qhaqhɑ

霉烂 tsəqɑ

不要紧 makhibɑ

方便很～ ɣʑetse

浪费 χʂəthe

疏忽大意 ɦoχtɕoʑamitsəj

顺利 hɑ the

聪明 zət

狡猾 qəpatʂ xuaj

大胆 xti ɣʐuɑ

胆小 ɣdia

慌张 mət me ɣden̥i

麻利 mum tʂu

节俭 dzətʂh tʂhɑ

厉害 χəndɑ

勇敢 tɕenɑ

可怜 pɑ χtɕɑ

麻烦 χqot lijŋu

光荣 təɕij

孤独 ɣgyedʐmaʑe

亲他跟奶奶特别～ tʂhun dɑ

齐心 xtin̥i ij

贪心 moj

拖拉做事情～ məl man tɕhy

十三　数量

十一 hatie

十二 han̥i̊

十三 hasi

十四 hĩɣʑ

十五 haŋue

十六 hotʂů

十七 hextı̊

十八 haxse

十九 hoɣgů

二十一 n̥isae

四十 ɣʐəsu

五十 ʁosu

六十 χtʂusu

七十 xtisu

八十 xʂəsu

九十 ɣgusu

一百零一 əkxʂəne e

百把个 əkxʂə nɑn

千把个 oxtů nɑn

左右 nɑn

三四个 xse ɣʐə̥

十几个 ti hady

十多个 ti hady

第二 thə χte

第三 thələ χte

大约 thɑn

半个 atshepe

倍 gɑ

串一～葡萄 ɑq tɕ̥hi

间一～房 qe

堆一～垃圾 ɣbu

节一～竹子 dzue

kəli̊

本一～书 bən

句一～话 sɑ

庹两臂伸展开后的长度 ʐ̥i

拃拇指和中指伸开两端间的宽度 otů

斤重量单位 ki

两重量单位 dʐ̥u

分重量单位 hu

厘重量单位 tshe

钱重量单位 tshe

斗 eɕ̥

升 eɕ̥

寸 tshun

尺 tʂ̥hə

丈 tʂ̥ɑŋ

亩一～地 ɣn̥oʁu du

里一～地 pɑl

步走一～ ʁo

次玩一～ hɑ

十四 代副介连词

这些近指 tsɑχ

那些中指 thɑχ

那些远指 thik thɑχ

那些更远指 thithɑk thɑχ

哪些 nɑ lɑχ

我俩 qon̥i

咱俩 tshen̥i

他俩 thoŋguə

人家 n̥i thəm

每人 eŋuŋů

多久 nɑn

人们 n̥in̥amba

到底 hez pu

差不多 əthɑn

起码 tsɑn

马上 təm tɑ

先～走 qe

后～走 χte

一直他～没有来 este

从前 tsəqe

后来指过去 χtɑ kə

来不及 me ɣdepi

来得及 ɣdehaj

偷偷地 qha

ququ bɑbɑ

够~好 ʁdʐə

真~好 ȵie pek

好~看 nɑ

难~看 mo χtsu

完全 pəxʂ

ɑŋ

全部 ɑŋ

难道 ŋuɑte

究竟 hez pu

也许 ŋu low

一定 ɦɑȵi

暂时 ephi

互相 eʂ ej

居然 hɑʁuʂ

趁~热吃 tu

像~他那样 kətʂ

归~你管 ʂə

第三节

其他词

一　天文、地名、山名

阳光灼热 məɕe səpluko

明媚月光 muɕe səp luk

太阳下山 muɳ ɦoχʂ̩o

太阳回归 məɳ haʁue

亮晃晃 ɣdəɣdɑ

光亮 ɣdəɣdɑ

透光 ɕuɑm qətse

霞光照射 ɣzo̩ɕi təkhuɐ

深夜 ɕup xtigů

黑透 ɳim tʂ̩ɑq

星光灿烂 ʁdzə̩ tɕhapadze̩

云雾笼罩 ɣdɑm ɦɐtsə

白天黑夜 ɣgitɕ ɳoχɬu

不分昼夜 ɣgitɕ ɳoχɬu mɑle

昼长 məɳ dzə̩

夜短 ɕu ŋue

昼夜颠倒 ɕus ɦogůgu

雨下不停 mu χtɑχtɑ ɣze̩

雪嗖嗖下 tʂ̩o tətə se

吉萨格大山神塔 dʑisɑq

薛都有海子的平地 ɕotu

地沙最大的山神 disɑ

牙巴之圆球状岩处，下有泉水 jɑpɑtʂ̩

地撒格雪山名 disɑq

雪山神山名 qədz̩ nɑntshu

埃溪沟口 xkətɕ letu

龙头寺 ɣgimbɑ

足底格瀑布处，有三个瀑布 tsudi kə

阔乐日宽敞平地 qhue lez̩

斯巴神塔菩萨名 χʂ̩ebɑ lɑkxsɐ

乐莫西者有红色树挂的地方 ləmehĩdze

恩各德草坡名 ɣgət

罗湖草坡名 loχů

加咖胡部草坡名 dʑakaχupu

荷西木心种地取水处 xɕemɕin
恩角呼神塔小孩病时所敬的神塔 ɣdʐohũ laχsɐ
科斯姆亚坝神林地 χʂəmjapa
部噶德家族房名 buqa te
巴嘎德家族房名 baqa te
纳佳德家族房名 naxtɕa te
达洽德家族房名 χtatɕha te
埃溪寨 mets pu
metsu
埃溪五寨 mets ʁuatsua
埃溪一组 xpetɕ
埃溪二组 paʁa
埃溪三组 tɕekxʂɐ
埃溪二组上寨 n̥oŋa
埃溪二组下寨 paʁa
磨坊地名 ɕyʐo kə
埃溪三组地名 pəzʈi
埃溪三组地名 polʐoχukɐ
埃溪三组地名 ɣdəba
埃溪三组地名 ɣdəba tsuji
埃溪三组地名 khuk
埃溪三组地名 jaq tu
埃溪三组地名 tshaχu
埃溪三组地名 bəqa
埃溪三组山名 dʐətse
埃溪三组山塔名 dʐətse lakxsɐ
埃溪石布烂地名 jaχqo pəkə kə
埃溪石布烂地名 baləs
埃溪石布烂 ʂəple
埃溪石布烂地名 qhuele
埃溪瀑布沟 tsuɣdi̊ kə
埃溪石布烂地名 tetu
埃溪石布烂地名 xpugů
埃溪石布烂地名 ʁzuki
埃溪石布烂地名 jyti
埃溪石布烂地名 ʂətse
埃溪石布烂地名 mahal
埃溪石布烂地名 sətɕel
埃溪二组草山名 natu
埃溪二组神山塔名 natu laksa
埃溪二组神山神名 tɕhapa gadʐa
埃溪二组草山名 zəle
埃溪二组神山塔名 zəle laksə
埃溪石布烂地名 ʁzule
埃溪二组草山名 ɣgət
海子 ɕokɐ
罗卜冲 ləpsu
大尔边 dzʅtɕhi
大尔边一组 galwu
大尔边二组 χopmu
大尔边三组 xʂejʁop
大尔边移民安置点 giʐa
大尔边上寨名 χoʁu
大尔边下寨名 χopmu
中耳边 lətip
朱尔边 ɣlyety
平安村 tʂhela
老平安村 laxʂa
树珠坝 suxtu
爬城 ʂəje
碑子寺村 ɣlehĩ
小尔边 ləɣg
九眼桥 guʐtshopu
峨眉山 ʁlutɕi

松坪沟 ləts
岩窝寨 goʁup
麦石寨 meʂ pu
姑纳村 qulɑp
松林局和乡政府驻地 suxtu
埃溪村移民安置点 ȵiquɑ
白石庙 petɕhi ʁlətɕhi
镇江关 tɕytɕo
岷江乡 tsəʁe
安宏乡 phɑndɑ
石火桥 ʂoχ tshopu
松潘 zəts
城隍庙 tʂhoχome
川主寺 xsitsů
彰腊 tɕɑŋlɑ
林坡寨 ʁdzənphu
黄龙 ɕeti̊
尕咪寺 kɑmixsəki
南坪 laf
九寨沟 gutsuɑp
五里堡 qhɑtsu
镇坪 ləkuə
甲竹寺 tɕɑtʂə xsəki
解放村 muχ tʂhɑŋgɑ
叠溪海子 ɕoχqa
校场坝 tɕotʂɑŋ bɑ
茂县 mutʂ
汶川 wentʂuɑ
绵篪 qhosɑ
都江堰灌县 ɣdoq
成都 tʂeŋχu
jitu

二　植物

森林 ləȵi
森林中央 ləȵi xtigů
森林里 ləȵiʁɑ
林带 ləχtʂ
树尖 ləq
树根 ləkɐ
翠柳 sej pɑɕ
水柳 tsu sej
柳条 sudʐu
大杨柳 ʁdzy
花楸 ʁdzo tɕhe
牛奶质一种花楸，木质较硬 huaqiuɣzə
牛奶质木 ɣzə
桦树 ʁdi
红桦树 ʁdihĩ
糙皮桦 ʁdzy
椴树 qhuɑs
黄连树 χʂes
沙棘树 χʂɑkhu
沙棘果 χʂɑȵi
西南樱桃 xkieȵi
白杜鹃树 dʐutɕy
黑杜鹃树 dʐuȵi
报春花小种樱草 muɣʑ lapɑ
酥麻油料作物 xpusu
松光木将油松木埋到土里而形成的木材，易燃 mugu
水杉 ləxɕ
云杉 ləʁɑ
铁杉 χpɑχpɑ
泡杉 ləts

杉树枝丫 ləkhej

落叶松 lətɕhi

松油 ləz

松果 ləpenʑi

松树苗 ləptɕy

杂草 haq

草皮连带薄薄的一层泥土铲下来的草 ɣzə

草坪带 ɣzə χtʂe

草坪 ʐəse

腐殖酸土 ʁləp

菌子 tse

羊肚菌 kukukůtse

杨柳菌 seimu

松菌子 tsehĩ

鹅蛋菌 hatɑ

桦树菌 ʁditse

獐子菌 xɕy tse

辣辣菌 tsel qəp

牛肝菌无毒，可食用的一种牛肝菌 ʑixti̊

牛肝菌有毒，不可食用的一种牛肝菌 χʂe xti̊

苦菌 tseqhɑ

刷把菌 wupɑ

猴头菌 ləse

鸡冠菌 ləts

鬼菌子有毒 dopək tse

小菌子一种可以食用的野菌子，外白里黄 wudʑoq

马皮包一种可以食用的野菌 nɑʁu tshuphɑ

白菌子 tsetɕhi

草菌长在草坪上的一种菌名 ɣzəmu

树灵芝 ɣdiɳ ku

口蘑 kophaɕ

草莓统称 haɳi

无刺草莓 tshəxs haɳi

刺草莓 tsəp haɳi

树莓统称 leʁɑ haɳi

矮树莓一种形体较小、不分叉的树莓 lupu haɳi

地耳菜地皮菜 miχɬ

nɑʁu ɣdɑk χse

干青苔 ləme

牛蒡东洋参 podʐu

石杆菜石角菜 tsuku

单叶石杆菜 dzaku

猴腿蕨 ləmoʁ

藜灰灰菜 wum

野蒜山蒜 xkɐtɕhə

ŋuxk

山葱花野葱花 xkəq pɑ

野豌豆 wuɣʐ qɑ

蔓菁圆根 kudi

莲花白 naχepe

禾本草植物统称 xɕi

三　药材

药材 hakɐ

野木瓜木通 nɑʁubədʐ

扁担木孩儿拳 pa ʁdyŋ

泽漆五朵云 xtits kɐ

白芷 luje xtiosu tsən

蛇床 nɑʁukotsu

虎掌草草玉梅 qɑʁu lapɑ

掌叶橐吾 pe noq xtio su tsən

苍耳地葵 pem phɑ

魁蓟大蓟wats
老鹳草老鹳嘴ʁoʂ lapɑ
珠芽蓼山高粱ti
峨参土田七mop sotɕ
微孔草蓝花花dzuku
野菠菜连明子dzuku
毛连菜枪刀菜mədzʅ qhɑ
败酱草苦麻菜mudzʅ tɕhi
mudzʅ qhɑ
苦苣菜奶浆菜ɣɐk
鹿耳韭xpiexů
当归ty qɑ
朝鲜当归xɕethoru
缬草欧缬草dobɑ xʂoq ty
扁蕾剪帮龙胆hazy lapɑ
狗娃花ɑzu lapɑ
天名精菌科植物po phi
罗汉果dzy jɑ
荔枝草tɕhajɑ tɕhyjɑ
接骨草dzoq χʂu
羌活tɕhaŋ χo
六芽子羌活luje
独活长生草toχ
白独活统称xɕe thoʁo
xɕeȵi thoʁo
泡参泡参phoŋsə
大黄suɑ
小叶大黄tɕhesuɑ
大黄根suɑkə
大黄杆suɑp
大黄叶子suɑq mɑ
蒿统称qhenbɑ
人蒿ȵi qhenbɑ
马蒿jy qhenbɑ
青蒿ȵi qhenbɑ
白蒿jy qhenbɑ
臭蒿qhenbɑ pətɕaq
绿绒蒿tɕɑpɑ lapɑ
红花绿绒蒿tɕhuentɕue lapɑ
艾草poj
筋骨草白毛夏枯草phaɕ lapɑ
狼毒花火柴头花godzɑ lapɑ
酸模山大黄mame
荨麻蜇人草luxů
红毛五加wutɕɑ phi
五加皮五谷皮tɕhemu
贝母pim
冬虫夏草buɕ
tʂhuŋtsho
细辛华细辛ɕinɕi
黄芪血参mian tɕi
大叶秦艽大叶龙胆lolobe
木香蜜香muɕaŋ
楤木刺笼包tul
黄金草bigu ɕaχtʂe
黄芩山茶根biguɕaχtʂə
赤芍红芍药qunge
藁本香藁本qutɕ

四　饮食

黑青稞høntɕo
白青稞dʑi
冬青稞dʑijɑ

冬麦ʁləjɑ

莜麦poʁl

小麦面粉ʁlədʑo

青稞面粉høn dʑo

蚕豆面粉didʑo

胡豆diɣzo̰

把子作物收割成捆dzu̥

糌粑hɑp dʑo

糌粑茶hɑp dʑo tʂɐ

糌粑面青稞或小麦面hɑp dʑo

糌粑粉里面掺有麻籽xpusu hɑp dʑo

莜麦糌粑poʁl hɑpdʑo

土豆洋芋janji

煮洋芋janji χtsoχqu

土豆丝janji səsə

玉米面粉jymedʑo

玉米面糊jymemalɑ

玉米搅团ləp le

炒花儿青稞籽爆炒后形成的像爆米花样的食物hɑp

面块食物名ʁluxtɕo

面汤ʁluthu

酸菜面汤kotsu ʁluthu

吃剩的面汤thobɑ

手擀面ʁloxtɕuɑ

炕馍hal tɕetɕe

蒸馍hal tsoq

花卷hal taχqe

尖尖馍noq

月牙形馍馍noq təlʁuə

大形蒸饺ʁudɑ

烧馍hal ɣʑup

酥油ɣdo

奶渣tɕhidzɑ̰

羊奶tɕhyn̥i tsup

菜油tshiwů

肠油wudzu̥ se

内脏上水心肝肺脾shus tshuphɑ

内脏下水胃肠tɕuků tɕyn̥y

干指食物bi

干稠bikɐ χtʂɐχtʂe

油腻腻mal χtɕɐχtɕɐ

喂羊的草料tɕyn̥i dzu̥dzdzu̥

喂羊的汤或水tɕyn̥i xtə

喂羊牛的草料xɕe dzu̥

喂牛的汤或水xɕe xtə

喂马的草料jy dzu̥

给马喂糌粑团jyj matʂɑ ɣn̥i

豆糠dip

麦糠ʁləp

狗食khuxti̊

猫碗men̥i ʁo

猫食men̥i xti

喂猪面人不能吃的粮食晒干后磨成面粉，专门喂猪pe tɕhi

五　生产生活用具

肉柜potshɑ

面柜dʑotshɑ

面板ɣʑypu

面板刷dʑoɕi

碗柜ʁotshɑ

锅圈dzəqqhuɑ

面杖hɑl ləs

火钩məl ʁuɹ

铁三脚灶塘上的铁三脚架ɕin̥i

小铁三脚 ɕiȵi putsə
石三脚 ɣgəʑi
火柴头 bəswel
推板 gədʑi̥
垫水桶圈 leχtʂu
牛架担 hĩtɕ
背篼 tɑqu
挡水圈防水溢出 tsoqqhu
平底锅 xtsɑŋgɑ
小桶 tɕhozo
涧水槽 tsowɑ
糍粑臼 kətopu
糍粑锤 xkətuɑʁluʑi̥
猪槽 khotsu
喂猪桶 pet thu
狗槽 zoko
斗农具 dʑyt
木升子农具 ʂəŋz
扫把 wuɕæ
连杆 tutsȵi
一套连杆 tuɕ ȵe oχme
连杆把 tuȵipæ
连杆扭 tux
连杆杆 tul
连杆母子孔 tum ʑueʑ
连杆柱 tuxuɑ
尖锄 kuɑmits
锄把 kuɑkej
钉耙 sobɑ
扬铲 wetɕe
小锄头 kuɑtɕ
刨锄 ɕikxʂɑ
挖药 hakɐ xʂo
χtʂe
采药 xpia ku
小斧头 xtetɕẙtɕy
斧头把 xtej kej
斧头刃 xtej dzə
使用斧子 xtej ʁʐəlɑ
锤子把 ʁduɑ
小锤子 ʁduɑtɕ
打楔子 sɐjɑ
牛架扣 tuex
牛架杆 hĩjɑ
牛架垫 tɕequ
牛架栓 liɑʐɑ
牛犁弯 tu xuɑ
牛犁栅 tuɣʐ
牛犁楔子 tusə
牛犁扭 tuxů
犁轭 hĩtɕi
犁轭颈 hĩʁʐɑ
犁轭颈绳 muts
扣犁轭颈绳 muts putʂhe
犁尖 tudz
铧头 olɑ
倒铧头 ɣʐolɑ ʁə
插犁头 tu ɦetɕhe
犁深插 tu ʂəz
犁头损坏 tu χʂe
犁铧损坏 ɣʐolɑχʂe
铸造犁铧 ɣʐolɑ ʁə
场院打粮食、晒粮食的场地 wul
扬叉叉处理麦草的一种农具 wɐtɕe

打场院 wulxʂa
压实场院 wul le
盖场院 wul qhu
晒粮架 joʁu
晒粮架母子 jyeȵi
晒粮架母子孔 jyeȵiʑueʑ
切口晒粮架母子 jyeȵi qhu
晒粮架杆子 juel
晒粮架背面顶杆 høti̊
晒粮架前面顶杆 jyti̊
晒粮架底部 joʁu mudi
晒粮架母子眼 joʁu ʑyeʑ
晒粮架跨步 joʁu ʁuɑ
晒粮架底部横杆 jydibu
晒粮架面子 joʁ maha
晒粮架下面 joʁu qəli̊
晒粮架杆子堆放 jyelbu
晒粮架上架粮食 joʁu jy
晒粮架一空两个晒粮架母子之间的距离 joʁuoků
晒粮架半空两个晒粮架母子之间一半的距离 joʁuemi̊
扔把子上晒粮架 dʐ̥ujy
扔把子下晒粮架 dʐ̥uləqhuɑ
打粮食 wɑtuɑ
筛粮食 wɑqəɣbů
粮食和糠分离 wɑse
麦壳 qəpɑ
推子堆粮食用的推板 ɣgəɣʑ
推推子 ɣgəɣʑ ʁə
木钉耙 sobɑ
风车风粮食 wɑxuɑ
扬粮食 wɑləqhuɑ
无穗麦秸 dʐ̥opɑ
弄散无穗麦秸 dʐ̥opɑse
打无穗麦秸 dʐ̥opɑtuɑ
运粮食 wɑ χqa
中途转运粮食 wɑ ɣgyeχqa tsə
织布腰带 tadi̊
织布木片 goɕi
织布分线杆 tubɑ
织布梭子 dʐ̥e
织布 xɕut ta
织布刀 taχe
纺锤 ŋuengie
牦牛毛 ɣbəhũ
剪羊毛 tɕhyȵi xpu
剪牛毛 xɕe xpu
撕羊毛 tɕhuŋů se
撕好的羊毛 saʑy se
理羊毛 tɕhuŋůli
羊毛脱脂 tɕhuŋů tuɑ
牵引毛线 xputʂ ɕi
拧毛线双股 xputʂ ɣdʐ̥i
挽线 xputʂ ʁu
毪子 xɕup
毪子衣服 xɕup
牵织毪子线 xɕoxt xtu
织毪子 xɕoxt ta
揉毪子 xɕoxt muɫe
起毛 ɣmuhatɕẙ
脚力 pɑʑ
有脚力 pɑʑ le
织毪子完工 xɕop hathe
织毪衫子 xɕop ji
杉木鱼 tsub be

木马 səjy

六 人与动物

鸟类 wunaʁu
马鸡鸡形目雉科中体形较大的一类鸟 wuxpi
松鸡走禽，栖息于针叶林带 wəʂ
红胸角雉花鸡 bæqe
斑尾榛鸡羊角鸡 wuɣʑ̥i
山斑鸠 boge
鸢 bəlpe
雕 dʐ̥əp
鹞子 ŋuχɬu
鼹鼠地拱子 ʐ̥ənɳæ
四脚蛇 baxɬe
山驴苏门羚 xkuəj
岩羊 xtse
岩兔 jez
金钱豹 dydʐ̥u
土豹子 qhinbo dydʐ̥u
獐子 ɕy
母獐子 jaqu
公獐子 zəpa
獾猪 tyk
斑马 jy χtʂela
马熊 pəy
黑熊 ti
豺狼 sixpi
催生子又名水云弱，一种小型海贝 ɦaɳiχpala
牲畜 qotɕ
家畜 khupe
牛和马指贵重物品 xɕenejy
牧人 xdyn
母牦牛 ʁu
公牦牛 ɣbu
小牦牛 ɣbutɕ
牦牛犊子 ɣgəd
白面牛 xɕekapa
白肚牛 xɕeputɕhi
白尾牛 xɕesutɕhi
白屁股牛 xɕeχtatɕhi
白牛 xɕetɕhi
黑牛 xɕeɳi
秃头牛 xɕeqətʂ
棕背牛 xɕetʂama
牛头牛部落 ɣbəq
犏牛 xɕe
公犏牛 xɕesoχ
母犏牛 xɕeɳi
犏牛犊子 xɕew
公黄牛 ʑiw
母黄牛 mop
耕牛 ləxɕe
架牛 xɕego
一架牛 xɕeogo
牵牛 xɕeɕi
驮 xkie
驮子 xkye
驮驮子 xkyexkie
卸驮子 xkie dzəʑ
驮子重 xkie dʑi
驮牛 xɕexkie
驮牛夫 xɕexkieʁən
驮马 jyxkie

驮马夫 jyxkieʁən
放马 jyxty
白马 jytɕhi
黑马 jyn̥i
下马驹 jok ɦəχq
诧生受惊 phən̥i
马受惊 phɐn̥i
马已受惊吓 jy təphɐn̥i
马吓住 jytundʐ̥u
摔下马 jyʂ ʂ̥əl qhuɐ
马背生活者 jytu dzun
驯马 jy ʐ̥uɑdɑ
驯服 ʂ̥ole
驯化 dʑ̥ɑχpɑ
赶马帮 jy xkieʁə
xɕe xkieʁə
上马 jytukə
下马 jyɦɐχɬi̊
jytuɦy
牵马 jy ɕixk
拴马 jyɕo
jyɣdʑ̥y
碎步马走～ kəɣʐ̥
训练碎步 kəɣʐ̥ sy
会走碎步 kəɣʐ̥ ɣʑ̥i
学会碎步 kəɣʐ̥ qutsy
马缰绳 jyɣdʑ̥ẙ
用脚踢指马 pɑqtʂ̥hus̥ tʂ̥hu
爱踢指马 tʂ̥huwɐ
马掌 xkiesɑ
钉马掌 xkiesɑʁədʐ̥

白山羊 tɕhe tʂ̥hu
黑山羊 tɕhen̥eq
下绵羊羔 lugůli
下山羊羔 tɕime xpə
一只山羊羔 tɕime iji
一对山羊羔 tɕime aʁue
放羊 tɕhyn̥i ɬi
xty
无角羊 tɕyn̥i yɑq mowo
下猪崽 peli̊ ɦepeli̊
护崽 peli̊ χquɑ
骟骟公牲畜 tsho
骟母牲畜 ʑ̥y
狗崽 qhuɑlɑ
野狗 khupɑɕ
养狗 khu ɬi
蹲着狗的坐姿 khudzůdzu
野猫 toj
猫崽 men̥i tɕy
猫抓老鼠 men̥i zəxk sɐ
扮毒药猫 ɣduʑ̥ pɑl ʁuɐ
大石三脚砍火地，形容能吃的人 ɣgəʑ̥i pəkɐ səli̊ʂ̥ɑ
护子指人 tɕyj χquɑ
子女惯坏 tɕy han tɕhy
已惯坏 han tɕhyʑ̥i̊
孩子调皮 tɕy guedze
dzən̥e
孩子倔强 tɕy qutʂ̥he
调皮捣蛋 khɑŋ guedze
胆小如鼠 ɣdiɑχ silə qhɑ
胆小怕事 khus me

竞争意识强 moj le

要求高 xkəu tɕhe

意见多 tʂuɑs que

随心所欲 toχtɕuɐ tebe

心想事成 ɦoχtɕuɐχtɕuɑtuɲi

梦寐以求 muʑy ɣmu biʂ ku

有头有尾 qeɲiɕ lekhi

有志者事竟成 ɦobu ne ɦeɕi

所想之事 toχtɕuɐ ɕiɕ

手停不住 lɑn guedze

不会走了 kə məɣʑ

走得很慢 kəʂ mɑtse

动作慢 mum ʁɑ

习惯 χtʂe

好习惯 χtʂewɐ

教习惯教别人养成好习惯 χtʂesy

习惯不好 χtʂcmowɐ

吃吃喝喝 tsuth hĩth

挑食 tɕilɑ

爱挑食 χqotɕi wɐ

光顾着走 kəɕɕi

不确定来 tilyhaly

发觉 tunů

没发觉 minů

光顾着吃 ɬaɕ ɕi

光顾着说 tʂuɑɕ ɕi

挠痒自动词 xtʂə xʂuɑ

dzexʂuɑ

挠痒痒他动词 kətʂəɬi

闲耍 dzu

爱闲耍 dzu χtɕi

闲逛 ɕuej

爱闲逛 ɕuej χtɕi

爱坐 dzu ɣle

爱耍 dzu χtɕi

能睡 nə ɣle

爱睡 nə χtɕi

能走 kə ɣle

比拼睡觉与人比睡觉 nə ɣlemeɣle

比拼走路与人比走路 kə ɣlemeɣle tsə

比拼跑步与人比跑步 ɳo ɣlemeɣle tsə

比拼快慢 dʐumodʐ tsə

倔强 ɦoʁdʐo

ʁdʐuʑi

坚持 ɦeɲendɑ

回想 ɣgəχtɕɐ

想法一致 χtɕuɑts χtsə

不会计划 kəts miɣʑ

不会想 kəts miɣʑ

没有预见性 χtɑkək təj moty

没有用 ʂutʂhumowo

耽搁 quxty

添乱 quxty ləbə

惹麻烦 baʁl ʑi

黄牛脾气 ʑiuketʂh

黄牛似的 ʑiu tɕhole

黄牛一样 ʑiutəq

好朋友 ɣgydʐɣgyodʐ

讨厌的人 xtiɲɑmak ɲi

讨人喜欢 χtɕis wɐ

不讨人喜欢 χtɕis mowo

可爱 χtɕiswɐ

相爱 χtɕijji

相恋 χtɕuɑjji

欣赏 suɑjji

名声 n̥im

得了名声 n̥im dowɐ

名声大振 n̥im dej sɑ

坏了名声 n̥im deʁɑ

脸面 maha

脸色不好 mahamaʂe

样子 qəz

样子好看 qəz ʂe

出风头 qəz mowo

和睦 tɕhy

与人和睦 n̥inəŋ motɕhẙ

与人不和 n̥inəŋ tɕhy

容易打交道 n̥itɕhile

牙尖嘴利 dzəkɐ ʁzʐe

打扮 χʂuɑ

爱打扮 χʂuɑ χtɕi

喜欢打扮 χʂuɑpule

换装 ɦoχʂuɑ

牙好 dzəʁu

牙不好 dzəmɑʁu

尽头牙智齿 χtɕuaz

流眼泪 mal ly

眼泪汪汪 mal thotho ly

流鼻涕 ha lolo ly

胃冒酸胃里冒出来的酸液 tɕyha lilli

流口水 xtyjɑ ɣguq

口腔溃疡 χqoɣzʐo

心疼 xtin̥imɑʁu

心酸 xtin̥itsəste

心硬 xtin̥ixku

心软 xtin̥iχɬi

心狠 xtin̥imaʂe

人命关天 n̥isůjɑlɑ

出人命 n̥isůɦɑqɑ

吊 tɕhi

上吊 xʂətɕi̥

生虱子 xtʂədezʐe

生病 ɣgiquɣde

ɣgi tʂhə

生病了 təiɣgi

ɣgitətʂh

有病 ɣgidele

头痛脑热 təi ɣgitə tse

重病 ɣgimaʂe

病情 ɣgi

病情怎样 ɣginəgətsəj

病情好一点儿 ɣgi ɑz tətʂɑ

病情好转 ɣgi ɑz təχ

病好了 ɣgitəχ

病情严重 ɣgi ʁnot

病情反复 ɣgiwomɑ

饿死 ɣzʐəʂ ɕɑ

快死了 ɕamape

要死了 ɕaʂ lypij

该死了 ɕɑk suqutu tun̥

靠着睡觉 tʂən χon tsə

塞岩洞骂小孩 jɑχuɑ χtʂuk

敷泥浆者骂小孩 χtɕosəmɑk

孤儿骂小孩 kəp tɕy

没有教养骂小孩 qətsen maʐe

雷劈的骂男人 mudzʐuʂ qətek

寡妇骂女人 maχquʐ

守寡的骂女人 quʐ χɬuk

父亲脑壳骂人piq patʂ

母亲脑壳骂人maq patʂ

父亲尸体骂人pik ʁmu

母亲尸体骂人mak ʁmu

畜生骂人quetɕ

喂猪喂狗khuxti̊ pexti̊ tsə

给吃的骂动物ɣn̥i

被黄鼠狼吃骂鸡tɕaqu sak

被鹞子吃骂鸡ŋuʂtuatik

桥下吊的狗骂狗tshuapuqəl ʁuæk

烂狗骂狗khutsqa

流浪狗骂狗xɬadzgi khu

吃屎的狗骂狗χʂəpkhu

碎块块骂狗kətʂ ketʂhe

鬼猫骂猫ɣduʑ pal ʁuəɻ

吸血鬼骂猫satshem

吃肉骂牛pæs læk

供奉喇嘛的咒牛ɣlamaj zək

斧头砍的骂牛xtejiʂ tshuatik

杀成祭祀品骂牛xpu qətek

剥皮的骂牛jaba qak

杂碎骂牛tsæsujxɬik

交给和尚骂牛ʁlamej ɣzək

豹子的午饭骂牛ɣdodzuk zæme

斧头打背骂牛xtæq pæʂək tuatik

乌鸦挑眼睛骂牛naʁuʂ min̥i χtʂek

豺狗掏屁眼骂牛xpiʁoʂ ʁodi χtʂek

不听话骂牛ɦabaqæq

tɕaqtu tshutiʂk

七 呼叫动物的拟声词

喊猪anə̊anə̊

唤猪声ãdʐ ãdʐ ãdʐ

喊鸡tɕutɕu

喊大狗tsatsa

喊小狗qholqhol

喊猫menmen

喊绵羊mæhæ mæhæ

喊山羊mimitsettset

往上使唤羊tətə

往下使唤羊jaxjax

返回使唤羊ɦojgəɦojgə

喊马tutu

喊牛ɦatɕɦatɕ

往上使唤耕牛tytytyty

往下使唤耕牛lelelele

转弯使唤耕牛ɦadʐaɦadʐa

第五章 语法

第一节

词类

词可根据其语义和形态句法组成词类。名词、动词和形容词（静态动词的一个小类）是开放词类。其他的，像副词、代词、数词、量词、连词、感叹词为封闭词类。

一　名词

松潘羌语的名词可以定义为能够带数标记、有定性标记和数量短语的自由形式。名词不能做谓语，只能在系词句里做系词的补语（complement）。名词的相关句法功能见句法部分。

二　方位词

方位词是表示空间方向的词，松潘羌语的方位词非常丰富。与普通名词和专有名词不同，方位词不能带施事者和工具格标记，但它们可以带非核心论元标记，如由格、位格等标记。当方位词用作谓语动词的修饰成分时，它们通常是小句层面的附加语。常见的方位词举例如下：

məɣȵi̊·pɑ-ʂ̥-tɑ　东	məɣȵi̊ χʂ̥uɑ-ʂ̥-tɑ　西
mə·tɕhetse-ʂ̥-tɑ　南	mə·ɣlioɣly-ʂ̥-tɑ　北
qəti̊　上面	qə-^{t}thɑ　高头
qəli̊　下面	qəl·thɑ　底下
ʐ̥əp-tu/ʐ̥ə·qəti̊　地上	zɑkhɑ　旁边
ȵy　水源方	xɕi　流水方
qe　前面	χte　后面

quɣli̊ 正面	hɑɣli̊ 反面
ky 里面	khiɳ̥i 外面
kiků/kiwů 屋里	ki·khiɳ̥i 屋外
ky-k·tha-qa 里屋	khiɳ̥i-k·tha-qa 外屋
kotu 楼上	kiel 楼下
ɦoxů ə-tsə̊ 周围	kɑkɑ 附近
ɣgio（>ɣgye）-χu 远处	ɣgio（>ɣgye）-ɳ̥i 近处
ʁua-ja 左边	na-ja 右边
tɕe 前横轴	thi 后横轴
qe 前矢状轴	χte 后矢状轴

三 代词

代词可以分为人称代词、疑问代词、指示代词、反身代词和不定代词。各类代词分别介绍如下：

（一）人称代词

松潘羌语人称代词有三个人称和三个数。人称代词除了单数外，还有双数和复数形式。第一人称单数、双数和复数都有包括式和排除式之分。第三人称没有有生命和无生命的区别。

单数	双数	复数
qɑ 我排除式	qo-ɳ̥i 我俩	tsɑ-n-dzə̥e 我们
tsate 咱包括式	tshe-ɳ̥i 咱俩	tsɑ-ɳ̥i 咱们
qu 你	qo-ŋ-go 你俩	qu-ɑn-dzə̥e 你们
the 他	tho-ŋ-guə 他俩	thɑ-n-dzə̥e/thɑχ 他们

人称代词后加词缀 -te 表达“我家”“你家”“他家”等集体代词意义，-te 与 ki（家）没有任何关系。例如：

tsɑ-te tɕy ʁue-j ʐe.
咱–家 孩子 五–CL 有
我家有五个孩子。

thɑq（thɑqɑ-te） zəts ʐe.
他家（他们–家） 松潘 在
他家在松潘。

quɑ-te tɑnɑ ʐe?
你们–家 哪儿 在
你们家在哪儿？

这类表集体意义的代词表示领有时，没有屈折变化，在中心名词与领属代词之间可以加属格-k标记。例如：

thaqə-k　tɕe　dʐə　bəl　pi-ʂə-j.

他们-GEN　儿子　事情　做　成-INCHO-INDCT

他家儿子工作了。

quɑ-te-k　tɕi　tɑnɑ　ləɣʐ　su-j?

你们-家-GEN　女儿　哪儿　书　学-INDCT

你家女儿在哪儿上学？

quɑ-te-k　ky-kṵ　xɕe　nɑn　ʐe-ku?

你们-家-GEN　家-LOC　牛　多少　有-DCT

你家有多少头牛？

（二）疑问代词

疑问代词用来问Wh-问句，疑问代词引出的问句也有人称为实质问句。松潘羌语主要的疑问代词如下：

指代人：ʂə/ʂə-le　谁　　指代状貌：nale　怎么

指代人/指物：nəgə-le　哪个　　指代性质：nɑgɑ　怎样/哪样

指代物：nale　什么　　指代方位：tɑnɑ　哪里

指代物：naqɑ　tə　干什么　　指代原因：naleŋuɹi　为什么

指代数量：nɑn　多少　　指代时间：nɑntu　什么时候

指人疑问代词只有ʂə（谁），既可以做动词核心论元的施事或者受事，也可以做非核心领属论元。不过，无论是做核心论元还是非核心论元，它一般都带定指标记-le。例如：

the　ʂə-le　ŋu-j?

他　谁-DEF　COP-INDCT

他是谁？

ʂə-le　ləɣʐ　ɣʐə（-j）？

谁-DEF　书　看（-INDCT）

谁在看书？

指人疑问代词ʂə（谁）不能单独表达非疑问意义，若要表达非疑问意义，需要在疑问代词后加追加义助词-lə（也），这与汉语类似。例如：

pəs　ʂə-lə　ləɣʐ　mi-sy-kə̊.

今天　谁-也　书　NEG-学-去

今天谁也没去上学。

pəs　ʂə-lə　ləɣʐ　mi-sy-kə̊-ku.

今天　谁-也　书　NEG-学-去-DCT

今天谁也没去上学。（确信）

指物的疑问代词nɑle（什么）可以做核心论元，也可以做非核心论元。做核心论元时，不用带任何格标记。例如：

qu　nɑle　ɬaçe　be-j?

你　什么　吃　想–INDCT

你想吃点什么？

na-le-k　xtie　ti-ʑi?

什么–DEF-GEN　菜　SUPER–好吃

什么菜最好吃？

指物疑问代词nale（什么）单独不能表达非疑问意义，若要表达非疑问意义，就要像汉语那样在疑问代词后加追加义助词-lə（也）。例如：

qɑ　na-lə　ɬaçe　me-be-j!

我　什么–也　吃　NEG–想–INDCT

我什么也不想吃！

指物的疑问代词nɑle（什么）后接qɑtə（做）、tə-pi（成）等动词时，表示性质或者状貌。例如：

qu　nɑlə　qɑtə-ɕɑ　be（-ku）?

你　什么　做–COMP　想（-DCT）

你想怎么样？

the　nale　tə-pi-j?

他　什么　DIR–成–INDCT

他怎么了？

表示性质或者状貌义时，要表达非疑问意义的时候，追加义助词-lə（也）不能出现在疑问词后面，只能出现在动词后面。例如：

qu　əlɑχ　qɑtə-ʂə̊-n̥i-lə　ŋu　ʁdzə̥-j.

你　那样　做–INCHO-LNK–也　COP　可以–INDCT

你那样也可以。

qu　nale　qɑtə-ʂə̊-n̥i-lə　ŋu　ʁdzə̥-j.

你　什么　做–INCHO-LNK–也　COP　可以–INDCT

你怎么做都行。

指数量的疑问代词nɑn（多少）可以充任核心论元，也可以做非核心论元。做非核心论元时，不用带任何格标记。例如：

qu　nɑn　le　pi-j?

你　多少　有　成–INDCT

你多大了？

quɑ-te-k　ky-ků　xçe　nɑn　ʐe-ku?

你–DEF-GEN　家–LOC　牛　多少　有–DCT

你家有多少头牛？

指处所的疑问代词tɑnə（哪儿）一般只能做非核心论元，可以带由格-ʂ或者属格-k等论元标记。例如：

thɑχ　tɑnə-ʂ̩　ly-j?
他们　哪儿–ABL　来–INDCT
他们从哪儿来的?

tɑnɑ-k　xtie　ti-ʑi?
做哪里–GEN　菜　SUPER–好
哪里的菜最好吃?

指数量的疑问代词nɑn（多少）与时间词一起出现时，表达的是“什么时间”的意思。例如：

dʐ̩u-thɑχ　nɑn-tu　ly?
客人–DEF: PL　什么–时候　来
客人什么时候到?

tsəb-qɑ　piʑi　nɑn　ŋu-j?
现在–LOC　时间　多少　COP-INDCT
现在是什么时候了?

表示时间的疑问词要表达非疑问意义的时候，追加义助词-lə（也）不能出现在疑问词后面，只能出现在动词后面。例如：

qu　nɑntu　kə-ʂ̩ə̊-ȵ̩i-lə　ŋu　ʁdʐ̩ə-j.
你　什么时候　去–NMLZ-LNK–也　COP　可以–INDCT
你什么时候走都可以。

（三）指示代词

指示代词根据远、近有一个两位体系：tse和the。当所指离说话人近时，用近指指示代词tse等；如果所指离说话人较远或不在说话人视线范围内，就用远指指示代词the等。松潘羌语的指示代词根据它们所表示的语义分为远近配对的几类，如表5–1所示：

表5–1　指示代词

近指		远指		语义
形式	意义	形式	意义	
tse	这个	the	那个	事物单数
tsɑχ	这些	thɑχ	那些	事物复数
tso-qhu	这种	tho-qhu	那种	事物种类
tsɑ-gɑ	这样	thɑ-gɑ	那样	方式
tsəb-qɑ	这时	thəb-qɑ	那时	时间
tsɐ	这儿	thɐ	那儿	处所、方位
tsɑ-ʁɑ	这里	thɑ-ʁɑ	那里	处所、方位
tsɑ-xɕɑ	这边	thɑ-xɕɑ	那边	处所、方位
tsɑ-tɕe	这边	thɑ-tɕe	那边	处所、方位

从表5-1来看，似乎近指指示代词tse和远指指示代词the是指示代词的基本形式，这二者既可以指人，也可以指物。指数量的指示代词tsɑχ（这些）与thɑχ（那些）由指示代词tse与the分别加上数量短语ɑχ（一些）组成。指物的指示代词tso-qhu（这种）与tho-qhu（那种）分别由指示代词tse与the跟类别量词-qhu结合而成（tso-qhu < tse+qhu，tho-qhu <the+qhu），指示代词元音与类别词元音和谐。指方式的指示代词tsa-gɑ(这样）与tha-gɑ(那样）由指示代词tse与the加类别量词-gɑ（样）构成。表时间的指示代词tsəb-qɑ（这时）与thəb-qɑ(那时）由指示代词tse与the加时间量词-b-qɑ(时）构成。指方位的指示代词有四对：tsɐ（这儿）与thɐ（那儿）、tsa-ʁɑ（这里）与tha-ʁɑ（那里）、tsa-xɕa（这边）与tha-xɕa（那边）、tsa-tɕe（这边）与tha-tɕe（那边），这四对指方位的指示代词无论在语义上还是在句法上都没有什么区别。

指示代词既可以用作自由代词，也可以用作指示性的形容词，二者形式上没有什么区别。如果指示代词用作自由代词，它们可以做名词短语的中心词。当它们用作指示性的形容词时，它们可以修饰名词短语的中心词。例如：

tse　qɑ-k　pɑk　ŋu-j,　the　qu-k　pɑk　ŋu-j.
这个　我-GEN　手镯　COP-INDCT　那：CL　你-GEN　手镯　COP-INDCT
这是我的手镯，那是你的手镯。

tse　metsu　ŋu,　the　dʐitɕhi　ŋu.
这　埃溪　COP　那　大尔边　COP
这是埃溪，那是大尔边。

pəsə-k　ɣmu　tsu　pu-the　tsaχa　ətsa　dɑlqhuɑ-ɕɑ.
今天-GEN　会　开　做-DEF　这些　到此　结束-PRT
今天的会就开到这里。

（四）反身代词

反身代词也像人称代词一样有人称和数的区别，同时跟人称代词一样也可以带相同的格标记。单数反身代词与复数反身代词在构成上基本一致。第一人称和第二人称单复数形式后加-ȵi，构成第一、二人称反身代词。第三人称单数反身代词在代词后加重叠形式-ȵyȵy，第三人称双数反身代词为ȵonȵi，第三人称复数反身代词在代词thɑχ后加-ȵyanȵi表示。例如：

qɑ-ȵi　我自己	qo-ȵȵi　我俩	tsɑ-ȵi　我们自己
qu-ȵi　你自己	qo-ŋoȵi　你俩	quandʐe-ȵi　你们自己
the-ȵyȵy　他自己	ȵonȵi　他俩	thɑχ-ȵyaȵi　他们自己

反身代词可以做动词的论元，也可以表示强调。例如：

qu　ka-j-ɳi,　　　　　　　qu-ɳi　　de-kə̊（də-kə̊）.

你　走：PROS-INDCT-LNK　你-REFL　DIR-走

你要走自己走。

qu-ɳi-k　　　dzə̜　qu-ɳi　　qu-qatə̊.

你-REFL-GEN　做　你-REFL　DIR-做

你自己的事情自己做。

松潘羌语有类似汉语“各自”的表达方法，即在人称代词后加aɳi（各自）。有些情况下aɳi可以单独用作动词的论元。例如：

quandzə̜　aɳi　　kiků　　　de-kə̊（də-kə̊）.

你们　　各自　家：LOC　DIR-走

你们各自回家。

aɳi-k　　　popu　aɳi　　ta-χtse.

各自-GEN　东西　各自　DIR-拿

各自拿各自的东西。

（五）不定代词

除了疑问代词用作泛指代词或者不定代词外，还有几个真正的不定代词，如alaɳi（别人）、aŋů（大家）、ɳinam·ba（人们）和ɳi·thəm（人家、别人）等。例如：

aŋů　大家　　　　　　　ʔalaɳi/ʔaɳ·ɳi　自己　　　　　alaɳi　别人

ɳi·ɳam·ba　人们　　　　ɳi·thəm　人家、别人

不定代词aŋů（大家）既可以用作名词短语的中心词，也可以用作名词短语中心词的修饰成分。做核心论元时，可以不带标记，也可以带与格标记-j。做非核心论元时，一般不带标记。例如：

tsandzə̜　aŋů　atɕa　sy.

我们　　大家　一起　学习

我们大家一起学习。

thaχ　aŋů　ɳiχpək　na.

他们　大家　很　　好

他们大家都很好。

quandzə̜　aŋů　ɣmedi̊　tʂua-n　　na-j.

你们　　大家　羌语　说-NMLZ　好-INDCT

你们大家的羌语说得好。

不定代词ɳi·thəmə（人家、别人）既可以用作名词短语的中心词，也可以用作名词短语中心词的修饰成分。做核心论元时，可以不带标记，也可以带与格标记-j。做非核心论元时，可以带属格标记-k。例如：

ɳi·thəmə-k　dzə̜　tsaɳi　ʂə-tɕi-lak.

人家-GEN　事情　咱们　DIR-PROH-管

人家的事情咱们别多管。

tsɐ-k dzə̣-the qɑ mɑ-tɕhoŋ-ku, qu n̥i·thəmə-j qu-dze̥-kə̊!

这–GEN 事情–DEF 我 NEG–清楚 你 别人–DAT DIR–问–去

这件事我也不清楚，你去问别人吧！

qu kə ma-khi n̥i·thəmə̊ hɑ-kə̊ khi.

你 去 NEG–要 别人 DIR–去 要

你不要去，让别人去。

四 数词

松潘羌语计数系统与其他羌语方言土语一样是简单的十进体系。固有的数词可以到“千”。松潘羌语的个位数词都是单音节词。例如：

e 一	ɣn̥e 二	χse 三	ɣzə̣ 四
ʁue 五	χtʂ̣u 六	χti 七	xʂ̣e 八
ɣgu 九			

数词从“十”到“十九”是在数词“一”到“九”之前加构词词素ha-。例如：

ha-dy 十	ha-tie 十一	ha-n̥i̊ 十二	ha-si 十三
hĩ-ɣʑ̊ 十四	hɑ-ŋue 十五	ho-tʂ̣ů 十六	he-xti̊ 十七
hɑ-xse 十八	ho-ɣɡů 十九		

数词从“二十”到“九十”是在数词“一”到“九”之后加构词词素-su。例如：

n̥i-su 二十	n̥i-sɑe 二十一	xsɑ-su 三十	ɣzə̣-su 四十
ʁo-su 五十	χtʂ̣u-su 六十	χti-su 七十	xʂ̣ə-su 八十
ɣgu-su 九十			

松潘羌语的xʂ̣ə（百）、xtů（千）是固有词，而ʁuɑn（万）借自汉语西南官话。xʂ̣ə（百）、xtů（千）、ʁuɑn（万）与汉语类似，是量词；当量词xʂ̣ə出现在数词ək（一）之后，构成ək-xʂ̣ə（一百）。若量词xtů（千）出现在数词o（一）之后，构成o-xtů（一千）。当量词ʁuɑn（万）出现在数词ɑ（一）之后，构成ɑ-ʁuɑn（一万）。

百位数之内的数词连用不必加连接词，当百位数后有个位数时，连接词必须出现在百位数和个位数之间。例如：

ɑk-xʂ̣ə ne ʁue

一–百 CONJ 五

一百零五

ək-xʂ̣ə ne ʁosu

一–百 CONJ 五十

一百五十

当数词用于表示年、月、日时，个位数、十位数和百位数之间需要加连词ne。例如：

pəs　ɣn̥u　stu　ne　haŋue　thəp-ʁɑ-k　hɑdy-ɬə̊

今天　二　千　CONJ　十五　那年-LOC-GEN　十-月

ne　tie-ty　ŋu-j.

CONJ　初-一　COP-INDCT

今天是2015年10月1日。

数词表达年岁时，个位数和十位数之间需要加连词ne，谓语可以使用存在动词“有”或者使用形容词“大或小”。例如：

tse-k　mɑ　ɦep-the　ɣgu-sɑ　ne　ɣzə̢-p　le　pi-ʂə-j,

这-GEN　女　老-DEF　九-十　CONJ　四-岁　有　成-CSM-INDCT

qɑ-qəʂn̥i　ɣn̥i-gɑ　ɣzʅuɑ-j.

我-COMPR　两-倍　大-INDCT

那个老太太94岁了，是我年龄的两倍左右。

松潘羌语没有表达“零”的词，若要表达“零”时，在个位数和百位数之间加连词ne，一百以上的数词，可以不用量词。例如：

χupɑ（χupu-ʁɑ）tɕhyny　thoχl　ə-χʂə　ne　xʂe　ʑe-j.

山谷　羊　那群　一-百　CONJ　八　有-INDCT

山下那群羊有108只。

常用的表示概数的词是thɑn（大约、那么多）。在数词后加nɑn表示概数“左右、把”。例如：

tsɑndʐe-（k）ləɣzʅ　sy-ʂ-tɑ　ləɣzʅ　sy-n　o-xtů　nɑn　ʑe.

我们-GEN　书　学NMLZ-LOC　书　学-NMLZ　一-千　左右　有

我们学校有千把个学生。

metsə̊pu　n̥i　ɣn̥ik-xʂə　nɑn　ʑe.

埃溪村　人　二-百　左右　有

埃溪村有200人左右。

tsɐ-k　ɣbu-the　o-xtů（-ki）nɑn　dʑi.

这-GEN　牦牛-DEF　一-千-斤　左右　有

这头牦牛有千把斤重。

数词连用可以表示概数。例如：

xse·ɣzə̢　三四个　ʁue·χtʂu　五六个　χti·xʂe　七八个

metsə̊pu（tshuɑ-ʁɑ）xpɐ　xse·ɣzə̢　ʑe.

埃溪村　藏族　三四　有

埃溪村有三四个藏族。

在数词“十”之前加ti表示“十几个、十来个”，如tihady（十几个、十来个）。例如：

metsə̊pu（tshuɑ-ʁɑ） ʁə tihady ʐ̥e.
埃溪村 汉族 十几个 有
埃溪村有十多个汉族。

松潘羌语没有序数词体系，若要表达序数概念，就用方位词或指示词加方位词表示，如tiqek-the（第一）、thə-χte（第二）、thə-sləχte（第三）。例如：

qɑ dzuəɕ tiqek-the ʐ̥e-j, qu qɑ-k χtɑkɑ ɣn̥e-the-ɑ（the-ʁɑ） ʐ̥e-j,
我 座位 前-DEF 在-INDCT 你 我-GEN 后面 二-DEF-LOC 在-INDCT
the ti-χtɑkɑ ŋu pi-ʂə-j.
他 SUPER-后面 COP 成-CSM-INDCT
我排第一，你排第二，他排老末。

若要表达子女的排行，也用方位词或指示词加方位词表示。例如：

ti-ɣʐ̥uɑ-the 老大	qəli-k-the 老二	thə qəli-k-the 老三
SUPER-大-DEF	下面-GEN-DEF	那 下面-GEN-DEF

表达“初几”时，在个位数后加词缀-ty，“十”以上数词不用加-ty。例如：

tie-ty 初一	ɣn̥i-ty 初二	xsi-ty 初三
ɣʐ̥ə-ty 初四	ʁo-ty 初五	χtʂ̥u-ty 初六
xti-ty 初七	xʂ̥ə-ty 初八	ɣgu-ty 初九
hady 初十		

要表示某人“属相”时，在动物名词后加表“属相”的黏着语素-ɣdʑ̥yq/-ɣdʑ̥ykie。例如：

zəxk-ɣdʑ̥y 子属鼠	jetì̊-ɣdʑ̥y 丑属牛
hø-ɣdʑ̥y 寅属虎	ʁdi-ɣdʑ̥y 卯属兔
ɣbu-ɣdʑ̥y 辰属龙	bigu-ɣdʑ̥y 巳属蛇
jy-ɣdʑ̥y 午属马	tɕhe-ɣdʑ̥y 未属羊
ʁuɑsɑ-ɣdʑ̥y 申属猴	wu-ɣdʑ̥y 酉属鸡
khu-ɣdʑ̥y 戌属狗	pe-ɣdʑ̥y 亥属猪

五 量词

量词表达类别意义，或起到度量作用。松潘羌语的量词不能单独出现，当量词修饰名词时，量词始终与数词或指示代词一起修饰名词短语的中心词。量词根据其语义可分为类别词和度量词。类别词和度量词在语法上没有什么差异，但在语义上有差异：类别词表示个体存在的实体，一般来说是可数的；而度量词表示物质实体，是不可数的。下面列举一些常用的个体量词：

e　用于“人、猪、狗、鸡、嘴、桌子、席子”等名词的分类

（ɑ）-zɑ　用于“马、牛、车、河流”等名词的分类

（ʔi）-ji̊　用于“蚊子、房子、花朵、珠子、大米、金钱”的分类

（e）-ti　用于“鱼、蛇、毛笔”　　tsɑ　用于“刀、锁”等工具名词的分类

（o）-xtẙ　床被子	tʂə　根绳子	tue　双鞋子
xuɑ　副眼镜	dʑy　面镜子	bi　块香皂
qhu　座桥	χtʂə　条路	ɣgo　棵树
ɣʑi　顿饭	thue　股香味	ʁe　行字
xtɕa　件事情	ɑ-qtɕhi　串葡萄	a-qe　间房
ɣbu　堆垃圾	sɑ　句话	ʑi　庹两臂伸展开后的长度
otů　拃拇指和中指伸开两端之间的长度		

量词可以不出现，当量词出现时，一般出现在数词之后，与数词一起修饰名词。表示周遍义“个个”时，数词后不用量词，而是通过重叠系词来表示：

thɑχ　e　ŋuŋů-te　ȵiχpək　dzə.

他们　一　COP: REDUP-DEF　很　聪明

他们个个都很聪明。

e　ŋuŋů-te　ləɣʐ̩　sy-n　ʂe-lɑ-χə̊　ŋů.

一　COP: REDUP-DEF　书　学-NMLZ　好-DEF-CL　COP

个个都是好学生。

表示周遍义“次次、回回”时，在数词短语ɑ-hɑ(一次)后通过重叠系词ŋu(是)来表示，例如：

tʂhənχu　kə-tu,　ɑ-hɑ　ŋuŋů-te　mə　ɣʐe.

成都　去-LNK　一-次　COP: REDUP-DEF　雨　下

去成都，回回都下雨。

也可以通过数词重叠来表示周遍义。例如：

tɑtsə-k　dʐə　e　e-ȵi　hũ-ʂ/ȵi,　qɑ　nəgə　le-kə-ʂ

开心-GEN　事情　一　一-LNK　有-LNK　我　什么　有-NMLZ-COM

tʂuɑ　khi-n　mɑ-tɕhoŋ.

说　要-NMLZ　NEG-知道

一件件开心的事令我不知从何说起。

表示重量、长度、面积单位的度量词如下：

ki 斤　dzu̥ 两　hu 分　tshe 厘　pək 钱

eç 升、斗　pɑl 里地　ɣn̥oʁudu 亩地

除了固有量词外，松潘羌语还从汉语西南官话中借用了一些量词。例如：

fu 剂　tɕo 角　tshu 寸　tʂhə 尺　tʂɑŋ 丈

疑问词可以不用量词。例如：

pəs　n̥i　ne　ɣmu　tsu-kə̊-ku?

今天　人　几　会　开–去–DCT

今天有几个人去开会？

tsɐ-k　pas　tsɑχ　ne-ki̊　le?

这–GEN　肉　这：PL　几–CL　有

这些肉有多少斤？

松潘羌语动量词较少，大概只有a-ɬe（一下）、a-phi（一会儿）、ɑ-tuɑ（一顿）、e-thue（一阵）、o-ʁotsu（一步）、ɑ-hɑ ～ o-ɣdo（一次）、o-tʂu（一趟）等七八个。动量词一般出现在名词之后，动词之前。例如：

the　qɑ-j　a-ɬe　tu-tuɑ-j/（～ -ku）.

他　我–DAT　一–CL　DIR–打–INDCT/（～ -DCT）

他打了我一下。

zə̥ts　o-tʂu　hɑ-qɑ.

松潘　一–CL　DIR–去

去了一趟松潘县。

mə　e-thue　de-ɣʐe̥-j/（～ -ku）.

雨　一–CL　DIR–下–INDCT/（～ -DCT）

下了一阵雨。

the　tsɐ　o-ɣdo　ɦo-zu-j（～ -ku）.

他　这里　一–CL　DIR–坐–INDCT/（～ -DCT）

他在这里坐了一会儿。

当数词是“一”时，量词可以省略，若是其他数词时，量词一般不省略。例如：

qɑ　pəs　wu　e　ʁzə̥　ɣn̥e　pas　xsi-k　dzə-pə-j.

我　今天　鸡　一：CL　鱼　两：CL　肉　三–CL　DIR–买–INDCT

我今天买了一只鸡、两条鱼、三斤肉。

动量词一般出现在动词之前，动量词不能重叠。例如：

tse-k　ləɣʐ-the　qɑ　xsə-χuɑ　qu-ɣzə̊-ʂə-ku.

这本–GEN　书–DEF　我　三–CL　DIR–看–CSM-DCT

这本书我看过三遍了。

qu ɑ tə-suɑ-kie, tse-k kel-the-ɑ（the-ʁɑ） pe ne ʐe-j?

你 一下 DIR–数–去 这–GEN 圈–DEF: LOC 猪 几头 有–INDCT

你数数看，这圈里有几头猪？

当指示代词、数量词一起修饰名词时，指示代词出现在中心名词之前，数量词出现在中心名词之后。例如：

tse-k tʂhotɑ ɣȵ̊e-the qɑ-k ŋu-j.

这–GEN 雨伞 两–DEF 我–GEN COP-INDCT

这两把雨伞是我的。

量词不能重叠，若量词要表达“周遍意义”时，需在量词后加表示周遍意义的词“每”。例如：

the op mɑqɑ ki-kɑ ly-j.

他 一年 每 家–LOC 来–INDCT

他年年都回家。

六 动词

松潘羌语的动词可以定义为能够带方向前缀、否定前缀、体后缀、使动后缀和示证后缀的一个语法单位。松潘羌语的动词根据动词的语义、句法特点及语法功能可以分为不及物动词、单及物动词、双及物动词、及物不及物动词、不及物静态谓语动词、存在/处所动词、系词和带补语的动词（能愿动词）等次类。

（一）动词的“人称”问题

大多数羌语方言土语动词有人称和数标记，有的方言里不仅反映施事者的人称和数，还体现非施事者（受事者和领有者）的人称和数。然而，松潘羌语比较特别，动词既没有人称，也没有数。例如：

qɑ ləɣʐ ɣʐ̩ə.	qu ləɣʐ ɣʐ̩ə.	the ləɣʐ ɣʐ̩ə.
我 书 看	你 书 看	他 书 看
我在看书。	你在看书。	他在看书。
tseȵi ləɣʐ ɣʐ̩ə.	qoŋgo ləɣʐ ɣʐ̩ə.	thoŋgo ləɣʐ ɣʐ̩ə.
我俩 书 看	你俩 书 看	她俩 书 看
我俩在看书。	你俩在看书。	他俩在看书。
tsɑndʐe ləɣʐ ɣʐ̩ə.	quɑndʐe ləɣʐ ɣʐ̩ə.	thɑχ ləɣʐ ɣʐ̩ə.
我们 书 看	你们 书 看	他们 书 看
我们在看书。	你们在看书。	他们在看书。

（二）能愿动词

在国内藏缅语研究文献中，常常称能愿动词为助动词。常见的有表能力的“会”类助动词、表许可的“可以”类助动词，以及“得”类助动词等。

能愿动词ɣle（能，能够）表示用于表达有自然的能力去进行某动作，同时还可以用于表示通过学习而获得的能力。例如：

the qɑtə ɣle.
他 干 能
他能干。

the ləɣʐ sy ɣle.
他 书 学 能
他能读书。

能愿动词ɣʑi（会）用于表达通过学习获得的能力，但不能用于表示自然（体质上）的能力。例如：

the ləɣʐ jɑ ɣʑi.
他 书 写 会
他会写字。

能愿动词ʁdʐə（可以）表达被许可进行某动作。例如：

qu kə ʁdʐə.
你 去 可以
你可以去。

羌语的能愿动词出现在实义动词之后，做主句的谓语。能愿动词可以受程度副词修饰，该副词一般在能愿动词和补语句动词之间。如果能愿动词被否定时，否定成分放在能愿动词之前。例如：

qu kə mɑ-ʁdʐə.
你 去 NEG–可以
你不可以去。

qu mɑ-kə̊ ʁdʐə.
你 NEG–去 可以
你可以不去。

qu mɑ-kə̊ me-ɣle.
我 NEG–去 NEG–能
我不能不去。

the ʁuɑ ʁu.
他 帮忙 肯
他肯帮忙。

the ləɣʐ sy ʁu.
他 书 学 肯
他肯读书。

qu ɦɑɳi ly khi.
你 一定 来 要
你一定要来。

能愿动词可以用来构成是非问句形式，也可以单独回答问题，还可以带否定标记。例如：

qu ly ɣle-j mɑ? qɑ ly ɣle-j.
你 来 能–INDCT QUES 我 来 能–INDCT

你能来吗？我能来。

the-ṇiṇi e ɕɑq nə mo-xɕy.

她：REFL 一：CL 单独 睡 NEG-敢

她不敢一个人睡觉。

（三）判断动词

松潘羌语只有一个系词ŋu（是）。这个系词可以用于表身份、等同、修饰，还可以用在假分裂结构中。例如：

the xpə ŋu-j, χoχ mə-ŋu-j.

他 藏族 COP-INDCT 回族 NEG-COP-INDCT

他是藏族，不是回族。

the sy-n ŋu.

他 学-NMLZ COP

他是老师。

χtsəp zɑkhɑk tʂo thɑχ tʂhu ŋu-j, χtsəp qətik tʂo

山 边 雪 那：PL 白 COP-INDCT 山 坡 雪

thɑχ thə-s ɑ-z tʂhu ŋu-j, χtsəp qəʐɑk（qəʐ-ʁɑk）

那：PL 那-COMPR 一-点儿 白 COP-INDCT 山 顶

tʂo thɑχ tik tʂhu ŋu-j.

雪 那：PL 最 白 COP-INDCT

山边的雪是白的，山坡上的雪更白，而山顶的雪最白。

系词还可以出现在表存在的结构中。例如：

kieʂɑ e-tuŋ ṇi-ʂ tə-tʂɑq-ʂə-j.

街上 整个 人-都 DIR-充满-INCHO-INDCT

kieʂɑ e-tuŋ ṇi-ʂ tə-tʂɑq ŋu-j.

街上 整个 人-都 DIR-充满 COP-INDCT

满街都是人。

（四）存在动词

存在/处所动词有两个论元，一个是核心论元（core argument），是无标记的，另一个是间接论元，有时带位格标记。松潘羌语有4个处所/存在动词和1个领有动词，每个存在动词都可表达“处所、存在与领有义”，但领有动词只有“领有义”。存在动词的使用取决于所指的方位语义或表明存在的或处所的性质，如生命度、水平支撑、立体附着、空间内等。

表示有生命物体（动物）的存在用存在动词ʑe。例如：

qua-te-k ki-ků n̥i nan ʑe-ku?

你–DEF-GEN 家–LOC 人 几：CL 有–DCT

你家有几口人？

thaq ki-w tɕy xse ʑe-j, e ləɣʐ̩ su-j,

他 家–LOC 孩子 三 有–INDCT 一：CL 书 学–INDCT

e ki-ků ʑe-j, e-te bəl de-ti̊-ʂ̩ə-j.

一：CL 家–LOC 在–INDCT 一：CL-DEF 做 DIR–找到–CSM-INDCT

他们家有三个孩子，一个在学校，一个在家里，还有一个已经工作了。

tsu-ʁa ʁʐə̥ ʑe.

河–LOC 鱼 有

河里有鱼。

qa tu xse ʑe.

我 兄弟 三 有

我有三个兄弟。

当某物存在于某一背景物上面时，用存在动词xtɕi（有），它既可以表示存在，也可以表示领有。例如：

tʂ̩ots-qeti̊ ləɣʐ̩ ə-pən xtɕi.

桌子–LOC 书 一–CL 有

桌上有一本书。

qa sə a-tha xtɕi.

我 柴 一–CL 有

我有一堆柴。

当某物存在于某一背景物里面时，用存在动词le（有）。它既可以表示存在，也可以表示领有。例如：

χtsəp qəʁa-ʂ̩ kəʁa-di xsa-sa pal le-j.

山 上–ABL 山下–LOC 三–十 里 有–INDCT

山上到山下有三十多里地。

qap-ʁa kotsu le.

坛子–LOC 酸菜 有

坛子里有酸菜。

the xtiq le.

他 心 有

他有心。

当某物附着在某一背景物时，用表附着的存在动词wə（有）。它既可以表示存在，也可以表示领有。例如：

phoχ-qeti̊ lapa e-bi wə.

墙–LOC 花 一–CL 有

墙上有一幅画。

qa phinko phu xsi-ɣgo wə.

我 苹果 树 三–CL 有

我有三棵苹果树。

松潘羌语中表附着的存在动词we（有）与其他动词连用时，表示人的某种坏习惯或者自然的性质。例如：

the ȵi tuati wə.
他 人 打 有
他爱打人。

the ze xtɕi/ʁu/we.
他 哭 爱/肯/有
他爱哭。

tse khu-the ȵi ʁdʐe we-j.
这 狗-DEF 人 咬 有-INDCT
这只狗会咬人。

thɐ-k χtsəp-the qu-s we.
那-GEN 山-DEF 害怕-NMLZ 有
那座山很可怕。

松潘羌语有一个表领有的动词hũ（有），不能用在处所或者存在结构里。例如：

the totse hũ.
他 钱 有
他有钱。

qɑ ləɣʐ ʔiȵ hũ.
我 书 很多 有
我有很多书。

动词后加-jiji（来回）表示互动。例如：

quɑndʐe ʁuɑ-jiji tsə.
你们 帮-来回 做
你们互相帮忙。

thɑχ χtɕi-jiji tsə.
他们 爱-来回 做
他们相爱。

thɑχ χtɕi-jiji tsə-ku.
他们 爱-来回 做-DCT
他们相爱的。

七 形容词

形容词在句中不用系词就可以单独做谓语。当形容词做谓语时，与非静态动词一样可以带相同的动词性形态，因此可以把形容词处理为动词的一个小类。

（一）语义分类

形容词根据其语义可分为维度、色彩、属性、性质、状态等类别，分别举例如下。

1. 维度形容词

ɣʐuɑ 大	ɣʑɑ 小	pɑ 粗	ʁʐue 细
ɣʐu 高	bɑ 低、矮	dʐə 长指物	ŋue 短指物
ʑidʐ 长指时间	ŋue 短指时间	ɣlio·ɣli 宽	wutse 窄
tʂhɑ 深	dʑy·tse 浅	ɣgioχu 远	ɣgioȵi 近
la 厚	dʑy 薄	xtɕep 密	χʂa 稀
ɣʐuɣdʐu 方	patʂ 圆	lepe 扁	delə 平
tɕet ~ syt 尖	tshət 肥	tsha·ɣʐe 瘦	ɣguɑt 胖

2. 色彩形容词

n̥iq 黑	tʂhu 白	hĩ dze 红	haw 黄
pəq 蓝	til 绿	toŋse 紫	jyepe 灰

3. 其他形容词

çe 热	xtio 凉	qə·ʁʐɑji 浑	çop 暖和
thy 冷	çop 热~水	xtyq 凉~水	jikuə 干
xʂuq 湿	χtsɑmɑ 干净	mɑχtsɑ 脏	

（二）形态句法功能

当形容词做谓语时，可以带方向前缀，也可以做动词的补语。例如：

the-k　　maha　te-hĩ-ʂə-j.

他–GEN　脸　　DIR–红–CSM-INDCT

他的脸红起来了。

ʁuɑ（ʁo-ʁɑ）　tʂhoχu　tu-so　　ɦɑ-ʁ-ʂə-j.

碗：LOC　　　饭　　　DIR–满　DIR–装–CSM-INDCT

碗里的饭装得满满的。

八　副词

通常情况下，副词放在句子谓语动词之前，用来修饰谓语。有些副词不仅可以出现在谓语之前，施事者或话题之后，还可以出现在句首位置。

松潘羌语中副词可分为程度、时间、范围、性状等副词小类。例如：

n̥iχpek 很、非常	tik 最	thɑq 刚
es te 经常	pitiˀ 还	ʐulə 再
mɑpi 快	tsɑn 起码	tsəqe 从前
χtɑkə 后来	təm tɑ 马上	hez pu 究竟
ɑŋů 都、一起	ɑŋ 全部	

副词在句中做状语时，可以出现在动词之前，也可以出现在两个名词短语之间。例如：

tsɐ-k　　popu　puly　que-j,　　pə　me-le.

这–GEN　东西　贵　　太–INDCT　买　NEG–行

这个东西太贵，买不起。

qu　ɦɑn̥i　ly-ɑ　　　mo-ly?

你　究竟　来–QUES　NEG–来

你究竟来不来？

tse-k dẓu thɑχ ɑŋůqha tse-k dẓə-the tʂutʂuɑ-j.

这–GEN 客人 那些 悄悄 这–GEN 事情–DEF 议论–INDCT

那些客人们都在悄悄地议论这件事。

quɑndẓe pexti ṇi nɑn dye-ṇẙ-ku.

你们 究竟 人 多少 DIR–到达–DCT

你们究竟来了多少人？

九　连词

连词在并列结构、分离结构（或称选择结构）或者主从结构中起到把词、短语或者分句等成分连接起来的作用。连词的分类和功能见句法部分。

（一）并列连词

并列连词nə（和）连接两个或多个句法地位等同的成分。在并列结构中，并列连词是用来连接两个词或两个短语的。在某些情况下，连在一起的两个名词短语可以不带并列连接词，而是仅仅把两个名词或名词短语并置在一起。例如：

ləɣz su-n-the nə ləɣz ɕo-dɑ-n-thɑχ zəse-ʁɑ zəqtsə-j.

书 教–NMLZ-DEF CONJ 书 学–AUX-NMLZ-PL 操场–LOC 玩–INDCT

老师和学生们在操场上玩。

pəs kɑxtu sodi mu ɣẓɑ（ɣẓe+ha）-j, aji ne

今天 明天 后天 雨 下：估计（下+估计）-INDCT 奶奶 CONJ

ɑṇi ɑŋů khəṇi kə me-le（ɣle）-j.

爷爷 都 外面 去 NEG–能–INDCT

今天、明天和后天都有雨，爷爷和奶奶都不能出门了。

（二）分离（选择）连词

为了表达分离或者选择意义，连词χo可以连接两个动词短语或者小句。例如：

phinko pə-j χo ɕɑŋtɕɑu pə-j χo ɑŋů

苹果 买–INDCT LNK 香蕉 买–INDCT LNK 都

ŋə（ŋu） ʁdẓə-j.

COP（可以） 够–INDCT

买苹果或香蕉都可以。

（三）从属连词

从属连词连接时间、条件、假设、因果、让步等复杂结构的主句与从句，从属连词一般出现在从句的句尾。例如：

qu çop ŋu-tu qu-ɬe, o-do pi-tu, ɦɑ-pɑ（hɑ）-j.
你 热 COP-LNK DIR−吃 一−CL 成−LNK DIR−凉−INDCT
你趁热吃，等会儿就凉了。

qu me-ɣde-j-n̥i tɕu-ly pe.
你 NEG−来得及−INDCT-LNK PROH−来 成
如果你忙，就别来了。

qoŋgo na（nale）ŋu-j χo, ʂɑn̥i ləɣʐ̥ qu-ço-dɑ.
你俩 什么 COP-INDCT LNK 好好 书 DIR−学−AUX
你们俩一定要好好地学习。

十 句尾助词

句尾助词表达陈述、强调、疑问、惊叹、叮嘱、商议、邀约等意义，松潘羌语常用句尾助词列举如下：

bɑ 吧　mu 表示商量　mɑ 疑问助词　çɑ 邀约助词

十一 叹词

感叹词通常出现在句首或句尾。松潘羌语常见的感叹词列举如下：

o! 哦！表示明白　ɑjo! 哎哟！表示疼痛叫声
hɑʲjo! 啊哟！表示惊讶　ehei! 唉嗨！表示惊讶
ũjɑ! 哦呀！表示赞同　ũn̥ɑ! 哦呢！表示同意
oho! 哦嗬！表示遗憾　haç! 哈唏！表示惋惜
hei! 嗨！ 用于打招呼　jɑ! 呀！ 表示继续、请
ɑkhɑthi! 表示惋惜

ɑjɑ! nɑ（nɑlɑχ）ɣgi-ku-ɑ!
INTER 好 疼−DCT-PRT
哎呀！好疼！

十二 拟声词

拟声词又称象声词、摹状词，主要临摹动物或者自然的响声，具有音义的相似性。松潘羌语拟声词列举如下：

kəŋkə 公鸡叫　qutaq·qutaq 母鸡下蛋后叫声
ĩhɑhɑ 马叫声　ma ma 绵羊叫声

ma ʔa ʔa　羊叫声

ʁaŋ ʁaŋ　狗吠声

miaŋů miaŋů　猫叫声

xkiaŋ xkiaŋ　红嘴乌鸦叫声

qhoqho　翻箱倒柜声

xtəxtə　光脚跑步声

ʂoʂo　揉纸张的声音

χtiaq χtiaq　泉水滴水声

χo χo χo　溪水声

ʂuei ʂuei　大海声

wəi wəi　大声叫人声

xpəi　爆炸声

χtʂuɑ　树枝折断声

ɣət　细条打人声

wut　连枷打麦声

ʁua ʁua　大哭声

χqɑχqɑ　大笑声

xkuxku　偷笑声

χtʂuəχtʂuɑ χtʂuəχtʂuɑ　一片林子倒下声

ʁodʐ ʁodʐ　狗咬声

ɦə̃ ɦə̃　牛叫声

ʔɑ ʔɑ　乌鸦叫声

tʂuɑq tʂuɑq　猪叫声

ɑɕawů　打喷嚏声

xtəkxtək　重物落地声

ɣdəi ɣdəi　大风声音

χto χto　山沟水声

χue χue　江河声

thiep tiep　雨滴声

ʔui ʔui　向远处招呼的声音

khuɑnlɑŋ　盘子落地声

χpɑq　棍子打人声

χtɕuep　打耳光声

wudʐ wudʐ　妇女穿长衫走路声

əŋ əŋ　悲伤声

sueisuei　阴笑声

xixixuxu　嬉笑声

第二节

词法

一　名词短语的形态

名词一般做动词的论元，也可以修饰名词短语的中心词。名词可以带词头、小称标记、数标记、定指标记和格标记。

（一）亲属称谓词头

松潘羌语没有专用的人称领属词头，但是，有些亲属称谓带ʔa-/ʔɑ-词头，例如：

ʔa-n̥i　爷爷　　ʔa ji　奶奶

ʔɑ-wu　母亲　　ʔɑ-mɑ　岳母、继母、婶婶、姨母、姑妈

ʔa-ků　舅舅　　ʔɑ-kə　岳父、公公、伯父、叔叔、姨父

ʔa-pe　姐姐　　ʔa-z̥i　哥哥、姐夫

（二）性别标记

松潘羌语与羌语其他方言土语一样没有语法上的“性”范畴，只有动物的自然性别属性，即公/雄性和母/雌性。表示雄性的词缀有-soχ、-du、-tɕe和-gu；表示雌性的词缀有-n̥i和-me。有生命的词“雄性”与“雌性”用不同的词。例如：

xɕe　公犏牛阉割　　xɕe-n̥i　母犏牛

xɕe-soχ　公牛　　xɕe-n̥i　母牛

pe-soχ　公猪未阉割　　pe-n̥i　母猪

pe-xti̊　公猪阉割

pe-zů　种猪

jy-soχ　公马未阉割　　jy-me　母马

joχ 公马阉割

lotsꞏqɑ-soχ 公驴	lotsꞏqɑ-me 母驴
ʐiwů 公黄牛	mop 母黄牛
ɣbu 公牦牛	ʁu 母牦牛
meȵi-du 公猫	meȵiʁu 母猫
wu-tɕe 公鸡	wu-me 母鸡
dʐe-gu 公山羊	tɕhe-me 母山羊
lukůxɕy 麝香（公獐子）	jɑqu 母獐子

（三）数标记

松潘羌语并没有专门标记名词数范畴的语法形式（屈折形态）。不过，有一些后缀在名词短语内表示数的意义。比如，-thɑχ是the-ɑχ（那一些）的缩减形式，通常出现在名词或指示代词的后面表示复数。例如：

ləɣz　su-n-the　nə　ləɣz　ɕo-dɑ-n-thɑχ　zəse-ʁɑ　zəqtsə-j.

书　教-NMLZ-DEF　CONJ　书　学-AUX-NMLZ-DEF:PL　操场-LOC　玩-INDCT

老师和学生们在操场上玩。

tshuɑ-ʁɑq　bəl　we　ɕiɕi　bələ-n　ʐe-j,　ȵi　ȵɑmbɑ/thɑχ

村子-LOC　做事　有　所有　做事-NMLZ　有-INDCT　人　所有/DEF: PL

ɑŋů　ȵiχpək　tɑtsə-j.

都　很　高兴-INDCT

村子里事事都有人做，人人都很高兴。

-thoχɬ表示“群”“帮”等群体概念，是由the-o-χɬů（那一群）缩减而成的。例如：

xɕe　thoχɬ（the-o-χɬů）　zəqɑ（zəq-ʁɑ）　ʐe.

牛　那一群　山：LOC　在

牛群在山上。

tɕhyȵy　thoχɬ　xɕi　ɬɑ.

羊　那一群　草　吃

羊群在吃草。

ȵi　thoχɬ　ʐi　χuɑ.

人　那一群　话　说

那帮人相互理睬。

ȵi　thoχɬ　ʐi　tʂuɑ.

人　那一群　话　谈

那帮人在谈话。

松潘羌语还有一个后缀-n-dʐe出现在第一、二、三人称单数代词后，构成第一、二、三人称代词的复数。例如：

qɑ 我	tsɑ-n-dʐe 我们
qu 你	qu-ɑn-dʐe 你们
the 他	thɑ-ndʐe/thɑχ 他们

（四）小称标记

松潘羌语小称标记-tɕy（子），出现在名词之后，表示小称意义。例如：

ɣʑɑ	小	ɣʐuɑ	大	jok-tɕy	马驹
wukW̥-tɕy/wu-tɕẙ	小鸡	meɳi-tɕy	小猫	tɕue-tɕy	小刀

除了用-tɕy表示小称外，还可以用不同的词根表示牛犊、羊羔、小狗、猪崽等小称意义。例如：

xɕe	牛	ɣgəd	小牛犊	tɕhe	山羊	tɕi me	小山羊
tɕhy	绵羊	logů ～ lowů	小绵羊	khu	狗	qhuɑlɑ	小狗
pe	猪	pel-（tɕy）	猪崽				

松潘羌语没有表示名词短语大称（augmentative）的语法标记。不过，可以在某些亲属称谓词后加-eɕi̊kə或-pəkə分别表示小称与大称意义。例如：

ɑʐu-eɕi̊kə	小舅	ɑʐu-pəkə	大舅	ɑne-eɕi̊kə	小舅母	ɑne-pəkə	大舅母

指物名词若需要表示小称或大称意义，多数情况下，就用形容词ɣʑɑ（小）或ɣʐuɑ（大）表示。例如：

ʁo　ɣʑɑ　小碗	ʁo　ɣʐuɑ　大碗	ʁo　ɣʑɑ　小路	ʁo　ɣʐuɑ　大路
碗　小	碗　大	路　小	路　大

有些名词的小称形式和大称形式用不同的词表示。例如：

tɕue-tɕy	小刀	diʁo	大刀
phisu ɣgəsɑ	小襟	phisu nɑsɑ	大襟

还有个别与汉语表达方式不一样的名词。譬如，汉语的“小肠”在羌语里用“细肠”，而汉语的“大肠”在羌语里用“粗肠”；汉语的“小路”在羌语里用“夏天路”，汉语的“大路”在羌语里用“马路”。例如：

tɕyɳi　ʁʐuetse　小肠	tɕyɳi　pɑt　大肠
肠子　细	肠子　粗
tɕe　ɣgye　小路	jy　ɣgye　大路
夏天　路	马　路

汉语的“猪崽”在羌语用“小猪+小称标记”表达。例如：

pe-ɳi　　ɦeptheʂ　pel-tɕy　　ʁue-i　　ɦe-peli-j.

猪-FEM　老　　小猪-DIM　五-CL　DIR-生-CSM

老母猪下了5头小猪崽。

（五）定指标记

松潘羌语指示代词虚化后变为-the和-tho（元音和谐），且具有定指功能，有时可省略，有时不能省略。例如：

dypɑ-kɐ　ɣʐo（-the）　khɑtshů　dʐu.
门口–LOC　解放军（-DEF）　站岗　守卫
门口站着解放军。

ɣʐo（-the）　dypɑ-kɐ　khɑtshů　dʐu.
解放军（–DEF）　门口–LOC　站岗　守卫
解放军站在门口。

xɕe-thoχɬ（the-o-χɬů）　zəqɑ（zəq-ʁɑ）　ʑe.
牛–DEF–（那–一–群）　山：LOC　在
牛群在山上。

指示代词tsɐ（这）虚化为-tse，出现在名词之后表定指。例如：

tsɐ-k　ŋ̥i-tse　jy　tɑ　mi-ɣdi.
这–GEN　人–DEF　马　骑　NEG–曾经
这个人没有骑过马。

tsɐ-k　jy-tse　ŋ̥i-ʂ　tɑ　mi-ɣdi.
这–GEN　马–DEF　人–ADT　骑　NEG–曾经
这匹马人没有骑过。

指代人或事物的疑问代词不能使用上面两个定指标记，而要用-le。例如：

the　ʂə-le　ŋu-j?
他　谁–DEF　COP-INDCT
他是谁？

ʂə-le-k　ləɣʐ　jɑ　ti-nɑ.
谁–DEF-GEN　书　写　SUPER–好
谁的字写得最好？

qu　nɑ-le　ɬɑɕe　be-j?
你　什么–DEF　吃　想–INDCT
你想吃点什么？

na-le-k　xtie　ti-ʑi.
什么–DEF-GEN　菜　SUPER–好吃
什么菜最好吃？

（六）格标记

格标记是指动词及其论元（动词与名词）之间或论元（名词与名词）之间的关系标志。格标记表达领属、施动、受动、对象、受益、处所、从由、随同、工具等意义。

1. 属格标记

属格表示“属于”“拥有”或类似的语义关系。属格与其他格不一样，属格表示名词短语内部词语之间的关系。其他格表示动词及其论元之间的关系，属格用-k标记。例如：

qɑ-k　pi-ʂ　thɑχəq　tɕy-thɑχə-j　ʁədi̊　su-j.
我–GEN　爸爸–AGT　那些　孩子–PL-DAT　汉语　学–INDCT
我爸爸教他们的孩子说汉语。

tse qɑ-k pɑk ŋu-j, the qu-k pɑk ŋu-j.
这：CL 我-GEN 手镯 COP-INDCT 那个 你-GEN 手镯 COP-INDCT
这是我的手镯，那是你的手镯。

领属结构中，若被领属者是身体部位名词，或整个领属结构表达的是整体与部分之间关系时，一般不用属格标记。例如：

qɑ mini ɣgi. the χtybɑq ɣzuɑ. qɑ dzɑqu ɣgi.
我 眼睛 疼 他 嘴巴 大 我 脚 疼
我眼睛疼。 他嘴巴大。 我脚疼。

the tɕhyny e qu-ɕe-j. toŋkue ni que.
他 羊子 一 DIR-死-INDCT 中国 人 多
他死了一只羊。 中国人多。

2. 位格标记

位格表示空间意义或时间意义。松潘羌语的后黏附形式-j标记空间位置或上位格（superlative）；后黏附形式-ʁɑ标记物体的内部或里面，是内格（inessive）标记；方位词qəli（下面）标记空间的下面。例如：

phu-j jy ɣni-zɑ dzu-ɣzu-j.
树-LOC 马 两-CL DIR-拴-INDCT
树上拴着两匹马。

tsu-ʁɑ nedi-k ʁzə to-ʁzu-j.
水-LOC 各种各样-GEN 鱼 DIR-养-INDCT
水里养着各色各样的鱼。

tʂots qəli khu-le ɦə-nə-ʂ ʐe-j.
桌子 底下 狗-DEF DIR-睡-ADV 在-INDCT
桌子下躺着一只狗。

χtsəp qəʁɑ-ʂ kəʁɑ-di xsɑ-sɑ-pɑl le-j.
山 上-ABL 山下-LOC 三-十-里 有-INDCT
山上到山下有三十多里地。

3. 由格（从由）标记

由格标记（也有人称为夺格或者从格）表示方位和时间论元作为命题动作所发生的源点或参照点方向。例如：

thɑχ tɑnə-ʂ ly-j? qɑ mətʂə-ʂ ly.
他们 哪些-ABL 来-INDCT 我 茂县-ABL 来
他们从哪儿来的？ 我从茂县来。

4. 施格（施事者）标记

松潘羌语中施格标记不是成系统的，有时候出现，有时候不出现。也就是说，施格也不是强制性的。比如，当需要消除歧义时，格标记才使用。例如：

zə tə-ɣmə-ʂ ɣgye xsə-the-lə de-ɕi-ʑi-j.

地 DIR–震–AGT 路 新–DEF–也 DIR–震–CAUS-INDCT

地震把新修的路震垮了。

qoŋgu ɣn̥e-the-ʂ wu ɦe-tɕi̥!

你 两–DEF-AGT 鸡 DIR–杀

你们俩把鸡杀了。

phuxɕy ʁuɑʁə-n-the-ʂ ʁdi tə-qə̥te-ʂə-j.

野物 赶–NMLZ-DEF-AGT 兔子 DIR–打死–INCHO-INDCT

猎人把兔子打死了。

ʁdi phuxɕy ʁuɑʁə-n-the-ʂ tə-qə̥te-ʂə-j.

兔子 野物 赶–NMLZ-AGT DIR–打死–INCHO-INDCT

兔子被猎人打死了。

5. 工具格标记

工具格标记是 -ʂ，与施格标记及其用法相同。当然，该标记一般只出现在无生命实体之后表示工具。例如：

ləɣʐ ɕo-dɑ-n thɑχ qu-k ləɣʐ jɑ pu-k-the-ʂ

书 学–AUX-NMLZ 那：PL 你–GEN 字 写 做–NMLZ-DEF-INST

ləɣʐ jɑ-j.

字 写–INDCT

学生们用你的毛笔写字。

n̥i n̥ɑnbɑ ɕimu-k dʐə ʂə-dɑ-ʂ tʂhoχo qɑtə-j.

人 些 铁–GEN 锅 使用–AUX-INST 饭 做–INDCT

人们用铁锅做饭。

6. 与格（目标、接受者、受益者）标记

与格标记的是单及物动词的对象和目标以及双及物动词的接受者和受益者。松潘羌语的与格标记是后黏附形式 -j。例如：

qɑ the-j ləɣʐ ə-pəŋ tə-n̥i̥ɕe-ku.

我 他–DAT 书 一–CL DIR–借–DCT

我向他借了一本书。

the　the-k　tu-j　ləɣʐ　ʐɑ-k　e　the-bede（pede）-j.
他　他–GEN　弟弟–DAT　字　写–NMLZ　一：CL　DIR–给–INDCT
他给了弟弟一支笔。

ɑwu　qɑ-j　gus　xsə　e　dzə-ji-j.
妈妈　我–DAT　衣服　新　一：CL　DIR–缝–INDCT
妈妈为我缝了一件新衣服。

7. 随同格标记

随同格标记与并列标记一样，都是-ne。当-ne出现在名词短语后表示一个所指“与、跟、随或者跟随”另一个所指时，则表随同义。例如：

qu　qe　e-phi　qu-xɕẙ,　qɑ　ɑ-khɑ（ɑ-khakhɑ）　the-ne　ʐi
你　先　一–会儿　DIR–休息　我　慢慢　他–COM　话
e-phi　ʂə-χtʂe-ɕɑ.
一–会儿　DIR–聊–PRT
你先休息休息，我试着跟她谈谈。

（七）名词的重叠

汉语的名词可以重叠，重叠后表示“每……、逐一”等周遍性意义。松潘羌语的名词不能重叠，若要表达周遍性意义，在名词后加n̥amba（所有）或thaχ（那些），或者在名词后加maqa（每）。例如：

tshuɑ-ʁɑ-k　dʐə-thɑχ　ɑŋů　qutə-n　ʑe,　n̥i　n̥ambu/thɑχ
村子–LOC-GEN　事情–PL　全部　做–NMLZ　有　人　所有/那：PL
ɑŋů　n̥iχpək　tatsə-j.
都　很　高兴–INDCT
村子里事事都有人做，人人都很高兴。

tsə　ɑq　ŋoŋů　te-jop.
这里　一家　所有　DIR–富裕
这里家家都很富裕。

the　ɑs　maqɑ　məʐi　χʂə　pi　tsə.
他　一天　每　睡眠　屎　成　做
他天天睡懒觉。

qɑ　ɑp　maqɑ　ki-kɐ　pu　xsə.
我　一年　每　家–LOC　年　新
我年年回家过年。

二　动词短语的形态

松潘羌语与其他羌语方言土语不一样，没有人称范畴，但有方向范畴、体范畴、使动范畴、互动范畴和示证范畴。动词还可以重叠表示几种语法意义。

（一）方向范畴

松潘羌语与多数羌语土语一样有8个方向前缀，表示相对于说话者而言，动作所进行的方向。在这8个方向前缀中，前缀tə-表示动作朝垂直上方进行，前缀ɦə-表示动作朝垂直下方进行，前缀ȵ̥ə-表示动作朝水源方向或朝斜上方进行，前缀xʂ̥ə-表示动作朝流水方向或朝斜下方进行，前缀qə-表示动作朝里面进行，前缀hə-表示动作朝外面进行，前缀dzə-表示动作朝说话者方向进行，前缀thə-表示动作朝听话者方向进行。在羌语中有的动词方向性很强，可以带8个前缀；有的动词只能带几个方向前缀，有的动词只能带一个前缀。下面我们列举几个方向性很强的动词加方向后缀的情况：

ly　来

方向前缀	例词	汉义
tə-	tu-ly	上来
ɦə-	ɦo-ly	下来
ȵ̥ə-	ȵ̥y-ly	水源方来
xʂ̥ə-	xʂ̥u-ly	流水方来
qə-	qu-ly	进来
hə-	ha-ly	出来
dzə-	dzu-ly	过来

kə　去

方向前缀	例词	汉义
tə-	tə-ʁə̊	上去
ɦə-	ɦɑ-ʁə̊	下去
ȵ̥ə-	ȵ̥ə-ʁə̊	水源方去
xʂ̥ə-	xʂ̥ə-ʁə̊	流水方去
qə-	qo-ʁə̊	进去
hə-	hɑ-ʁə̊	出去
dzə-	dɑ ～ thɑ-ʁə̊	过去

kə　去

方向前缀	例词	汉义
tə-	tə-qɑ	上去了
ɦə-	ɦɑ-qɑ	下去了
ȵ̥ə-	ȵ̥ə-qɑ	水源方去了
xʂ̥ə-	xʂ̥ə-qɑ	流水方去了
qə-	qu-qɑ	进去了
hə-	hɑ-qɑ	出去了
thə-	dɑ ～ thɑ-qɑ	过去了

χtso　跳

方向前缀	例词	汉义
tə-	tu-χtso	跳上去
ɦə-	ɦo-χtso	跳下去
ȵ̥ə-	ȵ̥o-χtso	向水源方跳
xʂ̥ə-	xʂ̥o-χtso	向流水方跳
qə-	qo-χtso	跳进去
hə-	hɑ-χtso	跳出去
dzə-	dzo-χtso	跳过来
thə-	ho-χtso	跳过去

xte 推			kuə 拿、搬运		
方向前缀	例词	汉义	方向前缀	例词	汉义
tə-	tə-xte	推上去	tə-	tə-kuə	拿上去
ɦə-	ɦe-xte	推下去	ɦə-	ɦo-kuə	拿下去
ȵ̥ə-	ȵ̥i-xte	向水源方推	ȵ̥ə-	ȵ̥y-kuə	向水源方拿
xʂ̥ə-	xʂ̥ə-xte	向流水方推	xʂ̥ə-	xʂ̥ə-kuə	向流水方拿
qə-	qu-xte	推进去	qə-	qu-kuə	拿进去
hə-	hɑ-xte	推出去	hə-	hɑ-kuə	拿出去
dzə-	dzə-xte	推过来	thə-	tho-kuə	推过去
thə-	the-xte	推过去			

在实际语言环境中，每个动词至少带一个方向前缀，有些动词可带不同的方向前缀。例如：

qɑ thek khu lɑpɑ we-the to-χtso ɦo-χtso tsə-n qu-ty,
我 那 狗 花 有–DEF DIR–跳 DIR–跳 做–NMLZ DIR–看见
ȵ̥eχpək zʐ̥q tsə nɑ-j.
非常 要 做 好–INDCT

我亲眼看见那只花狗跳上跳下，可好玩了。

the guəs do-ʑ̥o ɣgu-n-the e-phi-tu ɑ ȵ̥ə-ʁ e-phi-tu,
那：CL 衣服 DIR–烂 穿–NMLZ-DEF 一–会儿–LNK 一下 DIR–去 一–会儿–LNK
a xʂ̥ə-ʁ, the nale qɑ təɕə be-ku mi-nɑ?
一下 DIR–去 他 什么 做 到底 想–DCT NEG–清楚

那个穿破衣裳的家伙一会儿过来、一会儿过去的，到底在做什么？

（二）体范畴

松潘羌语有9种不同类型的体标记。在这些标记中，完成体、状态变化体和连续体用前缀和后缀一起表示，而将行体、起始体、状态变化体和重复体用后缀表示，反复体用动词重叠来表示。惯常体用词汇手段表示，进行体是无标记体。除了简单使用这些单个词缀外，同时也存在把这些不同前后缀有机结合以表示多种语法意义的情况。

1. 将行体

松潘羌语的将行体在动词后加将行体标记 -hɑ，多数情况 -hɑ 与动词词根元音合并，结合成 ɑ。例如：

the qəʂ̥-tɑ pas pə-kɑ（kə-hɑ）-j.
他 街–LOC 肉 买–去：PROS-INDCT
他要去街上买肉。

qɑ ləɣʐ̥ sy kɑ.
我 书 学 去：PROS
我要去上学。

qu ləɣʐ ɣʐɑ（hɑ）(-ku）*-j mɑ?

你 书 看：PROS（-DCT）*-INDCT QUES

你要看书吗？

时间名词做状语时比较自由，可以出现在话题之后，也可以出现在句首。当陈述未来的事情时，也要用将行体形式。例如：

the nəs qɑ-k tʂuɑpu-k-the χqo dye-ɣgy-j,

他 昨天 我-GEN 说着-GEN-DEF 口 DIR-开-INDCT

kɑxtu ʐu tsɑ ʐəqtsə ly-ɑ-ku ʐə-j.

明天 又 这里 玩 来-PROS-DCT 说-INDCT

昨天他答应了我的要求，说是明天再来玩。

表达不久发生的将来事件，用odu（一会儿）做状语时，仍然用将行体形式。例如：

qɑ odu tə-pi-n̥i ly-ɑ-ku.

我 一会儿 DIR-成-LNK 来-PROS-DCT

我一会儿就回来。

2. 状态变化体

状态变化表示某个状态或情景刚发生变化。状态变化体通常由后缀-ʂə标记；或者在动词前带一个方向前缀，动词后带状态变化后缀表示。例如：

thɑχ tianjin ɣʐə-k-ʂə-j.

他们 电影 看-去-INCHO-CSM

他们看电影去了。

məɕe do-wo-j.

太阳 DIR-出来-CSM

出太阳了。（早上由阴变晴）

qu tə-ɣgi-j.

我 DIR-病-CSM

你生病了。

the tə-ɣgi-j qu-n̥i̊.

他 DIR-病-INDCT DIR-听见

听说他生病了。

3. 进行体

表达行为动作或者事件正在进行时，没有任何标记，既不带方向前缀，也不带体标记。例如：

qɑ tsəbqɑ ʐəqɑ（ʐəq-ʁɑ） sə ɣgə.

我 正在 山上：LOC 柴 砍

我正在山上砍柴。

the ləɣʐ jɑ.

他 字 写

他在写字。

the ko tshuɑ.

他 歌 唱

他在唱歌。

4. 同时进行体

当表达动作或者事件同时发生或进行时，在两个动词之间加ʁze（边）表示。例如：

thɑχ tshuɑ ʁze χtsoŋdzo-j, ʁzəʁzə̥ n̥iχpək tɑtsə-j.
他们 唱 边 跳-INDCT 玩 非常 高兴-INDCT
他们边唱边跳，玩得可高兴了。

the tianʂə ɣzə̥ ʁze tʂhoχu ɬa.
他 电视 看 边 饭 吃
他边看电视边吃饭。

the kə ʁze ləɣʐ ɣzə̥.
他 走 边 书 看
他边走边看书。

5. 惯常体

惯常体表示做某事是一种习惯性行为，意思大致相当于“通常”“常常”“始终”等。松潘羌语没有语法化的“惯常体”标记，若要表达惯常义，需要在句首名词之后使用频率副词este（经常）。例如：

the este petɕin kə-j.
他 经常 北京 去-INDCT
他经常去北京出差。

qu əste ki-kɑ ʑe mɑ?
你 经常 家-LOC 在 QUES
你经常在家吗？

惯常义也可以用迂说式复杂结构表达，如在句尾使用心理动词χtɕi（喜欢、爱），其否定形式出现在心理动词之前。例如：

the dʐɑ χtɕi.
他 笑 爱
他爱笑。

the dʐɑ mɑ-χtɕi.
他 笑 NEG-爱
他不爱笑。

the dʐɑ xti.
他 笑 发
他在笑。

6. 重复体

重复体表示动作或事件“又”在进行。松潘羌语没有语法化的重复体标记。当表达重复义时，在动词前加副词zu̥（又）。例如：

the zu̥ məʑi χʂəpitsə-j.
他 又 睡眠 瞌睡-INDCT
他又睡懒觉了。

the zu̥ metsupu（-kə） ly-j.
他 又 埃溪 来-INDCT
他又来埃溪了。

重复的动作行为或者事件也可以用迂说式“一遍-NEG-COP 一遍”表达。例如：

qɑ ɑ-hɑ mə-ŋů ɑ-hɑ dzə-ɣmie, ti-χtɑqɑ de-tiʂ̊ə-ku.
我 一-遍 NEG-COP 一-遍 DIR-找 SUPER-后 DIR-找到-DCT
我找了一遍又一遍，终于找着了。

7. 连续体

连续体表示过去、现在或未来的时间框架内某一动作在连续进行。松潘羌语没有语法化的连续体标记，表达“连续”的行为动作或者事件时，在动词前用副词pitiˀ（还）表示。连续进行的动作，可以不中断，也可以中断后，再继续进行。例如：

keɕa-te-k qhə piti̊ dzu-ɕẙle tə-mə-ʂə-j.

格西–DEF-GEN 米 CONT DIR–收 DIR-NEG–完成–INDCT

格西家的稻子还没有收完。

Awu piti̊-lə mo-ly-j.

妈妈 CONT–也 NEG–来–INDCT

妈妈还没回来。

qɑ miɳi piti̊-ɣgi.

我 眼睛 CONT–疼

我眼睛还疼。

8. 完成体

完成体用动词ʂə（完成、结束）表示。ʂə也可以用作主要动词。例如：

tɑʁuɑ-te-k qhə dzu-ɕẙle tə-^{ʂ}ʂə-j, keɕa-te-k

达娃–DEF-GEN 米 DIR–收 DIR–完成–INDCT 格西–DEF-GEN

qhə piti̊ dzu-ɕẙle tə-mə-ʂə-j.

米 CONT DIR–收 DIR-NEG–完成–INDCT

达娃家的稻子收完了，但格西家的稻子还没有收完。

但在有些情况下，动词ʂə已经语法化为完成体标记-ʂ。例如：

the tʂhoχu tə-ɬe-j/-ʂ-j.

他 饭 DIR–吃–INDCT/完成–INDCT

他吃了饭了。

nəs qɑ wɑ be-ʂ-j.

昨天 我 粮食 背–DCT

昨天我背粮食去了。

the tʂhoχu tə-ɬe tə-mə-ʂ-j.

他 饭 DIR–吃 DIR-NEG–完成–INDCT

他没吃完饭。

9. 经验体

表达行为动作或者事件发生的经验时，一般用助动词ɣdi（过）表示，ɣdi一般出现在句尾，可以带否定前缀。例如：

qɑ tʂhənχu kə ɣdi（-ku）, qu kə ɣdi（-ku） mɑ?

我 成都 去 EXP（-DCT） 你 去 EXP（-DCT） QUES

我去过成都，你去过吗？

the khu-k pɐs ɬɑ ɣdi（-ku）.

他 狗–GEN 肉 吃 EXP（-DCT）

他吃过狗肉。

the zəqɑ（zəq-ʁɑ） dʐyhø qu-ty-j.

他 山：LOC 野牛 DIR–看–INDCT

他在山上看见过野牛。

（三）使动范畴

多数羌语土语还遗存有通过动词词根辅音的屈折形式来表示自动与使动的现象，但松潘羌语没有留下任何痕迹。若要表达“致使”概念，则需在自动词后加词缀-ʐi。

例如：

xky do-ɣʐo̥-j.
线 DIR–断–INDCT
线断了。

the-ʂ xky do-ɣʐo̥-ʐ̥i-j.
他–AGT 线 DIR–断–CAUS-INDCT
他把线弄断了。

kheji dɑ-ʁlə-j.
树枝 DIR–断–INDCT
树枝断了。

the-ʂ kheji dɑ-ʁlə̥-ʐ̥i-j.
他–AGT 线 DIR–断–CAUS-INDCT
他把树枝弄断了。

ʁo tə-qχʂ̥e-j.
碗 DIR–打碎–INDCT
碗碎了。

the-ʂ ʁo tə-qχʂ̥e-ʐ̥i-j.
他–AGT 碗 DIR–打碎–CAUS-INDCT
他把碗打碎了。

the qɑ-j ləɣʐ̩ mə-ɣʐə̥-ʐ̥i.
他 我–DAT 书 NEG–看–CAUS
他不让我看书。

qɑ the-j qu-j qu-ɣʐə̥ li ʐə-ɕɑ.
我 他–DAT 你–DAT DIR–看 来 说–PRT
我让他来看你。

除了使动后缀 -ʐ̥i 外，还可用不同的词表达自动与使动，如 pɐ（躲）与 ʂtu（藏）、thə（吃）与 xtə̥（喂）、ɬa（吃）与 dʐ̩u（喂）等。例如：

the pɐ-j.
他 躲–INDCT
他躲了。

the-ʂ qɑ-k ləɣʐ̩ qu-ʂtu-j.
他–AGT 我–GEN 书 DIR–藏–INDCT
他把我的书藏起来了。

pe pextɨ̥ thə-j.
猪 猪食 吃–INDCT
猪在吃猪食。

qu pe ʂə-xtə̥-ʂə-ku mɑ?
你 猪 DIR–喂–PFV-DCT QUES
你喂猪了吗？

jy xɕi ɬa-j.
吗 草 吃–INDCT
马在吃草。

qɑ jy-j xɕi ɦo-dʐ̩u-j.
我 马–DAT 草 DIR–喂–INDCT
我给马喂草了。

羌语没有类似汉语的“弄”“搞”等分析性使动词表示使动意义。但在有些情况下，可以不用使动标记，而用迂说式的复杂结构表达使动意义。例如：

the dʐ̩ɑ de-xti-ʂ-ku.
他 笑 DIR–放脱–CSM-DCT
他笑了。

qɑ the-k tɕy-the tə-χquɑl-n̥i dɑ-ra（dʐ̩ɑ）-ʂ-ku.
我 他–GEN 孩子–DEF DIR–逗–ADV DIR–笑–CSM-DC
我把他的小孩逗笑了。

n̥i-k	popu	ɦa-χʂ̥əthe-ʂə-j,	nɑle	ŋu-j	χo,
人家–GEN	东西	DIR–弄坏–CSM-INDCT	什么	COP-INDCT	LNK

lɑs	e	phi-dɑ	khi-j.
抵挡	一：CL	赔偿–AUX	要–INDCT

弄坏了人家的东西是一定要赔偿的。

（四）互动范畴

互动是指行为动作互相发出，并作用于对方。在互动结构中，施事者同时也是受事者，并且互动结构中的话题（单一论元）通常是复数形式。

thɑχ quə-quɑ-j.
他们 打架–REDUP-INDCT
他们在吵架。

xɕe ti-ᵗti.
牛 打架–REDUP
牛在打架。

除了重叠表示互动外，还可以用迂说式复杂结构表达“互动义”。例如：

quɑndʐ̥e	tsə	χtɑqɑ	nɑle	ŋu-j	χo,	e-ʂ̥	e-j	dzu-sy
你们	这	后面	怎么	COP-INDCT	LNK	一：CL-AGT	一：CL-DAT	DIR–学

do-sy	tə-ts,	dzə-ʁuə	dɑ-ʁuɑ	tə-ts,	e-ʂ̥	e-j
DIR–学	DIR–做	DIR–帮助	DIR–帮助	DIR–做	一：CL-AGT	一：CL-DAT

dzə-suɑ	dɑ-suɑ	tə-ts!
DIR–尊重	DIR–尊重	DIR–做

你们今后一定要互相学习，互相帮助，互敬互爱！

（五）示证范畴

示证表示我们所说的话是建立在什么形式信息源的基础之上的。松潘羌语有表示示证差的标记，如事件是直接看见的或是听说的，还是推断的。松潘羌语中只有直接示证和间接示证两种情况。

1. 直接示证

松潘羌语中陈述句句尾若带-ku，则表示说话人亲自经历了动词所表达的行为动作与时间，此时的这个-ku就是表示直接示证。例如：

qu	the	khəɕe-n-the	qu-ty-ku	mɑ?
你	那：CL	讨饭–NMLZ-DEF	DIR–看见–DCT	QUES

你看见那个乞丐了吗？

qɑ	the-k	tɕy-the	tə-χquɑl-n̥i	dɑ-rɑ（dʐ̥ɑ）-ʂ̥-ku.
我	他–GEN	孩子–DEF	DIR–逗–ADV	DIR–笑–CSM-DCT

我把他的小孩逗笑了。

2. 间接示证

间接示证表达说话人没有亲自参与或者经历某事件，只是听说该事件或对该事件有所推测。一般在句尾用-j来表示。例如：

the-k　　maha　te-hĩ-ʂə-j.

他–GEN　脸　　DIR–红–CSM-INDCT

他的脸可能红起来了。

ʁuɑ（ʁo-ʁɑ）　tʂhoχu　tu-so　　ɦɑ-ʁ-ʂə-j.

碗：LOC　　饭　　DIR–满　DIR–装–CSM-INDCT

碗里的饭大概装得满满的。

（六）动词重叠

松潘羌语动词可以重叠，重叠后根据动词的语义表达"持续性、互动性"动作。

1. 表达动作或状态持续性　例如：

khu^{k}khuə　生气	dʐə^{dz}dʐɑ　笑	xtɕoxtɕo　湿透
də^{d}de　攀爬	ki^{k}ka　杵拐杖	dzə^{dz}dzɑ　粘贴

2. 表达互动性　例如：

thu^{t}thu　碰撞	xkuxkuə　竞争	tshu^{ts}tshuɑ　撕扯、斗~鸡

（七）动词的名物化

松潘羌语里有3种类型的派生名词：指人名物化标记-n，指事物或工具名物化标记-k，处所名物化标记-ʂ-tɑ。

动词或者名–动短语带名物化后缀-n构成有生命的名词，表示由动词体现的从事某种活动的人。下面是施事名物化（agentive nominalization）的几个例子：

sə　ɣgə-n	ləɣʐ　ɣzə-n	xɕe　xty-n
柴　砍–NMLZ	书　　读–NMLZ	牛　　放–NMLZ
砍柴的人	读书的人	放牛的人

动词后带表名物化的后缀-k表示工具名物化或者无生命物体名物化。例如：

ləɣʐ　jɑ-k　　　pi	tʂhoχo　xɬi-k　　　dʐə
书　　写–NMLZ　笔	饭　　　做–NMLZ　锅
写字的笔	做饭的锅
maha　χulɑ-k　　səlɑnphe	dzə-pə-k　　　　ləɣʐ
脸　　洗–NMLZ　盆子	DIR–买–NMLZ　书
洗脸的盆子	买的书

to-χqupu-k　hĩ　　dzə-ɣgə̊pə-k　sə

DIR−煮−NMLZ　酒　　DIR−砍−NMLZ　柴

煮的酒　　砍的柴

动词后带表名物化的后缀-ʂ-tɑ表示处所，也可以由名物化标记-k加ʐəp地方表达。例如：

ləɣʐ　sy-ʂ-tɑ/　　ləɣʐ　sy-k　ʐəp

书　学−NMLZ-LOC/　　书　学−NMLZ　地方

读书的地方

ɣgi　ɣʐə-ʂ-tɑ　nə-ʂ-tɑ/　　nə-k　ʐəp

病　看−NMLZ-LOC　睡−NMLZ-LOC/　　睡−NMLZ　地方

看病的地方　　睡觉的地方

动词名物化后，中心名词可以省略。例如：

ɬa-k,　ɣgu-k　ɑŋů　tʂhuanɕi　mɑ-khi.

吃−NMLZ　穿−NMLZ　都　担心　NEG−要

吃的、穿的都不愁。

动词名物化标记一般不用于形容词的名物化。形容词加指示词或者定指标记可以构成名物化。例如：

tsə-k　pe　tsɑχ　tshət-thɑχ　ɦe-tɕ,

这−GEN　猪　这些　肥−那：PL　DIR−杀

tsha　ɣʐe-thɑχ　ʐəqɑ（ʐəq-ʁɑ）ha-ɬi.

肉　瘦−那：PL　山：LOC　DIR−放

这些猪呢，肥的宰掉，瘦的放到山上去。

ɣmə-k　qəpɑtʂ-the　n̥i　ʂɑ-le　ŋu-j.

人民−GEN　头−DEF　人　好−DEF　COP-INDCT

村主任可是个好人。

第三节

句 法

句子一般由名词短语和动词短语组合而成，而句子可分为简单结构和复杂结构。下面从短语结构、简单结构和复杂结构三个方面介绍松潘羌语的句法特点。

一 短语结构

句子主要由名词短语和动词短语以及其他一些非核心成分组成。本节主要描写松潘羌语名词短语和动词短语，重点关注其形式和功能。

（一）名词短语

名词可以充当名词短语的中心词，并可以做小句的核心论元。一个名词短语可以作为系词的补语。名词短语的最小结构可以体现为一个名词，但大多数名词短语都是一个核心名词加一个或多个修饰成分构成。充任修饰成分的可以是名词、代词、指示代词-类别词/度量词短语、数词-类别词/度量词短语，以及关系小句等。名词短语有如下几种常见的结构，括号内的成分可以省略：

1. 名词+定指+量词

ɣzu-tho-χlů

官-DEF-CL

主席团/那些官

2. 名词+定指+位格

te-the-qitɨ̊

台-DEF-LOC

主席台

3. 名词+指示代词+量词

ʂhoχu tso-luku

饭 这-CL

这锅饭

4. 名词+名词+数词+量词

phinko phu xsi-ɣgo

苹果 树 三-CL

三棵苹果树

5. 名词+数词+量词

tɕy ʁue-j

孩子 五-CL

五个孩子

6. 指示代词+名词+定指

tse khu-the

这 狗-DEF

这只狗

7. 名词+属格+名词-定指

ɣmə-k qəpatʂ-the

人民-GEN 头-DEF

村主任

8. 人称代词+领属+名词

the-k maha

他-GEN 脸

他的脸

9. 人称代词+属格+数词+量词

tha-k aq-tuŋ

他-GEN 一-家

他全家

10. 指示代词+属格+名词+定指

tsɐ-k phu-tsɐ

这-GEN 树-DEF

这棵树

11. 指示代词+属格+名词（+定指）

tse-k tɕytɕ

这-GEN 刀子

这把刀子

tsɐ-k n̥i-tse

这-GEN 人-DEF

这个人

12. 指示代词+属格+名词+指示代词+量词

tsɐ-k lapa tsə-j

这-GEN 花 这-CL

这朵花

tse-k tsu tsa-za

这-GEN 河 这-CL

这条河

13. 指示代词+属格+名词+定指+形容词（+定指）+量词

tsɐ-k phu-tsɐ ti-ɣzʉa（-lo-ɣgo）

这-GEN 树-DEF SUPER-大-DEF-CL

这棵树最大

14. 名词（+副词）+形容词+数词+量词

phu n̥iχpək pɐkɐ o-ɣgo

树 很 高大 一-棵

一棵很大的树

phu pɐkɐ o-ɣgo

树 高大 一-CL

一棵大树

15. 处所名词+位格+属格+名词+定指-复数

tshua-ʁa-k dzə̥-thaχ

村子-LOC-GEN 事情-DEF:PL

村子里那些事

16. 关系小句+定指+量词

[qɑ-k　ɑwu-ʂ　tʂhoχu　tə-qɑtə̊　pə-k]关系小句-tho-luku　tsɑndʐe-ʂ

我-GEN　妈妈-AGT　饭　DIR-干　做-REL-DEF-CL　我们-AGT

ɑŋů　tə-ɬe　tə-ʂə-j

都　DIR-吃　DIR-PFV-INDCT

我妈妈煮的那锅饭我们都吃完了

qɑ　[qɑ-k　ɑ-be-ʂ　lɑpɑ　hĩdze　pɐkɐ　dzə-jı̊　pə-k

我　我-GEN　姐姐-AGT　花　红　鞋　DIR-绣　成-REL

tɕy-s]关系小句-the-tue　tik　χtɕi

穿-REL-DEF-CL　最　喜欢

我最喜欢我姐姐给我绣的那双大的红花鞋

（二）动词短语

动词可以做谓语的核心。一般而言，动词可以区分为及物的或不及物的两类。同时，也有一些既有及物动词的特点又有不及物动词的特性，此外还有双及物动词。动词不能直接修饰名词，动词若修饰名词，就必须带一个名物化后缀构成中心词前关系小句，此后才能充任修饰名词的修饰语。像许多藏缅语族语言一样，带补语尤其是宾语的动词（一般叫能愿动词或助动词）是出现在句尾的。大多数语言既没有纯粹的被动形式，也没有反被动形式，更没有独龙/日旺语那种中动形式。句子中若需要增加论元，松潘羌语就用致使结构来表示。

一个谓语动词可以是不带任何标记的动词，也可以是动词词根带不同的前后缀。一个动词是可以带一个或多个前缀和/或后缀的。

谓语动词有以下几种常见的结构：

1. 方向前缀+否定+动词

pɐs　tə-n̥i　do-mu-thu-j

肉　DIR-熟　DIR-NEG-烂-INDCT

肉没煮烂了

2. 方向前缀+禁止式前缀+动词

qu　qu-tɕy-ly

你　DIR-PROH-来

你不要进来

3. 方向前缀+动词+体

tse-k　ləɣʐ-the　qɑ　xsə-χuɑ　qu-ɣzə̊-ʂə-ku

这本-GEN　书-DEF　我　三-CL　DIR-看-CSM-DCT

这本书我看过三遍了

4. 方向前缀+动词+致使后缀+体

hĩ　　hĩq　　tə-ʁə̊-ʑɑ（ʑi-ɑ）　　ɣle

咂酒　醉酒　DIR−去−CAUS: PROS　能

咂酒喝得醉

二　简单结构

根据句法特点，松潘羌语简单结构可以区分为陈述结构、允让结构、命令结构、疑问结构、否定结构、邀约结构和差比结构等。

（一）陈述结构

陈述结构是陈述一个事实或者说话人的看法。它包括肯定结构和否定结构两种。松潘羌语中的陈述结构一般没有形式标记。例如：

qɑ-k　　pi　　tsəxk　xʂ̩ə-su-p　　le.

我−GEN　爸爸　今年　八−十−岁　有

我爸今年八十岁。

the　ɑs　　mɑqɑ　məʑi　χʂ̩ə　pi　tsə.

他　一天　每　　睡眠　屎　成　做

他天天睡懒觉。

pe-n̥i　　ɦepthe̥ʂ　pel-tɕy　　ʁue-j　ɦe-peli-j.

猪−FEM　老　　小猪−DIM　五−CL　DIR−生−INDCT

老母猪下了5头小猪崽。

（二）允让结构

允让结构表示让对方做或不做某事，表达“允让义”。允让结构在动词后加致使标记ʑi̊或用句末语气助词来表达。例如：

the-j　　ly-ʑi̊-ɕɑ!

他−DAT　来−CAUS-PART

让他来吧！

qu　ʂ̩ɑn̥i　qɑtə　khi-ku　bɑ!

你　好好　事情　干−DCT　PRT

你可得好好干啊！

qu　the-j　　ɣgyedʐ̩　tsə-ʂ̩　　guəs-thɑχ　ɑz　　tu-ɕẙle　bɑ.

你　他−DAT　帮助　做−LNK　衣服−DEF　一点儿　DIR−收　PRT

请你帮他把衣服收起来。

（三）命令结构

命令结构是表示听话者被命令执行某动作或禁止做某事。松潘羌语中“命令义”的表达没有明显的形式标记，常常用动词前加方向前缀，并加重语气。例如：

qu-j gus dzə-ʂə̊bə-ʐi-ɑ（ʐɑ）!
你–DAT 衣服 DIR–收集–CAUS-PROS
你把衣服收起来！

qoŋgu ɣn̥e-the-ʂ wu ɦe-tɕi̊!
你 两–DEF-AGT 鸡 DIR–杀
你们俩把鸡杀了！

dɐ-kə̊!
DIR–滚
滚！

hɑ-tsů!
DIR–站
站起来！

ɦə-nə̊!
DIR–躺
躺下！

否定命令结构（禁止）表示说话人请求听话人别做某事或不要进行某动作。松潘羌语否定命令结构是在动词前加前缀tɕi-表示（tɕi-的元音与动词词根会发生元音和谐，另有tɕy-和tɕu-两种形式）。例如：

qu muʐyχʂepi tɕi-tsə.
你 懒觉 PROH–睡
你别睡懒觉。

qu tɕu-tɕů.
你 PROH–穿鞋
你别穿鞋。

ɣlon̥ tɕi-tʂuɑ.
乱话 PROH–说
不许乱说。

qu qu-tɕy-ly.
你 DIR-PROH–来
你不要进来。

tse-k popo thoqhu xʂə-ko n̥i-ko ʂənthɑ（ʂənthə-ʁɑ） mɑ-kə-k
这–GEN 东西 那样 DIR–拿 DIR–拿 用处 NEG–去–NMLZ
qu the tɕe-χtsepe.
你 那：CL PROH–拿
这个东西拿来拿去太费事了，你就别拿了。

（四）疑问结构

1. 是非疑问结构在句尾用疑问语助词mɑ构成。例如：

qu the khəɕe-n-the qu-ty-ku（-j） mɑ?
你 那：CL 讨饭–NMLZ-DEF DIR–看见–DCT QUES
你看见那个乞丐了吗？

qu tʂhoχu tə-ɬe-ku mɑ?
你 饭 DIR–吃–DCT QUES
你吃饭了吗？

2. 选择问结构用“动词-ɑ+NEG–动词”构式来表达。例如：

qu metsə ly-ɑ mo-ly?
你 埃溪 来–PRT NEG–来
你来不来埃溪？

3. 疑问词疑问结构一般不用疑问助词。例如：

the nɑn le pi-j?
他 多少 有 成–INDCT
你多大了？

qu tɑnɑ dzu-ku（*-j）?
你 那儿 住–DCT（*INDCT）
你住在哪里？

4. 表示“怀疑、猜测、可能”的疑问结构，在句尾用句末语气助词tɑ、bu或ʂɑ。例如：

the ɣme mɑ-ŋu tɑ/bu?
他 羌族 NEG-COP PRT
他不是羌族吧？

the ɣme ŋu tɑ/bu?
他 羌族 COP PRT
他可能是羌族吧？

thɑχ dʐuʂ kə-ʂ tɑ?
他们 早 去–INCHO PRT
他们早已经走了吧？

[nəs tə-pə-k] totse de-ti̊-ʂa?
昨天 DIR–丢–NMLZ 钱 DIR–找到–QUES
昨天丢失的钱找到了吗？

（五）否定结构

松潘羌语的否定式是通过动词前加否定前缀me-的方式构成的（me-的元音与动词词根元音和谐，还有mo-、mɑ-等形式）。例如：

ɑwu mo-ly-pia（pi+ha）-j.
妈妈 NEG–来–成：INFER-INDCT
妈妈不会来了。

awu pit-lə ma-lkəy-j.
妈妈 还–也 NEG–去–INDCT
妈妈还没回去。

否定标记的位置会影响否定的辖域。双重否定结构用否定标记否定两个动词，即可以同时否定主要动词和带补语的动词。例如：

the mɑ-k ɣle-ku, qu mɑ-k me-ɣle-ku.
他 NEG–去 行–DCT 你 NEG–去 NEG–行–DCT
他不去也行，但你不去不行。

the mɑ-k me-ɣle-ku, qu mɑ-k ɣle-ku.
他 NEG–去 NEG–行–DCT 你 NEG–去 行–DCT
他不去不行，你不去可以。

tsɐ-k ȵi-tsɐ e-j-lə mɑ-tɕhoŋ̊.
这–GEN 人–DEF 一–CL–也 NEG–认识
这个人谁都不认识。

（六）邀约结构

邀约结构是指作为言语行为参与者之一的说话人邀请、希望或建议作为言语行为另一参与者的听话人，并跟他/她一起进行某事件或某动作行为。邀约式在句尾带助词-ɕɑ。例如：

pəsə-k ɣmu tsu pu-the tsaχɑ ətsɑ dɑlqhuɑ-ɕɑ.

今天-GEN 会 开 做-DEF 这些 到此 结束-PRT

今天的会就开到这里。（建议会议到此结束，含有大家同意之义）

wɑ dzə-ʂku-ɳ̥i thɑ ɑŋů ʂu-ɣdʑy-ɕɑ.

粮食 DIR-收来-LNK 那 大家 DIR-分-PRT

粮食运来后就分给大家。（建议）

（七）差比结构

松潘羌语表差比时，在比较基准后加比较标记-s；表极比意义时，在形容词前加tik（最）。例如：

χtsəp zɑkhɑk tʂo thɑχ tʂhu ŋu-j,

山 边 雪 那：PL 白 COP-INDCT

χtsəp qətik tʂo thɑχ thə-s ɑ-z tʂhu ŋu-j,

山 坡 雪 那：PL 那-COMPR 一-点儿 白 COP-INDCT

χtsəp qəʐɑk（qəʐ-ʁɑk） tʂo thɑχ tik tʂhu ŋu-j.

山 顶 雪 那：PL 最 白 COP-INDCT

山边的雪是白的，山坡上的雪更白，而山顶的雪最白。

表差比时，还可以用比较标记-qəʂɳ̥i。例如：

ɑʑi tu-qəʂɳ̥i ʐəq ləz（leɑz） ɣʐu-j.

哥哥 弟弟-COMPR 很 有一点儿 高-INDCT

哥哥比弟弟高多了。

表达连贯义“越……越……”时，通过在两个小句的谓语动词前分别加“远指指示代词+差比标记thə-...thə-...”构成。例如：

qɑ thə-s ɦə-nə̊-tu, thə-s nə-ɕɑ be.

我 那-COMPR DIR-睡-LNK 那-COMPR 睡-COMP 想

我越睡越想睡。

qɑ thə-s kə-tu, thə-s phɑʁu.

我 那-COMPR 去-LNK 那-COMPR 累

我越走越累。

ɳ̥i-ʂ the-j thə-s χede-tu,

人-AGT 他-DAT 那-COMPR 骂-LNK

qu thə-s the-j dzɑ̣-tu, the thə-s ẓi χuɑ mo-xɕy.
你 那-COMPR 他-DAT 笑-LNK 他 那-COMPR 话 说 NEG-敢
你越笑他，她越不敢说话。

三 复杂结构

复杂结构由两个或两个以上意义相关，结构上互不做句子成分的短语或分句组合而成。复杂结构可分为有并列结构、连动结构、动补结构、关系小句结构、假分裂结构、补语化结构和主从结构等小类。

（一）并列结构

并列结构可以分为并列关系、选择关系和递进关系等。

1. 并列关系

并列关系是指连接句法地位等同的两个或多个小句。松潘羌语并列结构可以通过多种句法手段表示：可以几个分句并置，不用任何并列连词；也可以重叠两个子句的谓语动词，构成并列结构，表示两个事件被看作是同时发生的。例如：

tṣhoχu xtyɑq, xtie ketɕi, pɐs xkukə.
饭 凉 菜 少 肉 硬
饭又凉，菜又少，肉又硬。

the ɣẓə ʁze ɣẓə ʁze qɑtə.
他 看 着 看 着 做
他边看边做。

the tṣuɑ ʁze tṣuɑ ʁze dzɑ̣.
他 说 着 说 着 笑
他又说又笑。

并列关系一般用并列连接词ne（和）来连接。例如：

hĩdze-the ne tṣhu-the qɑ ɑŋ̊u χtɕi（-ku）.
红-DEF CONJ 白-DEF 我 都 喜欢（-DCT）
红的和白的我都喜欢。

he xsi-s ne xsi-je（>jɑ） muẓy mi-tuɑ.
他 三-天 CONJ 三-夜 睡眠 NEG-来
他三天三夜没睡觉。

可以用数词e（一）加量词phipi（会儿）构成数量短语e-phipi-tu（一会儿）分别加在两个动词之前表示并联结构（conjunctive construction）。例如：

ṣe-le e-phipi-tu dzɑ̣, e-phipi-tu ze?
谁-DEF 一-会儿-LNK 笑 一-会儿-LNK 哭
谁一会儿在笑，一会儿又在哭？

还可以在两个分句谓语动词前加数量短语ɑ-χuɑji/ɑ-hɑ（一回、一下）构式，表达“有时……有时……”。例如：

the ɑ-χuɑji xsost, ɑ-χuɑji mo-xsost.

他 一-CL 听话 一-CL NEG-听话

他有时听话，有时不听话。（一回……一回……）

mu ɑ-hɑ dzə-n̥i, ɑ-hɑ ɕyɑ.

天 一-CL 阴-LNK 一-CL 晴

天有时阴，有时晴。（一下……一下……）

2. 选择关系

为了表达分离意义，连接词ma（疑问标记）带升调出现在两个分句中的第一个分句末尾，如例句：

tʂɑɕi hɑ-dʐuɑ-ku mɑ, ʐu khatɕɑ hɑ-dʐuɑ-ku?

扎西 DIR-留-DCT QUES 还 卡佳 DIR-留-DCT

是扎西留下，还是卡佳留下？

qu ɣmedi̥ sy-kɑ（-ku） mɑ, ʁədi̥ sy-kɑ（-ku）？

你 羌话 学-去：PROS（-DCT） QUES 汉话 学-去：PROS（-DCT）

你去学羌话还是去学汉话？

qu tʂhɐ thɑ mɑ, jek thɑ?

你 茶 喝：PROS QUES 白酒 喝：PROS

你要喝茶，还是喝酒？

选择关系可由在两个分句首分别加mun（要么）构成。例如：

mun qɑ-j totse hɑ-wo, mun qɑ-j popu o-qhu qu-pede/qu-bə̊de.

要么 我-DAT 钱 DIR-换 要么 我-DAT 东西 一-样 DIR-给/DIR-给

要么还我钱，要么给我一样东西。

选择关系还可以在第一个分句谓语动词后加比较标记qəsn̥i…（piti̥）…（与其……（还）不如……）构成。例如：

qu jɑjy tɕhyɑ-qəsn̥i （piti̥） jyme mɑ-tɕhyɑ-ʂə̊.

我 洋芋 种-COMPR （还） 玉米 NEG-种-PRT

你与其种洋芋还不如种玉米。

qu ʁədi̥ sy-qəʂn̥i （piti̥） ɣmedi̥ mɑ-sy-ʂə̊.

我 汉话 学-COMPR （还） 羌话 NEG-学-PRT

你与其学汉话还不如学羌话。

3. 递进关系

递进关系通过迂说式结构mɑ-khi, pitı̊…lə…（不要……还……也）（不……而……）连接两个独立的句子表示。例如：

qɑ　ləɣʐ　ɣʐə̣　χtɕi　mɑ-khi,　pitı̊　tiɑnsə　ɣʐə̣-lə　χtɕi.
我　书　看　喜欢　NEG–要　还　电视　看–也　喜欢
我不但喜欢看书，还喜欢看电视。

qɑ　gus　tsɐ-xtɕe　mɑ-khi,　xtsɐ-k　ɑ-χtɕe　xtɕi.
我　衣服　这–CL　NEG–要　另外–GEN　一–CL　有
我不但有这件衣服，还有一件。

qɑ　totse　mo-hũ　qətı̊,　pitı̊　ȵi-j　χty　we,　qɑ　totse
我　钱　NEG–有　上面　还　人–DAT　债　有　我　钱
mo-hũ　mɑ-khi,　pitı̊　ȵi-j　χty　we.
NEG–有　NEG–要　还　人–DAT　债　有
我不但没有钱，而且还欠别人的。

递进关系还可以在第一个分句尾用“me–动词–连接词”，表达“不是……就是……”的意思。例如：

the　thɑmɑχɑ　me-tʂ̩he-ȵi,　jek　thə.
他　烟　NEG–抽–LNK　白酒　喝
他不是抽烟就是喝酒。

the　do-mu-tɕho-ʂ̩ə̊-tu,　ɦo-zu-j.
他　DIR-NEG–趟–INCHO-LNK　DIR–坐–INDCT
他不是躺着就是坐着。

（二）连动结构

羌语中连动结构较少，常见的连动式有动词重叠加tsə（做）和形容词加动词这两种结构。例如：

quɑndʐ̩e　tsə　χtɑqɑ　nɑle　ŋu-j　χo　e-ʂ̩　e-j
你们　这　后面　怎么　COP-INDCT　LNK　一–AGT　一–DAT
dzu-sy　do-sy　tə-ts,　dzə-ʁuə　dɑ-ʁuɑ　tə-ts,　e-ʂ̩
DIR–学　DIR–学　DIR–做　DIR–帮助　DIR–帮助　DIR–做　一–AGT
e-j　dzə-suɑ　dɑ-suɑ　tə-ts！
一–DAT　DIR–尊重　DIR–尊重　DIR–做
你们今后一定要互相学习，互相帮助，互敬互爱！

ʁuɑ（ʁo-ʁɑ） tʂ̥hoχu tu-so ɦɑ-ʁ-ʂ̥ə-j.

碗–LOC 饭 DIR–满 DIR–装–CSM-INDCT

碗里的饭装得满满的。

（三）动补结构

汉语中有丰富的动补结构，但在羌语中动补结构比较少，比较常见的是带补语的动词后接补语句。例如：

pɐs tu-χqu tə-n̥i-j.

肉 DIR–煮 DIR–熟–INDCT

肉煮熟了。

pɐs tu-χqu mɑ-khi, tə-n̥i-j.

肉 DIR–煮 NEG–要 DIR–熟–INDCT

肉不要煮了，已经煮熟了。

the qɑ-j tuɑti to-χu-j.

他 我–DAT 打 DIR–赢–INDCT

他打赢我了。

qɑ ɑ-s ɦɑ-zu（>dzu）-ʂə̥, dɑ-phɑʁue-j.

我 一–CL DIR–坐–INCHO DIR–累–INDCT

我坐了一天，坐累了。

（四）关系小句结构

松潘羌语的关系小句带关系化标记-n（指人）或-k（非人），关系子句可以出现在中心名词之前，也可以出现在关系小句之内。

1. 无中心词关系子句

无中心词关系子句是指关系子句的中心词省略，构成无中心词结构。在松潘羌语中，关系子句的中心名词可以省略。例如：

nəs duen̥i-n-the/duen̥ pə-k-the n̥iχpək ɣzu̥.

昨天 到来–REL-DEF 很 高

[Ø昨天来的]关系句**那个人**很高。（不及物动词句的单一论元被关系化）

qɑ qu-ty-n-the ～ qu-ty-pə-k-the n̥iχpək ɣzu̥.

我 DIR–看见–REL-DEF 很 高

[我看见Ø的]关系句**那个人**很高。（及物动词句的受事论元被关系化）

qɑ-j qu-ty-n-the n̥iχpək ɣzu̥.

我–DAT DIR–看见–REL-DEF 很 高

[Ø看见我的]关系句**那个人**很高。（及物动词句的施事论元被关系化）

qɑ dzu-pə-k-（zə̥p）-the n̥iχpək ɣzu̥ɑ.

我 住–做–REL-DEF 很 大

[我住Ø的]关系句**地方**很大。（不及物动词句的处所论元被关系化）

qɑ ly-thɑ-s-ʁɑ n̥iχpək ɕop.

我 来–DEF-CL-LOC 很 热

[我Ø来的]关系句**那天**很热。（不及物动词句的时间论元被关系化）

2. 中心词后置关系子句

中心词后置关系子句结构是指关系子句出现在中心词之前，中心词出现在关系子句之后。例如：

[nəs tə-pə-k]关系小句 totse de-tî-ʂa?

昨天 DIR–丢–NMLZ 钱 DIR–找到–QUES

昨天丢失的钱找到了吗？

3. 中心词内置关系子句

中心名词出现在关系子句之内，如下列两个例句的中心名词tʂhoχu（饭）和pɐkɐ（鞋）分别出现在关系子句qa-k ɑwu-ʂ **tʂhoχu** tə-qɑtə̊ pə-k（我妈妈煮的饭）和qa-k ɑ-be-ʂ lɑpɑ hĩdze **pɐkɐ** dzə-jî pə-k（我姐姐绣的红花鞋）之内：

[qɑ-k ɑwu-ʂ tʂhoχu tə-qɑtə̊ pə-k]关系小句-tho-luku tsɑndʐe-ʂ

我–GEN 妈妈–AGT 饭 DIR–干 做–REL-DEF-CL 我们–AGT

ɑŋů tə-ɬe tə-ʂə-j.

都 DIR–吃 DIR-PFV-INDCT

我妈妈煮的那锅饭我们都吃完了。

qɑ [qɑ-k ɑ-be-ʂ lɑpɑ hĩdze pɐkɐ dzə-jî pə-k

我 我–GEN 姐姐–AGT 花 红 鞋 DIR–绣 成–REL

tɕy-s]关系小句–the-tue tik χtɕi.

穿–REL-DEF-CL 最 喜欢

我最喜欢我姐姐给我绣的那双大的红花鞋。

（五）假分裂结构

羌语没有类似英语的it或者wh分裂结构，但有一些假分裂结构。在典型的假分裂结构中，通常是一个补语句作话题系词之前的名词是焦点成分，系词不能省略。例如：

nəs the qɑ-j totse （dzə-） pede.

昨天 他 我–DAT 钱 （DIR-） 给

昨天他给了我钱。

nəs qɑ-j totse （dzə-）pede-n n̥i-the **the** ŋu-ku.

昨天 我–DAT 钱 DIR–给–NMLZ 人–DEF 他 COP-DCT

昨天给我钱的人是他。

nəs the-ʂ totse （dzə-）pede-n n̥i-the **qɑ** ŋu-ku.

昨天 他–AGT 钱 DIR–给–NMLZ 人–DEF 我 COP-DCT

昨天他给了钱的人是我。

the qɑ-j totse （dzə-）pede-k piʑi-the **nəs** ŋu-ku.

他 我–DAT 钱 DIR–给–NMLZ 时间–DEF 昨天 COP-DCT

他给我钱的时间是昨天。

nəs the qɑ-j （dzə-）pede-k-the **totse** ŋu-ku.

昨天 他 我–DAT DIR–给–NML-DEF 钱 COP-DCT

昨天他给了我的东西是钱。

the ɑ-s mɑqɑ tsu ʁʐə̥ tsə-ʂ ly-j/ly pi-k ŋu.

他 一–天 每 水 要 做–ADV 来–INDCT/来 成–NMLZ COP

他每天游着泳来的。

qɑ jy tɑ-ʂ ly pi-k ŋu.

我 马 骑–ADV 来 成–NMLZ COP

我是骑着马来的。

tsɐ-k ləɣʐ-thɑχ qɑ-ʂ ɣʐə-k ŋu（-ku）.

这–GEN 书–PL 我–AGT 看–NMLZ COP-DCT

这些书是我看的。

（六）补语化结构

补语化结构属于句子补语类型。松潘羌语没有类似于汉语的趋向补语和结果补语。松潘羌语有两种补语：一种是没有显性名物化标记的补语，另一种是带名物化标记的补语。补语句通常做主句（matrix sentence）内的名词短语，并出现在代表施事者的名词短语与主句尾谓语动词之间，从属于主句。常带补语小句的动词有“想、看、听见、看见、说”等。例如：

thɐ-k hø-the n̥i sɐ-ɕe **be**.

那–GEN 老虎–DEF 人 吃–COMP 想

那只老虎想吃人。

qɑ qu tshu-n̥i̊ **qu-ni̊**-ku.

我 你 咳嗽–COMP DIR–听见–DCT

我听见你在咳嗽。

qɑ the kə-nə̊ **qu-ty**（-ku）.

我 他 去–COMP DIR–看见（-DCT）

我看见他走了。

the-ʂ qɑ due-n̥y-j **ʐə**-j.

他–AGT 我 DIR–来–INDCT 说–INDCT

他说我来了。

（七）主从结构

并列结构是把两个句法地位等同的两个短语或小句连接在一起，而主从结构是一个结构连接另一个结构，表示二者是从属关系。主从结构可表达时间关系、地点关系、条件关系、假设关系、违事关系、让步关系、因果关系、目的关系和结果关系。松潘羌语的主从结构中从句通常置于主句之前。

1. 时间关系

时间关系结构一般是在从句末尾用从属连接标记 -tu（……时）、qe/qeʂɳi（……前）、-ʂ（……以来）、χtɑqɑ（……以后）来连接从句与主句之间的关系，如例句：

the　ly-tu,　the-k　aʑi　kikə/kiwů/kiků　kə-ʂə-j.
他　来–LNK　他–GEN　哥哥　家里　去–INCHO-INDCT
当他来时，他哥哥已经回家了。

the　kɑ-tu（>kəhɑ-tu），　mɑɳi　qɑ-j　tʂuɑ-j.
他　去：PROS-LNK　才　我–DAT　说–INDCT
他要走时，才告诉我。

thepextı̊　xʂə-xtə̊-tu,　mɑɳi　wu　dʐu　kə̊.
猪食　DIR–喂–LNK　才　鸡　喂　去
他喂完猪后，才去喂鸡。

时间关系结构还可以在从句尾加时间连接词 qe/qeʂɳi（……前）。例如：

qu　ɦe-tse-k　qeʂɳi,　the　mutʂə̊　ʑe　pi-ʂə-j.
你　DIR–出生–GEN　LNK　他　茂县　在　成–INCHO-INDCT
你出生之前，他已经在茂县了。

qoŋdʐe　ly-k　qe,　qɑ　tʂhoχu　hɑ-the-j.
你俩　来–NMLZ　LNK　我　饭　DIR–好–INDCT
你俩来之前，我饭都做好了。

时间关系结构还可以在从句尾加连接词 -ʂ（……以来）、-ɳi（一……就……）。例如：

qu　ɦe-tse-ʂ,　khupu　tʂhəqhɑ-j.
你　DIR–出生–LNK　身体　瘦小–INDCT
你出生以来，身体就很瘦。

the　dypɑ（>dypə-ʁɑ）　qu-tɕẙ-ɳi,　popu　ʐəp-tu　xʂə/ʂə-lə̊qhuɑ-j.
他　门：LOC　DIR–进来–LNK　东西　地–LOC　DIR–扔掉–INDCT
他一进门，就把东西扔在地上了。

时间关系结构还可以在从句尾加时间连接词 χtɑqɑ（……以后）。例如：

qɑ kə χtɑqɑ, thɑχ zu nale tu-tʂuɑ-j?

我 走 以后 他们 又 什么 DIR–议论–INDCT

我走了以后，他们又说了些什么？

the phuxɕy qətə-n-the qe ɑ qu-tɕẙ-ɳi hɑ-qɑ,

他 野兽 打–NMLZ-DEF 先 一下 DIR–进来–ADV DIR–去

χtɑkə qu-tɕẙ thɑ（thɑhɑ）wudzu-le qu-the-j.

后面 DIR–进来 随后 野鸡–DEF DIR–拿–INDCT

那个猎人进来以后又出去了，随后拿回来一只野鸡。

2. 地点关系

地点关系结构一般由位格 -tə/-ʁɑ 或 -ʂ-ɳi-lə 连接从句与主句。例如：

kuŋtʂhɑn we-ʂ-tə məle ɳiχpək mɑ-ʂe pi-j.

工厂 有–NMLZ-LNK 空气 很 NEG–好 成–INDCT

有工厂的地方空气污染就严重。

mə ɣzẹ mɑ-ʁu-ʂ-tə-k zəp-the-ʁɑ tu-tɕho（tɕhuɑ）χqo-ku.

雨 下 NEG–肯–NMLZ-LOC-GEN 地–DEF-LNK DIR–耕作 困难–DCT

在没有雨水的地方，耕作是困难的。

qu tɑnɑ kə-ʂ-ɳi lə, ʂɑɳi-ʂ bəl khi.

你 哪里 去–NMLZ-LNK 也 好好–ADV 做 要

无论你去哪里，你都应该努力工作。

ɕo le-tu, ʁzə pəkə ʐe/le.

海 有–LNK 鱼 大 有

有海就有大鱼。

3. 条件关系

条件关系结构是指条件状语从句中的动作或事件实现之后，主句中的动作才能发生，在羌语中条件状语从句句尾用连接词 -ʂ-tu 或用 -tu。例如：

pəs the mo-ly-ʂ-tu, qɑ zəts mɑ-kə̊ pe.

今天 他 NEG–来–NMLZ-LNK 我 松潘 NEG–去 成

如果他今天不来，我就不去松潘。

qu the-k ʐi xʂoxtu-ʂ-tu, （qu）ʂɑɳi ləɣʐ qu-sy.

我 他–GEN 话 听–NMLZ-LNK （你）好好 书 DIR–学

如果你相信他的话，你就好好学习。

tsɐ（-k） popu xsi-gɑ-te/-the hũ-tu, ʁdzə̥ pe/pi-j.

这–GEN 东西 三–CL-DEF 有–LNK 足够 成–INDCT

有这三样东西，就足够了。

条件状语从句句尾还可用连接词-ne。例如：

ʂə-le puʂ-the-ne, ʂə-le popu xtse.

谁–DEF 有力气–DEF-LNK 谁–DEF 东西 拿

ʂə-le qu le-ne, ʂə-le popu xtse.

谁–DEF 力气 有–LNK 谁–DEF 东西 拿

谁有力气，谁就拿东西。

4. 假设关系

假设关系从句句尾用连接词-ʂ-tu，主句谓语动词用将行体，或者用能愿动词，表示假设的事件。例如：

qɑ zə̥qɑ（>zə̥q-ʁɑ） hɑ-ʁə̊-ʂ-tu, phuxɕy ty-ɑ-ku.

我 山：LOC DIR–去–NMLZ-LNK 野兽 看见–PROS-DCT

qɑ zə̥qɑ（>zə̥q-ʁɑ） hɑ-ʁə̊-ʂ-tu, phuxɕy qu-ty ɣle.

我 山：LOC DIR–去–NMLZ-LNK 野兽 DIR–看见 能

qɑ zə̥qɑ（>zə̥q-ʁɑ） hɑ-ʁə̊-ʂ-tu, phuxɕy qu-ty ʁdzə̥.

我 山：LOC DIR–去–NMLZ-LNK 野兽 DIR–看见 能

我只要上山，就能看见野兽。

the kɑxtu ly-ʂ-tu, qɑ mətʂ kə-ɕɑ.

他 明天 来–NMLZ-LNK 我 茂县 去–PRT

the kɑxtu ly-ʂ-tu, qɑ mətʂ kɑ（>kə-ɑ）.

他 明天 来–NMLZ-LNK 我 茂县 去：PROS

如果他明天来，我就去茂县。

mu nɑ-ʂ-tu, qutsandʐe jyme ɕyel kə-ɕɑ.

天 好–NMLZ-LNK 咱们 玉米 收 去–PRT

如果天气好的话，我们就收玉米去。

5. 违事（counter-factual）关系

违事关系从句句尾用连接词-ʂ-ȵi，主句谓语动词用状态变化体，表示与事实相反的事件。例如：

qɑ ɣgye ɑ tə-dʐe-ʂ-ȵi, ɣgye （ɦo-）mo-qůdu.

我 路 一 DIR–问–NMLZ-LNK 路 （DIR-）NEG–迷路

要是我问一下路，就不会迷路了。

the　nəs　due-nẙ-ʂ̩-ȵi,　qɑ　tʂ̩hənχu

他　昨天　DIR–到达–NMLZ-LNK　我　成都

kə-ʂ̩-ku/ɦɑ-qɑ-ʂ̩-ku.

去–INCHO-DCT/DIR–去–INCHO-DCT

要是他昨天来了，我就去成都了。

6. 让步关系

让步关系结构也是状语从句的一种，表示“尽管、虽然或纵然”之意。松潘羌语的让步关系是由从句尾用-ʂ̩-ȵi-lə连接。例如：

qɑ　the-j　ȵiχpək　suɑ-ʂ̩-ȵi-lə,　the-k

我　他–DAT　很　尊敬–NMLZ-LNK–也　他–GEN

tʂ̩uɑ　pə-the　（qɑ）　mɑ-tɑ-j.

说　做–DEF　我　NEG–同意–INDCT

尽管我很尊敬他，但是我却不同意他的建议。

wutshe　（nɑn）　ɣʑ̩ɑ-ʂ̩-ȵi-lə,　tshus　ɑŋ̊u　tsha.

麻雀　（无论）　小–NMLZ-LNK–也　内脏　全　齐

麻雀虽小，五脏俱全。

让步关系还可以在从句尾用-te，主句首用ʐ̩u连接。例如：

pəs　məɕe/məɕɑ　mo-nɑ/wo-j-te,　ʐ̩u　mɑ-^{m}pɑ/mo-thy.

今天　太阳　NEG–好/有–INDCT-LNK　LNK　NEG–冷/NEG–冷

今天虽然太阳不好，但是不冷。

the　ly-ɕe　be-j-te,　ʐ̩u　piʑ̩i　mɑ-ɣdʐ̩ə̊.

他　来–PRT　想–INDCT-LNK　LNK　时间　NEG–够

他是想来，只是没有时间。

qɑ-lə　kə-ɕɑ　me-be　tu,　ʐ̩u　ŋutu　tʂ̩uɑ　mɑ-nɑ-j.

我–也　去–COMP　NEG–想　LNK　但　当面　说　NEG–好–INDCT

虽然我也不想去，但又不便当面说。

7. 因果关系

因果关系根据因与果，或者果与因，有时不用连接词。例如：

mə　ɕop　que-j,　tsɑndʐ̩e　mɑ-kə̊　pe.

天　热　多–INDCT　我们　NEG–去　成

天气太热，我们不去了。

qu　qɑ-j　quzy,　qɑ　ly　khɑ（>khi-ɑ）tə̊.

你　我-DAT　DIR-等待　我　来　要：PROS　PRT

你等我，因为我要来。

常见的因果关系是在从句尾用连接词-ɳ̥i。例如：

qɑ　nəs　ləɣʐ　mi-sy-kə̊　pu-the,　qɑ　tə-ɣgi-ɳ̥i　ŋu-ku.

我　昨天　书　NEG-学-去　做-DEF　我　DIR-病-LNK　COP-DCT

qɑ　nəs　tə-ɣgi-ɳ̥i,　thɑ（>thəhɑ）ləɣʐ　sy-kə-n　mi-kə̊.

我　昨天　DIR-病-LNK　然后　书　学-去-NMLZ　NEG-去

我昨天没去上学，因为我生病了。

qɑ　dɑ-phɑʁo　quque-j-ɳ̥i,　thɑ（thɑhɑ）

我　DIR-累　多-INDCT-LNK　所以（那样）

ɑ-z-lə　kə-ɕɑ　me-be-j.

一点儿-也　去-COMP　NEG-想-INDCT

因为我实在太累了，所以一点儿都不想去。

8. 目的关系

在目的关系结构中，从句部分用以补充说明主句谓语动词发生的目的，羌语中目的关系可以用分句连接词-ɳ̥i连接。例如：

the　ʁdʐodi-ʂ　sy-j-ɳ̥i,　thɑ

他　努力-NMLZ　学-INDCT-LNK　然后

χtakə（the-ɳ̥yɳ̥y）piʐi　dɑ-ʁə̊　nɑ.

今后　他-REFL　日子　DIR-去　好

他努力学习，以便今后过得好一点儿。

tsɑndʐe　ɑz　qe　ɦo-zů-ɕɑ,　hɑtu

我们　一点儿　前面　DIR-坐-PRT　然后

tsɑɳ̥i/tsɑndʐe　xsoxt　tɑχmu-hɑ-j.

我们：REFL/我们　听　清楚-PROS-INDCT

我们坐得靠前一点儿，以便我们听得清楚一点儿。

目的关系结构还可以在从句尾或主句尾用khuɑ（>khu-ʁɑ）-ʂ（目的）。例如：

the　kholu　dzu　khuɑ（khu-ʁɑ）-ʂ,　thəs-lə　ʂə-mə-thə̊.

他　车子　坐　目的-LNK　早餐-也　DIR-NEG-吃

他为了赶车子，早餐也没吃。

qutsandʐe　ʁn̥i　muaphu　dzu-çẙle　pu-the,　notç

我们　肥料　多　DIR–积肥　做–DEF　明年

wa　tə-çi-k　khua（khu-ʁa）ŋu.

粮食　DIR–好–NMLZ　目的：LOC　COP

我们现在多积肥，是为了明年多打粮食。

9. 结果关系

表示结果关系的复杂结构，从句部分是补充说明主句中谓语动词发生结果的，通常位于主句之前。结果关系结构一般在从句尾用 -ʂ 来表达。例如：

the　tʂhuançi　tsə-ʂ,　muʑy　qu-tua　me-ɣle.

他　操心　做–LNK　睡眠　DIR–入睡　NEG–能

他急得睡不着。

mə　dzu-xtio-ʂ,　jomtsu-lə　tsupa　dzo-ʁu-ʂə-j.

天　DIR–冷–LNK　江河–也　冰　DIR–结–INCHO-INDCT

天气寒冷，河水都结冰了。

the　ʑi　tʂua　dʐu-ʂ,　tə-ti̊　ɣle-n　ma-ʑe.

他　话　说　快–LNK　DIR–听懂　能–NMLZ　NEG–有

他说话太快，没人能听懂。

mə　n̥im（>mə+n̥eq）tʂaq　ŋu-ʂ,　qa　qe　na-^{1}lə　mo-ty.

天　天黑　充满　COP-LNK　我　前面　什么–也　NEG–看见

天很黑，我看不见前面的任何东西。

the　n̥iχpək　tatsə-ʂ,　muʑy　qu-tua　me-ɣle.

他　很　高兴–LNK　睡眠　DIR–入睡　NEG–能

他太激动，不能入睡。

第六章 语料

第一节

语法例句

001　老师和学生们在操场上玩。

ləɣz　su-n-the　nə　ləɣz　ɕo-tha-n-thaχ　zə̥se-ʁa　zə̥qtsə-j.

书　教-NMLZ-DEF　CONJ　书　学-AUX-NMLZ-PL　操场-LOC　玩-INDCT

002　老母猪下了5头小猪崽。

pe-n̥i　ɦepthes̥　pel-tɕy　ʁue-i　ɦe-peli-j.

猪-FEM　老　小猪-DIM　五-CL　DIR-生-CSM

003　我爸爸教他们的孩子说汉语。

qa-k　pi-s̥　thaχəq　tɕy-thaχə-j　ʁədi̊　su-j.

我-GEN　爸爸-AGT　那：PL　孩子-PL-DAT　汉语　学-INDCT

004　村子里事事都有人做，人人都很高兴。

tshua-ʁa-k　dzə̥-thaχ　aŋů　qatə-n　z̥e,

村子-LOC-GEN　事情-PL　全部　做-NMLZ　有

n̥i　n̥amba/thaχ　aŋů　n̥iχpək　tatsə-j.

人　所有/那：PL　都　很　高兴-INDCT

005　咱们今天上山去吧。

tsan̥e　pəs　zə̥q-ʁa　kə-ɕa.

咱们　今天　山-LOC　去-PRT

006　你家有几口人？

quate-k　ki-ků　n̥i　nan　z̥e-ku?

你们家-GEN　家-LOC　人　几：CL　有-DCT

007 你自己的事情自己做。

qu-n̥i-k dzə̧ qu-n̥i qu-qatə̊.

你–REFL-GEN 事 你–REFL DIR–做

008 这是我的手镯，那是你的手镯。

tse qa-k pak ŋu-j, the qu-k pak ŋu-j.

这 我–GEN 手镯 COP-INDCT 那 你–GEN 手镯 COP-INDCT

009 这些问题他们说自己去解决。

tse-k dzə̧ tsaχ thaχ n̥yan̥i tʂ̧utʂ̧ů tʂ̧ua ka-ku zə̧-j.

这–GEN 事情 这：PL 他们 自己 解决 去–DCT 说–INDCT

010 他是谁？

the ʂ̧ə-le ŋu-j?

他 谁–DEF COP-INDCT

011 你想吃点什么？我什么也不想吃！

qu nale ɬaɕe be-j? qa na-lə ɬaɕe me-be-j！

你 什么 吃 想–INDCT 我 什么–也 吃 NEG–想–INDCT

012 他们从哪儿来的？

thaχ tanə-ʂ̧ ly-j?

他们 哪儿–ABT 来–INDCT

013 你想怎么样？

qu nalə qatə-ɕa be-ku?

你 什么 做–COMP 想–DCT

014 你家有多少头牛？

quate-k ky-ků xɕe nan ʑe-ku?

你家–GEN 家–LOC 牛 多少 有–DCT

015 客人什么时候到？

dʐ̧u-thaχ nantu ly?

客人–PL 什么时候 来

016 今天的会就开到这里。

pəsə-k ɣmu tsu pu-the tsa-χa ətsa dalqhua-ɕa.

今天–GEN 会 开 做着–DEF 这–PL 到此 结束–PRT

017 粮食运来后就分给大家了。

wa dzə-ʂ̧ə̊ku-n̥i tha aŋů ʂ̧u-ɣdʑy-ɕa.

粮食 DIR–收来–LNK 那 大家 DIR–分–PRT

018 人家的事情咱们别多管。

n̥i-themə-k dzə̥ tsan̥i ʂə-tɕi-lak.

人–别–GEN 事情 咱们 DIR-PROH–管

019 这件事我也不清楚，你去问别人吧！

tse-k dzə̥-the qa ma-tɕhaŋ-ku, qu n̥ithəmə-j qu-dzə̥-kə̊!

这–GEN 事情–DEF 我 NEG–清楚–DCT 你 别人–DAT DIR–问–去

020 今天是2015年10月1日。

pəs ɣn̥u stu ne haŋue thəp-ʁa-k hady-ɬə̊ ne tie-ty ŋu-j.

今天 二 千 CONJ 十五 那年–LOC-GEN 十–月 CONJ 初–一 COP-INDCT

021 那个老太太94岁了，是我年龄的两倍左右。

tse-k ma ɦep-the ɣgu-sa ne ɣzə̥-p le pi-ʂə-j,

这–GEN 女 老–DEF 九–十 CONJ 四–岁 有 成–CSM-INDCT

qa-qəʂn̥i ɣn̥i-ga ɣzu̥a-j.

我–COMPR 两–倍 大–INDCT

022 山下那群羊有108只。

χupa（χupu-ʁa） tɕhyny thoχl ə-χʂə ne xʂe ʐe-j.

山谷：LOC（山谷–LOC） 羊 那：CL 一–百 CONJ 八 有–INDCT

023 我排第一，你排第二，他排老末。

qa dzuəɕ tiqek-the ʐe-j, qu qa-k χtaka ɣn̥e-the-a（the-ʁa） ʐe-j,

我 座位 前–DEF 在–INDCT 你 我–GEN 后面 二–DEF-LOC 在–INDCT

the ti-χtaka ŋu pi-ʂə-j.

他 SUPER–后面 COP 成–CSM-INDCT

024 我今天买了一只鸡、两条鱼、三斤肉。

qa pəs wu e ʁzə̥ ɣn̥e pas xsi-k dzə-pə-j.

我 今天 鸡 一：CL 鱼 两：CL 肉 三–CL DIR–买–INDCT

025 这本书我看过三遍了。

tse-k ləɣzʅ-the qa xsə-χua qu-ɣzə̥-ʂə-ku.

这–GEN 书–DEF 我 三–CL DIR–看–CSM-DCT

026 你数数看，这圈里有几头猪？

qu a tə-sua-kie, tse-k kel-the-a（the-ʁa） pe ne ʐe-j?

你 一下 DIR–数–去 这–GEN 圈–DEF: LOC 猪 几：CL 有–INDCT

027 这两把雨伞是我的。

tse-k tʂhotɑ ɣn̥e-the qɑ-k ŋu-j.

这–GEN 雨伞 两–DEF 我–GEN COP-INDCT

028 **他年年都回家。**

the op mɑqɑ ki-kɑ ly-j.

他 一年 每 家–LOC 来–INDCT

029 **他要去街上买肉。**

the qəʂ-tɑ pas pə-kɑ（kə-hɑ）-j.

他 街–LOC 肉 买–去：PROS-INDCT

030 **我正在山上砍柴。**

qɑ tsəbqɑ zə̥qɑ（zə̥q-ʁɑ） sə ɣgə.

我 正在 山上：LOC 柴 砍

031 **昨天我背粮食去了。**

nəs qɑ wɑ be-ku.

昨天 我 粮食 背–DCT

032 **你们俩一定要好好地学习。**

qoŋgo na（nale） ŋu-j χo ʂɑn̥i ləɣz̥ qu-ɕo-dɑ.

你俩 什么 COP-INDCT LNK 好好 书 DIR–学–AUX

033 **他们看电影去了。**

thɑχ tianjin ɣzə̥-k-ʂə-j.

他们 电影 看–去–CSM-INDCT

034 **他在山上看见过野牛。**

the zə̥qɑ（zə̥q-ʁɑ） dʑ̥yhø qu-ty-j.

他 山：LOC 野牛 DIR–看–INDCT

035 **你们今后一定要互相学习，互相帮助，互敬互爱！**

quɑndz̥e tsə χtɑqɑ nɑle ŋu-j χo e-ʂ e-j dzu-sy

你们 这 后面 怎么 COP-INDCT LNK 一–AGT 一–DAT DIR–学

do-sy tə-ts, dzə-ʁuə dɑ-ʁuɑ tə-ts,

DIR–学 DIR–做 DIR–帮助 DIR–帮助 DIR–做

e-ʂ e-j dzə-suɑ dɑ-suɑ tə-ts！

一–AGT 一–DAT DIR–尊重 DIR–尊重 DIR–做

036 **请你帮他把衣服收起来。**

qu the-j ɣgyedʐ tsə-ʂ guəs-thɑχ tu-ɕẙle.

你 他–DAT 帮助 做–INCHO 衣服–DEF: PL DIR–收

037 **地震把新修的路震垮了。**

zə̣ tə-ɣmə-ʂ ɣgye xsə-the-lə de-ɕi-ʂə-j.

地 DIR–震–AGT 路 新–DEF–也 DIR–震–CAUS-INDCT

038 **你们俩把鸡杀了。**

qoŋgu ɣn̥e-the-ʂ wu ɦe-tɕi̥.

你 两–DEF-AGT 鸡 DIR–杀

039 **你看见那个乞丐了吗？**

qu the khəɕe-n-the qu-ty-ku mɑ?

你 那 讨饭–NMLZ-DEF DIR–看见–DCT QUES

040 **他笑了。我把他的小孩逗笑了。**

the dʐɑ de-xti-ʂ-ku. qɑ the-k tɕy-the tə-χquɑl-n̥i

他 笑 DIR–放脱–CSM-DCT 我 他–GEN 孩子–DEF DIR–逗–ADV

dɑ-rɑ（dʐɑ）-ʂ-ku.

DIR–笑–CSM-DCT

041 **那个猎人进来以后又出去了，随后拿回来一只野鸡。**

the phuxɕy qətə-n-the qe ɑ qu-tɕẙ-n̥i hɑ-qɑ, χtɑkə

他 野兽 打–NMLZ-DEF 先 一下 DIR–进来–ADV DIR–去 后面

qu-tɕẙ thɑ（thɑhɑ） wudʐu-le qu-the-j.

DIR–进来 随后 野鸡–DEF DIR–拿–INDCT

042 **我亲眼看见那只花狗跳上跳下，可好玩了。**

qɑ the-k khu lɑpɑ we-the to-χtso ɦo-χtso tsə-n qu-ty,

我 那–GEN 狗 花 有–DEF DIR–跳 DIR–跳 做–NMLZ DIR–看见

n̥eχpək zə̣q tsə nɑ-j.

非常 要 做 好–INDCT

043 **朝上背四十里，朝下背五十里。**

n̥i-be ɣzə̣-sɑ-pɑl, xʂə-be ʁuɑ-sɑ-pɑl.

DIR–背 四–十–里 DIR–背 五–十–里

044 **这个东西拿来拿去太费事了，你就别拿了。**

tse-k popo thoqhu xʂə-ko n̥i-ko ʂənthɑ（ʂənthə-ʁɑ） mɑ-kə-k,

这–GEN 东西 那样 DIR–拿 DIR–拿 到处：LOC NEG–去–NMLZ

qu the tɕe-χtse-pe.

你 它 PROH–拿–PRT

045 那个穿破衣裳的家伙一会儿过来、一会儿过去的，到底在做什么？

the guəs do-ʑo ɣgu-n-the e-phi-tu ɑ n̥ə-ʁ e-phi-tu,

那 衣服 DIR–烂 穿–NMLZ-DEF 一 –会儿–LNK 一下 DIR–去 一 –会儿–LNK

a xʂ̥ə-ʁ the nale qɑtə-ɕə be-ku mi-nɑ?

一下 DIR–去 他 什么 做–COMP 想–DCT NEG–清楚

046 他是藏族，不是回族。

the xpə ŋə-j, χoχ mə-ŋə-j.

他 藏族 COP-INDCT 回族 NEG-COP-INDCT

047 他们家有三个孩子，一个在学校，一个在家里，还有一个已经工作了。

thɑq ki-ʁɑ tɕy xse ʑe-j, e ləɣʐ su-j,

他 家–LOC 孩子 三 有–INDCT 一：CL 书 学–INDCT

e ki-ků ʑe-j, e-te bəl de-ti̊-ʂ̥ə-j.

一：CL 家–LOC 在–INDCT 一：CL-DEF 做 DIR–找到–CSM-INDCT

048 我们很愿意听爷爷讲故事。

tsɑndʐ̥e n̥iχpək an̥i dieχpe χuɑ pu-k-the xsoxt χtɕi-j.

我们 非常 爷爷 故事 说 做着–NMLZ-DEF 听 爱–DCT

049 这只狗会咬人。

tse khu-the n̥i ʁdʐ̥e we-j.

这 狗–DEF 人 咬 有–INDCT

050 她不敢一个人睡觉。

the-n̥in̥i e ɕɑq nə mo-xɕy.

他–REFL 一：CL 单独 睡 NEG–敢

051 你能来吗？我能来。

qu ly ɣle-j mɑ? qɑ ly ɣle-j.

你 来 能–INDCT QUES 我 来 能–INDCT

052 这些人我恨透了。

tse-k n̥i tsɑχe-j qɑ n̥iχpək mɑ-χtɕi-j.

这–GEN 人 这些–DAT 我 非常 NEG–爱–INDCT

053 达娃家的稻子收完了，但格西家的稻子还没有收完。

tɑʁuɑ-te-k qhə dzu-ɕẙle tə-^{ʂ}ʂ̥ə-j.

达娃–DEF-GEN 米 DIR–收 DIR-PFV-INDCT

keɕa-te-k qhə pit dzu-ɕẙle tə-mə-ʂə-j.

格西–DEF-GEN 米 还 DIR–收 DIR-NEG-PFV-INDCT

054 我找了一遍又一遍，终于找着了。

qɑ ɑ-hɑ məŋ ɑ-hɑ dzə-ɣmie, ti-χtɑqɑ de-tɨ̊ʂə-ku.

我 一–遍 又 一–遍 DIR–找 SUPER–后 DIR–找到–EVID

055 你先休息休息，我试着跟她谈谈。

qu qe e-phi qu-xɕẙ, qɑ ɑkhɑ:（ɑ-khɑkhɑ） the-ne ʑi

你 先 一会儿 DIR–休息 我 慢慢 他–COM 话

e-phi ʂə-χtʂe-ɕɑ.

一–会儿 DIR–聊–PRT

056 他们边唱边跳，玩得可高兴了。

thɑχ tshuɑ ʁze χtsoŋdzo-j, ʁzəʁzə̊ ȵiχpək tɑtsə-j.

他们 唱 边 跳–INDCT 玩 非常 高兴–INDCT

057 吃的、穿的都不愁。

ɬa-k, ɣgu-k ɑŋů tʂhuanɕi mɑ-khi.

吃–NMLZ 穿–NMLZ 都 担心 NEG–要

058 这些猪呢，肥的宰掉，瘦的放到山上去。

tsə-k pe tsɑχ tshət-thɑχ ɦe-tɕ, tsha ɣzʐ̩e-thɑχ zʐ̩əqɑ（zʐ̩əq-ʁɑ） ha-ɬi.

这–GEN 猪 这：PL 肥–那：PL DIR–杀 肉 瘦–那：PL 山：LOC DIR–放

059 他的脸红起来了。

the-k maha te-hĩ-ʂə-j.

他–GEN 脸 DIR–红–CMS-INDCT

060 碗里的饭装得满满的。

ʁuɑ（ʁo-ʁɑ） tʂhoχu tu-so ɦɑ-ʁ-ʂə-j.

碗–LOC 饭 DIR–满 DIR–装–CSM-INDCT

061 山边的雪是白的，山坡上的雪更白，而山顶的雪最白。

χtsəp zɑkhɑk tʂo thɑχ tʂhu ŋu-j, χtsəp qətik tʂo thɑχ

山 边 雪 那：PL 白 COP-INDCT 山 坡 雪 那：PL

thə-s ɑ-z tʂhu ŋu-j, χtsəp qəʑɑk（qəʑ-ʁɑk） tʂo thɑχ

那–COMPR 一–点儿 白 COP-INDCT 山 顶 雪 那：PL

tik tʂhu ŋu-j.

最 白 COP-INDCT

062 **这把刀好是好，就是太贵了点。**

tse-k tɕytɕ nɑ ŋu-lə nɑ-j, ɑ-z qu-půly（phuly）

这-GEN 刀子 好 COP-也 好-INDCT 一-点儿 DIR-贵

qu-que-ʂə-j.

DIR-多-CSM-INDCT

063 **弄坏了人家的东西是一定要赔偿的。**

n̥i-k popu ɦa-χʂə̊the-ʂə-j, nɑle ŋu-j χo,

人家-GEN 东西 DIR-弄坏-CSM-INDCT 什么 COP-INDCT LNK

lɑs e phi-dɑ khi-j.

抵挡 一：CL 赔偿-AUX 要-INDCT

064 **他经常去北京出差。**

the este petɕin kə-j.

他 经常 北京 去-INDCT

065 **昨天他答应了我的要求，说是明天再来玩。**

the nəs qɑ-k tʂuɑ pu-k-the χqo dye-ɣgy-j,

他 昨天 我-GEN 说 做-NMLZ-DEF 口 DIR-开-INDCT

kɑxtu zu tsɑ zəqtsə ly-ɑ-ku zə-j.

明天 又 这里 玩 来-PROS-DCT 说-INDCT

066 **我一会儿就回来。**

qɑ odu tə-pi-n̥i ly-ɑ-ku.

我 一会儿 DIR-成-LNK 来-PROS-DCT

067 **村主任可是个好人。**

zmə-k qəpɑtʂ-the n̥i ʂɑ-le ŋu-j.

人民-GEN 头-DEF 人 好-DEF COP-INDCT

068 **这条鱼至少有五斤重。**

tsə-k ʁzə-the ʁue-k nɑn la（le-ha）-j.

这-GEN 鱼-DEF 五-CL 差不多 有：INFER-INDCT

069 **这条河最多有五米宽。**

tse-k tsu tsɑ-zɑ nɑn mɑ-le-ʂ nə（n̥i）-lə ʁuɑ-khei la（le-ha）-j.

这-CL 河 这-CL 差不多 NEG-有-DCT 和-也 五-米 有-INDCT

070 **他全家人我都熟悉。**

thɑ-k ɑ-qtuŋ qɑ tɕhoŋ-ku.

他-GEN 一-家 我 认得-DCT

071 妈妈不会来了。妈妈还没回来。你别回去了。

ɑwu mo-ly-pia（piha）-j. ɑwu pit-lə mo-ly-j.

妈妈 NEG–来–成：INFER-INDCT 妈妈 还–也 NEG–来–INDCT

qu tɕi-k-pe.

你 PROH–去–成

072 客人们都在悄悄地议论这件事。

tse-k dʐ̩u thɑχ aŋ̊ůqha tse-k dʐ̩ə-the tʂutʂuɑ-j.

这–GEN 客人 那：PL 悄悄 这–GEN 事情–DEF 议论–INDCT

073 你们究竟来了多少人？

quɑndʐ̩e pexti n̥i nɑn dye-n̥ẙ-ku？

你们 究竟 人 多少 DIR–到达–DCT

074 他不去也行，但你不去不行。

the mɑ-k ɣle-ku, qu mɑ-k me-ɣle-ku.

他 NEG–去 行–DCT 你 NEG–去 NEG–行–DCT

075 这是我的衣服，那是你的，床上摆着的是人家的。

tse qɑ-k ɣgus ŋu-j, the qu-k ŋu-j, nə-phɑ-qət

这 我–GEN 衣服 COP-INDCT 那 你–GEN COP-INDCT 睡–铺–LOC

qu-xɕ（xtɕi） pu-k-the n̥i thəmə-k ŋu-j.

DIR–放 做–NMLZ-DEF 人 家–GEN COP-INDCT

076 猎人打死了兔子。/猎人把兔子打死了。/兔子被猎人打死了。

phuxɕy ʁuɑʁə-n-the ʁdi tə-qə̊te-j.

野物 赶–NMLZ-DEF 兔子 DIR–打死–INDCT

phuxɕy ʁuɑʁə-n-the-ʂ ʁdi tə-qə̊te-ʂə-j.

野物 赶–NMLZ-DEF-AGT 兔子 DIR–打死–INCHO-INDCT

ʁdi phuxɕy ʁuɑʁə-n-the-ʂ tə-qə̊te-ʂə-j.

兔子 野物 赶–NMLZ-AGT DIR–打死–INCHO-INDCT

077 他给了弟弟一支笔。

the the-k tu-j ləɣʐ̩ ʐ̩ɑ-k e the-bede（pede）-j.

他 他–GEN 弟弟–DAT 字 写–NMLZ 一：CL DIR–给–INDCT

078 妈妈为我缝了一件新衣服。

ɑwu qɑ-j gus xsə e dzə-ji-j.

妈妈 我–DAT 衣服 新 一：CL DIR–缝–INDCT

079 学生们用毛笔写字。我用这把刀切肉。

ləɣʐ̩ ɕo-dɑ-n thɑχ qu-k ləɣʐ̩ jɑ pu-k-the-ʂ̩

书 学-AUX-NMLZ 那：PL 你-GEN 字 写 做-NMLZ-DEF-INST

ləɣʐ̩ jɑ-j. qɑ tse-k tɕyetɕ-the-ʂ̩ pas xʂ̩u.

字 写-INDCT 我 这-GEN 刀子-DEF-INST 肉 切

080 人们用铁锅做饭。

n̠i n̠ɑnbɑ ɕimu-k dʐ̩ə ʂ̩ə-dɑ-ʂ̩ tʂ̩hoχo qɑtə-j.

人 些 铁-GEN 锅 使用-AUX-INST 饭 做-INDCT

081 树上拴着两匹马。

phu-j jy ɣn̠i-zɑ dzu-ɣʑ̩u-j.

树-LOC 马 两-LOC DIR-拴-INDCT

082 水里养着各色各样的鱼。

tsu-ʁɑ nedi-k ʁʐ̩ə to-ʁʐ̩u-j.

水-LOC 各种各样-GEN 鱼 DIR-养-INDCT

083 桌子下躺着一只狗。

tʂ̩ots qəl̊i khu-le ɦə-nə-ʂ̩ ʑ̩e-j.

桌子 底下 狗-DEF DIR-睡-ADV 在-INDCT

084 山上到山下有三十多里地。

χtsəp qəʁɑ-ʂ̩ kəʁɑ-di xsɑ-sɑ pɑl le-j.

山 上-ABL 山下-LOC 三-十 里 有-INDCT

085 哥哥比弟弟高多了。

ɑʑ̩i tu-qəʂ̩n̠i ʐ̩əq ləz（le ɑz） ɣʐ̩u-j.

哥哥 弟弟-COMPR 很 有：一点儿 高-INDCT

086 小弟跟爷爷上山打猎去了。

tu ɑn̠i-k tɕhytɕ ʐ̩əqɑ（ʐ̩əq-ʁɑ） phuxɕy ʁuɑʁə̊ kə-j.

弟弟 爷爷-GEN 跟随 山-LOC 野兽 追赶 去-INDCT

087 今天、明天和后天都有雨，爷爷和奶奶都不能出门了。

pəs kɑxtu sodi mu ɣʐ̩a（ɣʐ̩e-ha）-j,

今天 明天 后天 雨 下：INFER-INDCT

aji ne ɑn̠i ɑŋů khən̠i kə me-le（ɣle）-j.

奶奶 CONJ 爷爷 都 外面 去 NEG-能-INDCT

088 买苹果或香蕉都可以。

phinko pə-j χo, ɕaŋtɕau pə-j χo aŋů

苹果 买-INDCT LNK 香蕉 买-INDCT LNK 都

ŋə（ŋu） ʁdʐə-j.

COP（可以） 够-INDCT

089 哎呀！好疼！

aja! na（nalaχ） ɣgi-ku-a!

INTER 好 疼-DCT-PRT

090 昨天丢失的钱找到了吗？

nəs tə-pə-k totse de-ti̊-ʂa?

昨天 DIR-丢-NMLZ 钱 DIR-找到-QUES

091 他们早已经走了吧？

thaχ dʐuʂ kə-ʂ ta?

他们 早 去-INCHO PRT

092 我走了以后，他们又说了些什么？

qa kə χtaqa, thaχ ʐu nale tu-tʂua-j?

我 走 以后 他们 又 什么 DIR-议论-INDCT

093 叔叔昨天在山上砍柴的时候，看见一只大大的野猪。

akə nəs zəqa（zəq-ʁa） sə ɣgə-tu, pehø pəkə-la-za qu-ty-j.

叔叔 昨天 山-LOC 柴 砍-LNK 野猪 大-那-头 DIR-看见-INDCT

094 藏族住在上游，纳西族住在下游。

xpə-thaχ n̥ytha ɦo-zu（dzu）-j, laɕi-thaχ xɕitha ɦo-zu（dzu）-j.

藏族-DEF-PL 上游 DIR-坐-INDCT 纳西-PL 下游 DIR-坐-INDCT

095 他不单会说，而且也很会做。

the tʂua ɣʑi-j ma-khi, bəl-lə n̥ixpək ɣʑi-j.

他 说 会-INDCT NEG-要 做-也 很 会-INDCT

096 是扎西留下，还是卡佳留下？

tʂaɕi ha-dʐua-ku ma, ʐu khatɕa ha-dʐua-ku?

扎西 DIR-留-DCT LNK 还 卡佳 DIR-留-DCT

097 虽然我也不想去，但又不便当面说。

qa-lə kə-ɕa me-be tu, ʐu ŋutu tʂua ma-na-j.

我-也 去-COMP NEG-想 LNK 还 当面 说 NEG-好-INDCT

098 因为我实在太累了，所以一点儿都不想去。

qa	da-phaʁo	quque-j	n̥i,	tha（thaha）	a-z-lə	kə-ɕa
我	DIR-累	多-INDCT	LNK	所以（那样）	一-点儿-也	去-NMLZ

me-be-j.
NEG-想-INDCT

099　**如果天气好的话，我们就收玉米去。**

mu	na-ʂ	tu,	qutsandʐe	jyme	ɕyel	kə-ɕa.
天	好-INCHO	LNK	咱们	玉米	收	去-PRT

100　**我们现在多积肥，是为了明年多打粮食。**

qutsandʐe	ʁn̥i	muaphu	dzu-ɕẙle	pu-the,	notɕ	wa
我们	肥料	多	DIR-积肥	做-DEF	明年	粮食

tə-ɕi-k	khua（khu-ʁa）	ŋu.
DIR-好-NMLZ	目的：LOC	COP

第二节

话语材料

一　俗语

01　ȵi　xti̊　mɑjɑ　khu　xti̊　jɑ.
人　吃　不舍　狗　吃　舍得
人吃不舍得，狗吃舍得。（喻：赏罚不明）

02　tsu　ɣʐe　tse　ɣʐe.
碰　和　看　和
相遇和睦，相见和睦。（和睦相处）

03　miȵi　pəkə　ɣʐə-j　mɑ-s,　mæhæ　pəkə　ɬa-j　mɑ-s.
眼　大　看–DAT　不–只　脸　大　吃–DAT　不–只
眼大看不清，脸大吃不够。（喻：尺有所短，寸有所长）

04　mæhæ　pəkə　ɣdiæ-χq　ɣʐu.
脸　大　胆小–气味　有
脸大胆小。（喻：外强中干）

05　ȵi-k　xtiȵi　mu-qə-ʂ　ȵi　ɣʐu.
人–GEN　心　天–INDCT　比　高
人心比天高。（人心与天齐）

06　di　dʑo　ʂoqů　to.
豆　面　漏　PRT
撒漏豆面。（喻：人出了洋相）

07 lə-j ɣzu̥ ʁze wə, tsu-j thu ʁze wə.

林-DAT 绳子 丈量 有 水-DAT 桶 丈量 有

林子再大绳子能丈量，水再多桶能丈量。（喻：天外有天，人外有人）

08 ɕuɑq ɕuɑn̥i, ʁno-ʂtɑ kə-j.

天亮 天阴 伤害处 去-INDCT

天一阴一阳天变坏。（喻：防微杜渐）

09 xɕen̥i so tu mɑ-ʁu qəte tu ʁu.

母牛 挤奶 LNK NEG-肯 杀头 LNK 肯

母牛挤奶时不肯，宰杀时肯。（喻：不识时务/敬酒不吃吃罚酒）

10 n̥i qu mɑ-le, xsə qu le.

人 力气 NEG-有 神 力气 有

人无力气，神有力气。（人力有限，神力帮助）

11 zəpə-j qu-ɣz̩ ne pɑn tʂhɑ ʁə.

地方-DAT DIR-看去 CONJ 板 尺 量

看着地块放板尺。（喻：因地制宜/量体裁衣）

12 tshəpə-j mɑ-χtɕi han̥i-j χtɕi.

草莓-DAT NEG-喜欢 草莓果-DAT 喜欢

不喜欢草莓刺，只喜欢草莓果。（喻：只想收获，不想付出）

13 luxu-j me-ɣle qhembɑ-j ɣle.

荨麻-DAT NEG-行 蒿枝-DAT 揉

欺负不了荨麻，欺负蒿枝。（喻：欺软怕硬）

14 khu ki mɑ-xuɑ, xɕy ki xuɑ.

狗 房 NEG-转 獐 房 转

狗房不归，寻獐窝。（喻：不顾家）

15 n̥i lɑ ne bu lɑ, xɕy lɑ ne χtʂe lɑ.

人 换 CONJ 样子 换 獐子 换 CONJ 路线 换

人换，换了模样，獐子换，换了路线。（喻：一方一俗/移风易俗）

16 hælləs-j məlʁuə suɑ, məlʁuə-j hælləs suɑ.

擀面杖-DAT 火钩 算 火钩-DAT 擀面杖 算

擀面杖当火钩，火钩当擀面杖。（喻：混淆是非/颠倒黑白/好坏不分）

17 ɕuesələni ləʑ dʐə.

原始森林 林路 长

原始森林路漫长。（喻：思念至深）

18 χɬuɕuə-ʁɑ pel suɑ.

月亮–LOC 小猪 算

月亮下数猪儿。（喻：虚无缥缈）

19 tabɑ qəli̥ n̥i-ɣz̩ mɑ-le.

帽子 下面 人–看 NEG–有

帽子下面看人，看不准。（喻：人不可貌相）

20 hɑ-dz̩ me-ɣle qu-dz̩ ɣle.

DIR–看 NEG–行 DIR–看 行

对外无能，对内发狠。（喻：吃里爬外）

21 dzuɑn ɣz̩uɑ tɕiqɑ wutse.

磨盘 大 磨心 狭小

磨盘大，磨心小。（喻：吃在碗里，看在锅里）

22 lætɕy dz̩ə phile ŋue.

手 长 袖子 短

手长衣袖短。（喻：力不从心）

23 z̩əpə-j qu-ɣz̩-n̥i pantʂhɑ ʁə.

底盘–DAT DIR–看–ADV 丈量器 丈量

看着地块，量板尺。（喻：见机行事）

24 næ χtɕyæ næ ly.

什么 想 什么 来

想什么来什么。（心想事成）

25 sej ʁuɑqte tɑnɑ ʂu-tsů n̥i tɑnɑ hæ-ɕi.

柳树 棍棒 哪里 DIR–插 LNK 哪里 DIR–发芽

柳枝插到哪里就在哪里发芽。（喻：嫁到哪里就在哪里生根/脚踏实地）

26 ɬys ʁuɑqte tɑnɑ ʂə-jɑ tɑnɑ ɦɑ-ts-qɑ.

泡杉树 棍棒 哪里 DIR–钉 哪里 DIR–腐烂

杉树枝插在哪里就在哪里腐烂。（喻：死心塌地）

27 n̥ɑ ʁz̩ɑ qəti̥ diɑ ʁz̩ɑ ty.

人 软弱 之上 语言 软弱 见

软弱的人加软弱的话。（喻：一波未平，一波又起/难上加难/伤口上撒盐）

28 lesu dz̩ə ŋue le.

手指 长 短 有

手指有长短。（喻：事物之间总有差别）

29 χtsəp bɑ ɣʐu le.
山 矮 高 有
山有高矮。（实物有差别）

30 ȵip tse ɣʐuɑ le.
人们 小 大 有
人有大小。（喻：因人而异）

31 dʐə-n mæ-ʑe tɑli̊ ba.
使唤–NMLZ NEG–有 褡裢 背
没有被使唤，就去背褡裢。（喻：自作多情）

32 ʁuɑ-n mæ-ʑə phɑwů tsə.
请–NMLZ NEG–有 解衣状态 做
无人请客，换衣装。（喻：不请自来/自以为是）

33 jy ti̊ hø ti̊ tit-ti.
前 撑杆 后 撑杆 撑–REDUP
凉架前撑后顶。（喻：齐心协力）

34 ɦo-bu ne ɦe-ɕi.
DIR–起头 LNK DIR–成功
事情开局，才会成功。（喻：持之以恒）

35 qu mɑ-le ȵe le.
劲儿（力量） NEG–有 忍耐 有
力量小，忍耐大。（喻：持之以恒）

36 ɦo-χtɕuɑ χtɕuɑ ȵi ɦo-ɣʐ mu tu ȵi.
DIR–心想 想的 来 DIR–看 感觉 LNK 来
心想啥来啥，眼看啥有啥。（心想事成/称心如意）

37 sɑ mæ-le ʁʐe-j pɑ.
血 NEG–有 气节–DAT 现
没有血也要争口气。（使出浑身解数）

38 hɑ-dʐ xsə-q-dʐu ɦə-dʐ ʁȵu-q-dʐu.
DIR–看 神–敬神 DIR–看 地府–神–敬
向上敬神灵，朝下敬地府。（举头三尺有神明）

39 tʂuɑ-n mɑ-dʐe xsoxte-n dʐe.
说–NMLZ NEG–羞 听–NMLZ 羞
说者不羞，听者羞。（大言不惭）

40 mɑ-tʂhůguə-k saxʂə ʁzə.
NEG–动–GEN 爪子 耍
耍石子，只动手不动身体。（动嘴不动身子）

41 bəl mɑ-ʂe quɑ ʂe.
劳动 NEG–好 吵架 好
劳动无能，吵架在行。（牙尖嘴利）

42 bəl mɑ-ʂe ɬæ-ʂ ʂe.
劳动 NEG–好 吃–GEN 好
劳动无能，吃饭很行。（好吃懒做）

43 n̥i hæ mo-wu n̥i-xʂ tsə.
人 面子 NEG–有 人–摔 做
人无面子，受人气。（人善被人欺，马善被人骑）

44 joʁu ʁli-ʂ mo-tů wɑ xpə-ʂ mo-ɣgu.
凉架 箭–AGT NEG–够着 粮食 木勒仓–AGT NEG–装着
凉架箭射不到，粮仓装不完。（喻：五谷丰登）

45 kə tu ʁzə-ʂ kə, ly tu dzɑ-ʂ ly.
走 LNK 跳跃–ADV 走 来 LNK 欢笑–ADV 来
去时跳着走，来时高兴来。（喻：顺心如意）

46 pɑqə-ʂ ty ɣmia n̥ɑsɑ-ʂ ty ɕuel.
脚掌–INST 财 寻找 脚跟–INST 财 收拢
脚尖招财，脚跟敛财。（财源滚滚）

47 mutu muɣʐe zətu χɬɑ.
天上 下雨 地上 滑
天上下雨地上滑。（因果关系）

48 tɕubɑ dɑ-χlɑ qɑ dɑ-χlɑ.
革履 DIR–滑 我 DIR–滑
鞋子滑了我也滑。（喻：连带责任）

49 xtej χlɑ ɣgu ʑi χlɑ.
斧头 滑 九 庹 滑
斧头一滑，滑九庹。（失之毫厘，谬以千里）

50 ʑi χlɑ ɣgu qhu χlɑ.
话语 滑 九 样 滑
错一句就错九样。（喻：人言可畏）

51 tsɐtɕe mugu thɐtɕe ɣzʅe.

这边 打雷 那边 下雨

这边打雷那边下雨。（声东击西）

52 ə-xʂə n̥ə xʂɐp tɕi hɑ-dʐ khi.

一-百 LNK 八年 寿命 DIR–长 要

长寿到108岁。（长命百岁）

53 xsəki ɦo-wuɐ khuki tʂhu.

寺庙 DIR–拆掉 狗房 搭建

庙子拆了修狗窝。（喻：败家子）

54 tshəpə-j mɑ-χtɕi hæn̥i-j χtɕi.

刺梅–DAT NEG–爱 果子–DAT 爱

爱果子不爱刺。

55 ɕuw ɕy yɑ.

夜间 夜 过夜

连更彻夜。（喻：通宵达旦）

56 ʁlɑχtʂe qəti̊ tsu ʁə.

磨刀石 上面 水 倒

磨刀石上倒水。（喻：耍滑头）

57 tsu mu do-wuɐ tɕho.

水 火 DIR–着火 一样

水都能着火似的。（喻：吹牛不着边际）

（甲波牙讲述）

二 故事

1. 耕地歌

tsɑdʐe ɣme-the ŋu n̥i, zʅɐl tu ɣguɑq tsɐ tu nɑle-k tshuɑ-k

我们 羌族–DEF COP LNK 耕地 时 地坎边 耕 时 怎样–PRT 唱–NMLZ

le hũ-j. qotɕi-j xsoxtɐ-k le, thɑ qotɕi-thɑχ ʂɑne kɐ ʁu-j.

也 有–INDCT 畜生–DAT 听–NMLZ 有 这样 畜生–DEF: PL 好好 走 肯–INDCT

ɦolehe, ɦolehe, ɦolehe, ɦolehe.

哦勒呵 哦勒呵 哦勒呵 哦勒呵

耕地时，我们羌族有一种唱给耕牛听的歌。耕牛听了就肯好好地耕地了。哦勒呵，哦勒呵，哦勒呵，哦勒呵。

tha, qutsadẓe qɐpa n̥o-χɬů tu, ʁepa xua tu-ʂ̥, hadẓa tsua khi
然后 我们 拐角 DIR-到达 LNK 圈 转 时-ABL 转弯曲 唱 需要
pɐʂɐ-j. "hũ ɦa ɦa ɦa ɦa... naχtu ne tʂa ha ha ma! ha ha ha
变成-INDCT 呼 啊 啊 啊 啊 黑牛 CONJ 棕毛 哈 哈 牛 哈 哈 哈
ʁue ha ɦɐ ɦɐ ɦɐ jola, le le le le..." tha, weti-ʂ̥ ɑɬe tu-to
回转 哈 啊 啊 啊 哟啦 下 下 下 下 然后 枝条-AGT 一下 DIR-打去
χtaqɐti̥, χue-k the-j. tha qɐli-k the ɦe-xte n̥i, tha zu̥
屁股上 上面-GEN 那：CL-DAT 然后 下面-GEN 那：CL DIR-推 LNK 再 又
woma ɣguaq ʂɐ-xte ne: "ɦola ɦola ɦola ɦola..."
继续地 坎边 DIR-推 PRT 哦啦 哦啦 哦啦 哦啦

耕牛到拐角处需要转弯时，我们就唱转弯歌："呼啊啊啊啊……黑牛和棕毛牛啊！哈哈哈，回转，啊啊啊，哟啦，下下下下……"然后，用枝条在牛屁股上打一下，将下面那头牛推下去，继续向地坎边犁去："哦啦，哦啦，哦啦，哦啦……"

tha qotɕ thaχ n̥iχpu-k ʂan̥i xsoxtɐ-j. ʂan̥i xudzu̥-j nale. thaʂ,
然后 牲畜 那：PL 非常-ADV 好好 听-INDCT 好好 拉犁-INDCT 那样 然后
ʂo-χʂo n̥i, az χue ha-χɬů tu-ʂ tsan̥i, ɦodẓa ha! əthe ɣʑetse
DIR-冲过 LNK 有点 上面 DIR-到达 时-ABL 我们 哦扎 哈 那样 容易
pi-ʂ-ku. ho xɕe-thaχ "le le le le..." az ʁepə dzɐ-xo ne, tuqpatʂ
变-INCHO-DCT 哦 牛-DEF：CL 勒 勒 勒 勒 一点儿 转圈 DIR-旋转 LNK 犁头
ɦe-tɕha ne "le le le le le..." zɐ tu tha, "hai hai hai hai..." zɐ tu the
DIR-插下 哦 下 下 下 下 下 说 时 然后 嗨 嗨 嗨 嗨 说 LNK 它
maʂe tsɐ-ʂ xudzu̥ pu-ʂ kuat, tha, əthə qɐpa n̥i-qa-j zu̥ ɦa-dẓa
使劲 拉-PFV 变成 成-PFV 这样 然后 那 拐角处 DIR-去-INDCT 再 DIR-转弯
ŋu-j. ɦadẓa the χtsɐ-k le mohũ-j, tha, "ty ty ty ty ty..."
COP-INDCT 转弯歌 那：CL 另外-ADV 一：CL 没有-INDCT 然后 上 上 上 上 上
xɕe az qɐli̥ ɦa-ʁ pi tu qɐli-k the-j ɑɬe ha-to. xue-k
牛 一点儿 下面 DIR-下去 变 时 下面-GEN 那：CL-DAT 一下 DIR-打 上面-GEN
the-j ŋu tu "le le le le le..." zɐ ne, χue-k the ɑɬe
那：CL-DAT COP 时 下 下 下 下 下 说 PRT 上面-GEN 那：CL 一下
tutua ne. wue diʂ χda qɐti̥ ɑɬe tua-tu, qɐli̥ ɦe-lya ku. tha womə dzɐ-xuə
打上 PRT 枝条 用 屁股 上 一下 DIR-打 下面 DIR-来 会 那样 返回 DIR-转

ne-ʂ, tha az ʐ̩oχua-kɐ ha-χɬu tu-ʂ, ʐ̩u ətha, "ɦola ɦola
PRT-LNK 那样 一点儿 地上坎边-LOC DIR-到达 时-ABL 又 从那起 哦啦 哦啦
ɦola ɦola..." ʐ̩ɐ ne. tha qɐli-k the az moxsoxt pi tu, qɐli-k
哦啦 哦啦 说 PRT 那样 下面-GEN 那：CL 一点儿 不听指挥 变 LNK 下面-GEN
the-j χtɕop χtɕop dzɐ-ɕo ne, ʐ̩oχo kəthe atɐ-ʂ qu-za-ʂ
那：CL-DAT 啪啪 啪啪 DIR-打去 LNK 地上坎处 那个 一下子-ADV DIR-贴-ADV
kɐ-ʐ̩i-j atɐ-ʂ, əste ʐ̩oχo-kə ha-zzə-ʂ kɐ-ʐ̩i-j.
走-CAUS-INDCT 一下子-ADV 一直 地上坎边-LOC DIR-贴紧-ADV 走-CAUS-INDCT

然后，那些耕牛变得非常听话了，就会好好地拉犁。我们就从上面一点儿一点儿地犁过去，哦扎，哈！那样，耕地会变得很容易。给耕牛唱着："勒勒勒勒勒……"。转过圈后，把犁头往地下插，嘴里说着："下下下下下……""嗨嗨嗨嗨……"。这时，耕牛就会用力地拉犁了。到拐角处时，我们再唱转弯歌，转弯歌基本是相同的。当耕牛朝下面走时，我们说："上上上上上……"。用枝条打一下下面那个耕牛，对上面那个耕牛说："下下下下下……"。再用枝条在上面那个耕牛屁股上打一下，耕牛就会往下走的。转过弯后，快到坎边时，再唱转弯歌："哦啦，哦啦，哦啦，哦啦……"。再对下面那个有点不听指挥的耕牛啪啪地抽打几下，这样就能让耕牛一直贴紧地坎边走。

（甲波牙讲述）

2．青蛙与兔子争山

tsɐqe-j ʁdyzu ne ʁdi, hatu, ɣgydzɣgodʐ̩ ta-qtə-j. ɣgiodʐ̩ ta-qtə
以前-ABL 青蛙 CONJ 兔子 那么 朋友 DIR-做-INDCT 朋友 DIR-做
ne, ʐ̩ɐq bubbə-j. ʐ̩əq qəpatʂa ʐ̩u ʐ̩ɐsepɐkə lat-ʂ a we ne.
LNK 山头 争-INDCT 山头 头上 又 草坪 大-NMLZ 一：CL 有 PRT

从前，青蛙和兔子做了朋友。做了朋友后，相互争山头。山头上有一个大草坪。

ʐ̩u ətha-tʂa bubba-ɕa be-j. tha ə-thə bubba-ɕa be-k tha,
又 那-块 争夺-COMP 想-INDCT 那么 指称-那 争夺-COMP 想-NMLZ 那时
ʁdi the tʂala az tɕhie-j.
兔子 那：CL 主意 一点儿 大-INDCT

又想争夺那块草坪。正在想抢夺地盘的时候，兔子有了狡猾的主意。

xtiȵia ɣlo iȵ la-χ to-χtɕo qu-xtɕ ne. tha the thə to-χtɕo
心里头 办法 很多 DIR-想法 DIR-想 DIR-到 PRT 那么 它 那 DIR-想

ȵi the-j pukə ɣli-ɕə be-j. qɑ qɑȵi kə ɣle-ku-yɑ
LNK 它-DAT 绊子 使-COMP 想-INDCT 我 我：REFL 走 行-DCT-COMP

tɐ-be-j! ʁdyzu-ȵyȵy kə me-ɣle pu the to-tɕhoŋu-j. kə me-ɣle
DIR-想-INDCT 青蛙-REFL 走 NEG-行 事情 那：CL DIR-知道-INDCT 走 NEG-行

pu-k the to-tɕhoŋů tu zu̥ ʁdyzu the ɣlo to-χtɕo-j. ʁdyzu
事情-GEN 那：CL DIR-知道 时 又 青蛙 那：CL 办法 DIR-想-INDCT 青蛙

aŋů ɣmu ɦo-tsu-j. ʁdyzu aŋů dzɐ-ɣli ne the-ʂ ɣmu ɦo-tsu-j.
全部 会 DIR-开-INDCT 青蛙 所有 DIR-集中 LNK 它-AGT 会 DIR-开会-INDCT

qutsɑndʐ̥e ʐ̥ə mɑ-ts hɑ-j.
我们：REFL 地 NEG-得 到-INDCT

兔子心里有很多想法，想坑骗青蛙。兔子想到自己走得快，青蛙走得慢。青蛙知道自己走得慢，也找到了应对办法。于是，这只青蛙组织所有青蛙一起开会。

“qutsɑndʐ̥e xʂ̥uχtʂ̥e ɣloχtʂ̥e tɐ-ts ne, qɑ-ʂ quɑndʐ̥e-j tʂ̥uɑ ne. χtsɐp
我们：REFL 出主意 想办法 DIR-做 LNK 我-AGT 你们-DAT 说 PRT 山头

tse qɐt ne qu-j khi-j? qutsɑndʐ̥e the-j tɕhy meɣde hɑ-j
这个 上头 几个 DIR-占据 要-INDCT 我们大家 它-DAT 跟 不上 COP-INDCT

tɐ-ʐ̥ɐ-j.” ɐ-le tɐ-ʐ̥ ȵi, thɑ the-ʂ e e e ȵi,
DIR-说-INDCT 指称-这样 DIR-说 LNK 然后 他-AGT 一个 一个 一个 LNK

“qɑ tiqɐt dzu-k-ɕɑ bɑ. ʐ̥ɐq bubbɑ-n the qɑ ŋu-ku. xʂ̥oχtʂ̥e
我 最上面 坐-去-COMP 想 山头 争夺-NMLZ 那：CL 我 COP-DCT 出主意

ɣloχtʂ̥e tsɐ-n the qɑ-ʂ ŋu-ku. thɑ qɑ-ʂ əle tɐ-ts-ʂɐ
想办法 做-NMLZ 那：CL 我-AGT COP-DCT 这样 我-AGT 这样 DIR-做-INCHO

tu. quɑndʐ̥e qɑ-k χtɑkə ɑŋů χtsɐp e the qɐtî, tɐʁe ne ɦozů
LNK 你们 我-GEN 后面 一起 山头 一个 那：CL 上面 排列 CONJ 坐下

bɑ. tsɑndʐ̥e kɐ meɣle pi-j, thɑ the-ʂ ɑ-χquə qɐ tu, quɑdʐ̥e e-ʂ
PRT 我们 走 不动 成-INDCT 这样 他-AGT 一-声 吼 LNK 你们 一：CL-每

ɑ-χquə tɐ-q. the-ʂ ɑ-χquə qɐ tu, quɑdʐ̥eʂ ɑ-χquə tɐ-q, the-ʂ ɑ-χquə
一-声 DIR-吼 它-AGT 一-声 吼 LNK 你们 一-声 DIR-吼 它-AGT 一-声

qɐ tu.” ə-le tə-qtɑ bɑ tɐ-ʐ̥ɐ-j. thɑ, ʁdyzu-thɑχ ə-the
吼 时 指称-这样 DIR-做 哦 DIR-说-INDCT 这样 青蛙-DEF: PL 指称-那儿

ɦe-tʂ̥e ne tɐ-tsɐ-j. ə-thə thɑq tɐ-tsɐ, thɑ ɑ-yɑ ɕiu
DIR-商量 后 DIR-做出-INDCT 指称-那 商量 DIR-做 然后 一-夜 上

ha-qaj ya.
DIR–去–INDCT PRT

这只青蛙说:“我们自己可能争不到地了，大家要出主意、想办法，并由我统一安排。我们要占据这个山头，否则，我肯定跟不上兔子。”这样说了后，这只青蛙安排其他青蛙一个一个地排列在路边，它自己坐在最上面。“因为争夺山头的是我，出主意、想办法的也是我。你们都跟着我在这个山头上排列布阵吧！我们走不动时，兔子就会吼叫一声，咱们就回应一声。也就是兔子吼一声，青蛙也吼一声。”这样，青蛙们在那儿经过商量做出了决定。然后，青蛙们趁黑连夜上了山。

ha-qa n̥i, ʁdyzu thaχ, ɑ-kti pe tu e-j, ɑ-kti pe tu e-j,
DIR–去 LNK 青蛙 那：PL 一–截 过 时 一–CL 一–截 过 时 一–CL
ɑ-kti pe tu e-j, χtsɐp e toŋ tu-so, ʐ̥ɐʁɑ qɐpatʂa di,
一–截 过 时 一–CL 山 一 全部 DIR–满，地里头 顶上 直到
e-the-tʂhe-ʁɑ di ha-χɬu-j. bɐbbə-ʂ tɐ-k ə-thə ʐ̥ɐp
指称–那–张–LOC 直到 DIR–抵达–INDCT 争夺–NMLZ 那–GEN 指称–那：CL 地盘（草地）
the-tʂhe-ʁɑ di ha ʁdit the ʐ̥u tɕe-j, the-ʂ, ow, qan̥i kɐ
那–张–LOC 直到 这样 兔子 那个 又 看–INDCT 它–AGT 啊 我：REFL 走
ɣle-ku tə-ɣbe-j. ma-ʂɐ tsɐ-ʂ ĩʁo ha-ʁo: “əhei!” ʐ̥ɐ tu. tsatɕique
行–DCT DIR–想–INDCT NEG–好 做–INCHO 几步 DIR–迈步 啊嗨 说 时 这边
ʁdyzu the-ʂ: “əhei!” ʐ̥ɐ-ʂ ɑ-χqo χtɕoχtɕi-j, “hai! le-k kɐ ɣle-j
青蛙 那：CL-AGT 啊嗨 说–ADV 一–声 响声–INDCT 哦 那样–ADV 走 行–INDCT
ʐ̥ɐ-j?” ĩʁo ha-qa n̥i, χtso ha-χtso ne, χue-j ha-qa, aha
说–INDCT 几步 DIR–迈步 LNK 几跳 DIR–跳 LNK 上边–DAT DIR–去 一下
təq: “əhei!” ʐ̥ɐ tu, “əhei!” ʐ̥ɐ-j, χtsɐp ɣn̥itɕe quethə-ʂ. ʐ̥u ĩʁo ha-qa
吼叫 啊嗨 说 时 啊嗨 说–INDCT 山 两边 哪里–PRT 又 几步 DIR–去
n̥i, aha tə-q: əhə ʐ̥ɐ tu, əhə ʐ̥ɐ-j, tha, he! qa qɐ-ʂ n̥i the
后 一次 DIR–吼 啊嗨 说 时 啊嗨 说–INDCT 这样 嘿 我 我–AGT 还 它
dʐ̥uj ya! “nale-k χuanse ŋu kua? bɐs qa the-j tɕhy meɣde-j
快 PRT 什么样–GEN 原因 COP PRT 今天 我 它–DAT 跟 不上–INDCT
ya! ʁdyzu-the tsɐk te ma-tʂa-ku te, pɐs qa the-j tɕhy meɣde-j.”
PRT 青蛙–DEF 那：CL 如此 NEG–行–DCT PRT 今天 我 它–DAT 跟 不上–INDCT
tha ĩʁo ne ha-qa n̥i, aha tə-q tu, ʐ̥ulu ə-le ŋu-j.
然后 几步 又 DIR–迈 LNK 一下 DIR–吼叫 LNK 还是 指称–那样 COP-INDCT

ʁdyzu xtixʂe ʐe χpe ŋu-j, tha, hɑ-qɑ n̥i, n̥yn̥y ɑz dɑ-phɑʁu
青蛙 七八个 有 样子 COP-INDCT 然后 DIR-上去 后 自己 一点儿 DIR-累

ʂɐ-j. dɑ-phɑʁu n̥i, ɑz qu-xɕy-s tə. tsɑha qɑn̥i kɐ
COP-INDCT DIR-累 LNK 一点儿 DIR-休息-NMLZ 地方 这下 我：REFL 走

ɣle-ku te, the-k qe tə-bə-ʂ-tɑ ben̥i. thɑ the-ʂ: "ɑhei!"
行-DCT PRT 它-GEN 前面 DIR-超出-INDCT-COMP 以为 这下 它-AGT 啊嗨

zə tu, "ɑhei!" zə-j, "ha! zulu qɑ qɐ-ʂ n̥i dzu-j, nɑle-k
说 时 啊嗨 说-INDCT 嗨 又 我 我-COMPR LNK 快-INDCT 怎么样-GEN

χuanse ŋu?" thɑ zu mɑʂɐ-ne tsɐ-ʂ tu-n̥o-ʂ hɑ-qɑ-j. mɑʂɐtsɐ-ʂ
情况 COP 接着 又 使劲-ADV 做-ADV DIR-跑-ADV DIR-跑去-INDCT 使劲-ADV

ĩχtso to-χtso ĩχtso to-χtso, ɑz χue-j hɑ-qɑ tu, ɑtə-ʂ
几次跳跃 DIR-跳跃 几次跳跃 DIR-跳跃 一点儿 上面-DAT DIR-去 时 一下子-ADV

mɐʂ lə ɣdɐkəɣdɐkə tsɐ-ʂ, thɑ χue-j zɐp bɐbə pɐ-k thɑ
气息 都 喘气喘气 做-INCHO 这样 上面-GEN 地盘 争夺 指称-GEN 那：CL

tʂɑ kɐ due n̥i-ʂ ly pi-j. "yɑ! thɑ qɑn̥i tsɐ hɑ-j
那张 跟前 到达 快-INDCT 来 COP-INDCT PRT 这下 我：REFL 得到 可能-INDCT

be, tshɑ ʁdyzu qɑ-j tɕhy mi ɣde-ʂ-ku, qɑn̥i ɣlɑ ti-be-j."
想 这下 青蛙 我-DAT 跟随 没 跟上-INCHO-DCT 我：REFL 行 DIR-想-INDCT

thɑ zu ɑχ quə tə-qɐ-j: "əhəi!" zɐ tu, "əhəi!" zɐ-j. "he! kuetɕhiu
于是 又 一声 吼 DIR-叫-INDCT 啊嗨 吼 时 啊嗨 叫-INDCT 嘿 怪事

de, pɐs nɑle-k χuɑse ŋu? zu qɑ-k qe to-χɬu-j, tse-k
PRT 今天 什么-GEN 情况 COP 又 我-GEN 前面 DIR-到达-INDCT 这个-GEN

ʁdyzu the nɑle-k χuɑse ŋu? qɑ nɐŋ əxʂəxʂ-ne kɐ-j tɐ-ɣbe-j
青蛙 这个 什么样-GEN 情况 COP 我 CONJ 齐齐-ADV 走-INDCT DIR-想-INDCT

xtin̥iɑ." thɑ, hɑ-χtso-ne zɐʁɑ hɑ-χɬu-j. "o, tshɑ qɑn̥i qu-ɣdeʂ-ku
心里 然后 DIR-跳着-ADV 地里 DIR-到达-INDCT 哦 这下 我：REFL DIR-胜利-DCT

yɑ! tshɑ ʁdyzu qɑ-j tɕhy meɣde bi-ʂ-ku yɑ tə-ɣbe-j." thɑ
PRT 这下 青蛙 我-DAT 跟随 不上 成-INCHO-DCT PRT DIR-想-INDCT 这样

zu, ə-thə zɐ-ʁɑ hɑ-χɬů n̥i: əhə zɐtu, əhə zɐ-j. zɐ-k
又 指称-到 地-LOC DIR-到达 LNK 啊嗨 叫一声 啊嗨 叫-INDCT 地-GEN

χue-j hɑ-ʁ ne ɑ-χqo tə-q tu, ʁdyz χue-j hɑ-qɑ
上面-DAT DIR-上去 LNK 一-声 DIR-吼叫 LNK 青蛙 上面-INDCT DIR-去

ʂɐ-j, n̥i, ʐ̩ɐʁɑ χue-j ɦo-zu-ʂ̩ ʑe pɐ-ʂ̩ɐ-j.
COP-INDCT LNK 地里 上面–DAT DIR–坐–ADV 在 成–COP-INDCT

上山后，走一段就站一只，从山脚到山顶都站满了青蛙，山顶那块大草坪也被占领了。那只兔子想到自己能走得很快。它使劲迈了几步，便“啊嗨”地吼了一声，旁边的青蛙“啊嗨”地回应了一声。兔子心想：“哦！青蛙走得那么快？”于是它又迈了几步，跳跃了几下，走到上面，又“啊嗨”地吼了一声。旁边的青蛙“啊嗨”地回应一声。兔子又迈了几步，又吼叫一声。旁边的青蛙同样回应了一声。这样，兔子很惊讶，以为青蛙比自己跑得快，心想：“到底是什么原因呢？我怎么跟不上它了呀？青蛙平时那么不行，今天我却跟不上它？”然后，兔子又迈了几步，大吼了一声，情况并没有变化，大概有七八只青蛙回应。兔子上去了，但它也有点儿累了，就休息了一下。兔子想这下我走得快了吧，以为自己已经跑到青蛙的前面了。于是，兔子“啊嗨”一声，青蛙“啊嗨”应了一声。兔子心想：“嗨，怎么又比我跑得快？这是怎么回事哦？”接着兔子又使劲地跑了起来，使劲地跳了几次，又往前走了一段。兔子一下子就变得气喘吁吁了，快要到达上面那个要争夺的地盘了。兔子心想：“青蛙应该跟不上我了，我可能要得到那个地盘了，这下我要胜利了。”于是，兔子大声吼一声：“啊嗨！”青蛙又回应了一声。兔子心想：“嘿，太奇怪了，今天是怎么回事哦？这只青蛙怎么又走到了我的前面？究竟是怎么回事？它怎么走的跟我一样快？”然后，兔子快速地跳到了地里，心想：“哦，青蛙肯定跟不上我了，这下应该取胜了吧？”兔子快到目的地时便叫了一声，青蛙又回应了一声。当兔子到目的地后便又吼了一声，然而青蛙已经在那里坐着了。

（甲波牙讲述）

三　史诗《妮莎》选段

1. 梦

qon̥i muɣʑy ne ʐeme ʐ̩ə-di̊ ɕɑ?
我俩 梦 LNK 宝贝 DIR–说唱 PRT
我俩说唱《梦》曲吧？

ʁlək ne tɕhytɕ dʐ̩u ly mɑ.
主人 LNK 跟随 客人 来 PRT
主人引领客跟随。

ɑʐ̩u muɣʑy ne qu-ɣmů na qu-ɣmu-j?
舅舅 梦 LNK DIR–梦 什么 DIR–梦–INDCT
舅舅做梦做了什么梦？

ɑz̩u muɣz̩y ne qu-ɣmu s̩e qu-ɣmu-j.

舅舅 梦 LNK DIR–梦 好 DIR–梦–INDCT

舅舅做个好梦。

nəgə ne xsi-ti tsu-j ɣmu-j?

什么 LNK 三–CL 碰见–INDCT 梦–INDCT

梦到碰见三个什么？

ɣz̩ətɕ ne xsi-ti tsu-j ɣmu-j.

人类 LNK 三–CL 碰见–INDCT 梦–INDCT

梦见了三个人。

ɑz̩u muɣz̩y ne qu-ɣmů na qu-ɣmu-j?

舅舅 梦 LNK DIR–梦 什么 DIR–梦–INDCT

舅舅做了啥梦？

ɑz̩u muɣz̩y ne qu-ɣmů s̩e qu-ɣmu-j.

舅舅 梦 LNK DIR–梦 好 DIR–梦–INDCT

舅舅做了好梦。

nəgə ne ʁueɣgů kə-j ɣmu-j?

什么 LNK 地方 走–INDCT 梦–INDCT

梦见去了啥地方？

mə-j ne ʁueɣgů kə-j ɣmu-j.

天–GEN LNK 地方 走–INDCT 梦–INDCT

梦见走在天地间。

ɑz̩u muɣz̩y ne qu-ɣmů na qu-ɣmu-j?

舅舅 梦 LNK DIR–梦 什么 DIR–梦–INDCT

舅舅做了什么梦？

ɑz̩u muɣz̩y ne qu-ɣmů s̩e qu-ɣmu-j.

舅舅 梦 LNK DIR–梦 好 DIR–梦–INDCT

舅舅做了好梦。

nəgə ne xtiɣgů kə-j ɣmu-j?

什么 LNK 中间 走–INDCT 梦–INDCT

梦见走在啥中间？

ɕue-k ne xtiɣgů kɐ-j ɣmu-j.

海子–GEN LNK 中间 走–INDCT 梦–INDCT

梦见走在海中央。

ɑzu̥ muɣʑ̥y ne qu-ɣmu̥ na qu-ɣmu-j?

舅舅 梦 LNK DIR–梦 什么 DIR–梦–INDCT

舅舅做了什么梦？

ɑzu̥ muɣʑ̥y ne qu-ɣmu̥ ʂ̥e qu-ɣmu-j.

舅舅 梦 LNK DIR–梦 好 DIR–梦–INDCT

舅舅做了个好梦。

nəgə ne xsi-ɣgi̥ ʁuɑ-j ɣmu-j?

什么 LNK 三–CL 迈步–INDCT 梦–INDCT

梦见迈过啥三样？

ʁupu ne xti-ɣgi̥ ʁuɑ-j ɣmu-j.

山坳 LNK 三–CL 迈步–INDCT 梦–INDCT

梦见迈过三山坳。

ɑzu̥ muɣʑ̥y ne qu-ɣmu̥ na qu-ɣmu-j?

舅舅 梦 LNK DIR–梦 什么 DIR–梦–INDCT

舅舅做了什么梦？

ɑzu̥ muɣʑ̥y ne qu-ɣmu̥ ʂ̥e qu-ɣmu-j.

舅舅 梦 LNK DIR–梦 好 DIR–梦–INDCT

舅舅做了个好梦。

nəgə ne xsi-zɑ ʁuɑ-j ɣmu-j?

什么 LNK 三–CL 迈步–INDCT 梦–INDCT

梦见迈过啥三条？

xkietsu̥ ne xti-zɑ ʁuɑ-j ɣmu-j.

大江 LNK 三–CL 迈步–INDCT 梦–INDCT

梦见迈过三条江。

ɑzu̥ muɣʑ̥y ne qu-ɣmu̥ na qu-ɣmu-j?

舅舅 梦 LNK DIR–梦 什么 DIR–梦–INDCT

舅舅做了什么梦？

ɑzu̥ muɣʑ̥y ne qu-ɣmu̥ ʂ̥e qu-ɣmu-j.

舅舅 梦 LNK DIR–梦 好 DIR–梦–INDCT

舅舅做了个好梦。

nəgə ne xsi-ɣgi̥ ʁuɑ-j ɣmu-j?

什么 LNK 三–CL 迈步–INDCT 梦–INDCT

梦见迈过三个啥？

tshopu ne xti-ɣgi̊ ʁuɑ-j ɣmu-j.

桥梁 LNK 三–CL 迈步–INDCT 梦–INDCT

梦见迈过三座桥。

ɑzu̥ muɣʑy ne qu-ɣmů na qu-ɣmu-j?

舅舅 梦 LNK DIR–梦 什么 DIR–梦–INDCT

舅舅做了什么梦？

ɑzu̥ muɣʑy ne qu-ɣmů ʂe qu-ɣmu-j.

舅舅 梦 LNK DIR–梦 好 DIR–梦–INDCT

舅舅做了个好梦。

nəgə ne xsi-ti dzu̥-j ɣmu-j?

什么 LNK 三–CL 敬神–INDCT 梦–INDCT

梦见祭祀三座啥？

tɕhoxti ne xti-tid zu̥-j ɣmu-j.

神塔 LNK 三–CL 敬神–INDCT 梦–INDCT

梦见祭祀三神塔。

（龙波他讲述）

2．酒歌之源

qon̥i ʑen ne pima zə̥-di̊ ɕɑ?

我俩 酒歌 LNK 父母 DIR–唱合 PRT

我俩合唱《酒歌之源》吧？

ʁlə-k ne tɕhytɕ dzu̥ ly mɑ.

主人–GEN LNK 跟随 客人 来 PRT

客人跟随主人来啊。

ʑen pi xʂu ne zə̥p taʁɑ dʑi-j?

酒歌 父亲 降生 LNK 地方 哪里 说–INDCT

酒歌父亲降生何地？

mə-j ne ʁueɣgů pi tu-kxʂu-j.

天–DAT LNK 中间 父亲 DIR–降生–INDCT

父亲降生天中间。

ʑen ma xʂu ne ʐəp taʁɑ dʑi-j?

酒歌 母亲 降生 LNK 地方 哪里 说–INDCT

酒歌母亲降生何地?

ɕo-k ne xtiɣgů ma tu-kxʂu-j.

海–GEN LNK 中央 母亲 DIR–降生–INDCT

母亲降生海中央。

pi-j ne ɣmu wɐ na ɣmu wɐ-j?

父亲–DAT LNK 名字 有 什么 名字 有–INDCT

父亲的名字叫啥?

pi-j ne ɣmu wɐ jɑthɑ dʑi-j.

父亲–DAT LNK 名字 有 牙他 叫–INDCT

父亲的名字叫牙他。

ma-j ne ɣmu wɐ na ɣmu wɐ-j?

母亲–DAT LNK 名字 有 什么 名字 有–INDCT

母亲的名字叫啥?

ma-j ne ɣmu wɐ ʑeɳi[1] dʑi-j.

母亲–DAT LNK 名字 有 亚里 叫–INDCT

母亲的名字叫亚里。

pi lɑ nəgə ne xsi-thue xʂə-ɬi kə-j?

父亲 呀 什么 LNK 三–CL DIR–放 去–INDCT

父亲放下来三场什么?

pi ɑ qhɑχʂ ne xsi-thue xʂə-ɬi kə-j.

父亲 呀 冰雹 LNK 三–CL DIR–放 去–INDCT

父亲放下来三场冰雹。

ma lɑ nəgə ne xsi-thue xʂə-ɬi kə-j?

母亲 呀 什么 LNK 三–CL DIR–放 去–INDCT

母亲放下来三场什么?

ma lɑ muɣʑẙ ne xsi-thue xʂə-ɬi kə-j.

母亲 呀 雨水 LNK 三–CL DIR–放 去–INDCT

母亲放下来三场雨。

---

① 与“妇女”一词同音。

pi la nəgə ne tʂɑŋχo xʂə-tsho kə-j?

父亲 呀 什么 LNK 帐篷 DIR–收拾 去–INDCT

父亲呀收了什么帐篷?

pi la ɣdɑn̥i ne tʂɑŋχo xʂə-tsho kə-j.

父亲 呀 黑云 LNK 帐篷 DIR–收拾 去–INDCT

父亲呀收了黑云帐篷。

ma la nəgə ne tʂɑŋχo xʂə-tsho kə-j?

母亲 呀 什么 LNK 帐篷 DIR–收拾 去–INDCT

母亲呀收了什么帐篷?

ma la ɣdɑtɕhi ne tʂɑŋχo xʂə-tsho kə-j.

母亲 呀 白云 LNK 帐篷 DIR–收拾 去–INDCT

母亲呀收了白云帐篷。

ʑen ne tɕextů na-ti dʑi-j?

酒歌 LNK 弟兄 几–CL 说–INDCT

说酒歌有几个兄弟?

ʑen ne tɕextů xsi-ti dʑi-j.

酒歌 LNK 弟兄 三–CL 说–INDCT

说酒歌有三个兄弟。

a-ti taʐ ne takhů kə-ɕɑ dʑi-j?

一–CL 什么地 LNK 什么地方 走–COMP 说–INDCT

一个说去什么地方?

ləxti̊kədʐ ne kəkhů[①] kə-ɕɑ dʑi-j.

纳咪寨 LNK 地名 走–COMP 说–INDCT

说去大寨纳咪沟。

kədʐ ne kəkhů na khie tʂə-j?

纳咪寨 LNK 地名 什么 生意 做–INDCT

纳咪寨做啥生意?

kədʐ ne kəkhů xɕe khie tʂə-j.

纳咪寨 LNK 地名 牛 生意 做–INDCT

纳咪寨做牛生意。

① 即 kho·xtɕy·χupuʁɑ，在大寨乡纳咪寨。

nəgə ne ɣbu-ʁɑ zə̥-que kə-j?
什么 LNK 窝-LOC DIR-包 去-INDCT
存放在什么窝里?
xɕythy ne ɣbu-ʁɑ zə̥-que kə-j.
牛毛毡 LNK 窝-LOC DIR-包 去-INDCT
牛毛毡窝里存放了。
nəgə ne ɣbu-ʁɑ qu-xtɕ kə-j?
什么 LNK 窝-LOC DIR-放 去-INDCT
什么窝里存放了?
zumɑ ne ɣbu-ʁɑ qu-xtɕ kə-j.
柏树 LNK 窝-LOC DIR-放 去-INDCT
柏香树窝里存放了。
taʐ ne takhů kə-ɕɑ dʑi-j?
什么地头 LNK 地方 走-COMP 说-INDCT
什么样地方走去了?
ʁəʐ ne ʁəkhů kə-ɕɑ dʑi-j.
汉人地 LNK 地方 走-COMP 说-INDCT
汉人汉地走去了。
ʁəʐ ne ʁəkhů na khie tʂə-j?
汉人地 LNK 地方 什么 生意 说-INDCT
汉人汉地做啥生意?
ʁəʐ ne ʁɐkhů mutɕɑ khie tʂə-j.
汉人地 LNK 地方 木匠 生意 说-INDCT
汉人汉地做木匠生意。
nəgə ne ɣbu-ʁɑ zə̥-que kə-j?
什么 LNK 窝-LOC DIR-放 去-INDCT
什么样窝里存放了?
ʂoʂo ne ɣbu-ʁɑ zə̥-que kə-j.
纸张 LNK 窝-LOC DIR-放 去-INDCT
纸做窝里存放了。
nəgə ne xkietɑ zə̥-tsů kə-j?
什么 LNK 礼物 DIR-结 去-INDCT
什么样疙瘩结起了?

ʁueli̥ ne xkietɑ zə̥-tsu̥ kə-j.

丝线 LNK 疙瘩 DIR-结 去-INDCT

丝线疙瘩结起了。

nəgə ne ɣbu-ʁɑ qu-xɕi̥ kə-j?

什么 LNK 窝-LOC DIR-放 去-INDCT

什么样窝里存放了？

tʂuɣzu̥ ne ɣbu-ʁɑ qu-xɕi̥ kə-j.

河沙 LNK 窝-LOC DIR-放 去-INDCT

河沙窝里存放了。

xtiʑ ne tɕisɑ na-ti dʑi-j?

未出嫁 LNK 姊妹 几-CL 说了

未嫁姊妹有几个？

xtiʑ ne tɕisɑ xsi-ti dʑi-j.

未出嫁 LNK 姊妹 三-CL 说了

未嫁姊妹有三个。

titi（tha-ti） tɑʐ ne takhu̥ kə-ɕɑ dʑi-j?

第一个（那-个） 哪地方 LNK 哪里地头 走-COMP 说-INDCT

第一个说去啥地头？

titi xkuʐ ne xkuq kə-ɕɑ dʑi-j.

第一个 燕云乡 LNK 地名 走-COMP 说-INDCT

第一个说去燕云地头。

xkuʐ ne xkuq na-ɕɑ dʑi-j?

燕云乡 LNK 地名 什么-COMP 说-INDCT

燕云地头说做啥？

xkuʐ ne xkuq xʂu-ɕɑ dʑi-j.

燕云乡 LNK 地名 氆氇-COMP 说-INDCT

燕云地头说织氆氇。

xʂu ta ne takhu̥ na-ti dʑi-j?

氆氇 编织 LNK 织布机卡子 几-CL 说-INDCT

氆氇织布机卡子有几个？

xʂu ta ne takhu̥ ɣn̥i-ti dʑi-j.

氆氇 编织 LNK 织布机卡子 两-CL 说-INDCT

氆氇织布机卡子有两个。

xʂu ta ne taχa na-ti dʑi-j?

氆氇 编织 LNK 织布机刀 几–CL 说–INDCT

氆氇织布机刀有几个？

xʂu ta ne taχa a-ti dʑi-j.

氆氇 编织 LNK 织布机刀 一–CL 说–INDCT

氆氇织布机刀有一个。

xʂu ta ne tuexpi na-ti dʑi-j?

氆氇 编织 LNK 织布机上下拉线 几–CL 说–INDCT

氆氇织布机上下拉线有几个？

xʂu ta ne tuexpi ɣȵi-ti dʑi-j.

氆氇 编织 LNK 织布机上下拉线 两–CL 说–INDCT

氆氇织布机上下拉线有两个。

xʂu ta ne goɕi na-ti dʑi-j?

氆氇 编织 LNK 织布机分线木片 几–CL 说–INDCT

氆氇织布机分线木片有几个？

xʂu ta ne goɕi a-ti dʑi-j.

氆氇 编织 LNK 织布机分线木片 一–CL 说–INDCT

氆氇织布机分线木片有一个。

xʂu ta ne tɕeɕi na-ti dʑi-j?

氆氇 编织 LNK 织布机接头干 几–CL 说–INDCT

氆氇织布机接头杆有几个？

xʂu ta ne tɕeɕi a-ti dʑi-j.

氆氇 编织 LNK 织布机接头干 一–CL 说–INDCT

氆氇织布机接头杆有一个。

ɣȵiti（tha-ti） taʐ ne takhů kə-ɕɑ dʑi-j?

二个（那–个） 哪里地方 LNK 哪里地头 走–COMP 说–INDCT

第二个走去了啥地头？

ɣȵi-ti ʁəʐ ne ʁəkhů kə-ɕɑ dʑi-j.

两–CL 汉人地方 LNK 汉人地头 走–COMP 说–INDCT

第二个走到汉人居住地。

ʁəʐ ne ʁəkhů na-ɕɑ dʑi-j?

汉人地方 LNK 汉人地头 什么–COMP 说–INDCT

去汉人居住地做什么？

ʁəʐ ne ʁəkhů ʁue-ɕɑ dʑi-j.
汉人地方 LNK 汉人地头 丝绸–COMP 说–INDCT
去汉人居住地做丝绸。

ʁue te ne takhů ne-ti dʑi-j?
丝绸 编织 LNK 织布机卡子 几–CL 说–INDCT
丝绸织布机卡子有几个?

ʁue te ne takhů ɣn̥i-ti dʑi-j.
丝绸 编织 LNK 织布机卡子 两–CL 说–INDCT
丝绸织布机卡子有两个。

ʁue te ne taχa na-ti dʑi-j?
丝绸 编织 LNK 织布机刀 几–CL 说–INDCT
丝绸织布机刀有几个?

ʁue te ne taχa a-ti dʑi-j.
丝绸 编织 LNK 织布机刀 一–CL 说–INDCT
丝绸织布机刀有一个。

ʁue te ne tuexpi na-ti dʑi-j?
丝绸 编织 LNK 织布机上下拉线 几–CL 说–INDCT
丝绸织布机上下拉线有几个?

ʁue te ne tuexpi ɣn̥i-ti dʑi-j.
丝绸 编织 LNK 织布机上下拉线 两–CL 说–INDCT
丝绸织布机上下拉线有两个。

ʁue te ne goɕi na-go dʑi-j?
丝绸 编织 LNK 织布机分线木片 几–CL 说–INDCT
丝绸织布机分线木片有几个?

ʁue te ne goɕi ɣn̥i-go dʑi-j.
丝绸 编织 LNK 织布机分线木片 两–CL 说–INDCT
丝绸织布机分线木片有两个。

ʁue te ne tɕeɕi na-ti dʑi-j?
丝绸 编织 LNK 织布机接线棒 几–CL 说–INDCT
丝绸织布机接线棒有几个?

ʁue te ne tɕeɕi a-ti dʑi-j.
丝绸 编织 LNK 织布机接线棒 一–CL 说–INDCT
丝绸织布机接线棒有一个。

xsiti taʐ ne takhů kə-ɕɑ dʑi-j?
三个 哪里地方 LNK 哪里地头 走-COMP 说-INDCT
第三个说走啥地头？

xsi-ti ləʐ ne ləkhů kə-ɕɑ dʑi-j.
三-CL 松坪沟 LNK 亚骨寨 走-COMP 说-INDCT
第三个说走松坪沟亚骨寨。

ləʐ ne ləkhů na-ɕɑ dʑi-j?
松坪沟 LNK 亚骨寨 什么-COMP 说-INDCT
松坪沟亚骨寨做什么？

ləʐ ne ləkhů xʂu[①]-ɕɑ dʑi-j.
松坪沟 LNK 亚骨寨 （织）毪-COMP 说-INDCT
松坪沟亚骨寨织毪子。

xɕotů ne taxků ne-tsɑ dʑi-j?
毪子 LNK 织布机卡子 几-CL 说-INDCT
毪子织布机卡有几个？

xɕotů ne taxků ɣɳi-tsɑ dʑi-j.
毪子 LNK 织布机卡子 两-CL 说-INDCT
毪子织布机卡有两个。

xɕotů nc taχa nc-tsɑ dʑi-j?
毪子 LNK 织布机刀 几-CL 说-INDCT
毪子织布机刀有几个？

xɕotů ne taχa ɑ-tsɑ dʑi-j.
毪子 LNK 织布机刀 一-CL 说-INDCT
毪子织布机刀有一个。

xɕotů ne tuexpi ne-tsɑ dʑi-j?
毪子 LNK 织布机上下拉线 几-CL 说-INDCT
毪子织布机上下拉线有几个？

xɕotů ne tuexpi ɣɳi-tsɑ dʑi-j.
毪子 LNK 织布机上下拉线 两-CL 说-INDCT
毪子织布机上下拉线有两个。

---

① 应为 xɕo（毪）。

xɕotů　ne　goɕi　ne-go　dʑi-j?
毪子　LNK　织布机分线木片　几–CL　说–INDCT
毪子织布机分线木片有几个？

xɕotů　ne　goɕi　ɣn̥i-go　dʑi-j.
毪子　LNK　织布机分线木片　两–CL　说–INDCT
毪子织布机分线木片有两个。

xɕotu　ne　tɕeɕi　na-ti　dʑi-j?
毪子　LNK　织布机接线棒　几–CL　说–INDCT
毪子织布机接线棒有几个？

xɕotů　ne　tɕeɕi　a-ti　dʑi-j.
毪子　LNK　织布机接线棒　一–CL　说–INDCT
毪子织布机接线棒有一个。

（龙波他讲述）

3. 走捷径

qon̥i　ɣgyo　xʂuə　ne　ɣgyo-k　zə-di̊　ɕɑ?
我俩　路　捷径　LNK　路–走　DIR–说唱　PRT
我俩说唱《走捷径》曲吧？

ʁlə-k　ne　tɕytɕ　dʐ̥u　ly　mɑ.
主人–GEN　LNK　跟随　客人　来　PRT
主人引领客人跟随。

dʐ̥u-ʂ　dʑizů　pəmbɑ[1]　ne　quɕ　hɑ-ɣgů　n̥i?
客人–AGT　青稞粒　三尖馍　LNK　样子　DIR–出发　PRT
客人从青稞粒大如三尖馍的那个地方出发吗？

qɑ　pəmbɑ　ne　quɕ　hɑ-ɣgů　tɐ.
我　三尖馍　LNK　样子　DIR–出发　PRT
我从青稞粒大如三尖馍的地方出发了。

pəmbɑ　ne　quɕ　tɑʁɑ　suɑ-j?
三尖馍　LNK　样子　哪里　算–INDCT
像三尖馍的地方从哪里算？

---

① m 是 b 的变体，下同。三尖馍是一种铁质用具。

r̊ədʑɑ[1]　ne　χɬembu　pəmba　suɑ-j.

地球　LNK　三尖大山　三尖馍　算–INDCT

像三尖馍一样大的地方是三尖大山。

dʐu-ʂ　ʐəp　hø　jɑ　ne　quɕ　qu-q　ȵi?

客人　地方　虎　皮　LNK　样子　DIR–进去　PRT

客人进入虎皮一样的地方了吗？

qɑ-ʂ　hø　jɑ　ne　quɕ　qu-q　tə.

我–AGT　虎　皮　LNK　样子　DIR–进去　PRT

我进入虎皮一样的地方了。

hø　jɑ　ne　quɕ　taʁɑ　suɑ-j?

虎　皮　LNK　样子　哪里　算–INDCT

虎皮一样的地方算哪里？

wɑ-k　ne　lyɕ　hø　jɑ　suɑ-j.

粮食–GEN　LNK　生长　虎　皮　算–INDCT

粮食生长之地算虎皮地方。

hɑmɬiɬi　ne　lyɕ　taʁɑ　suɑ-j?

万物　LNK　生长　哪里　算–INDCT

万物生长地方算哪里？

r̊ədʑɑ　χɬembu　ne　qətı̊　suɑ-j.

地球　三尖大山　LNK　上　算–INDCT

万物生长的地方是山原。

qu　χʂɑ　χqe　ne　dʑoʁɑ　ʐu-tɕỵ　ȵi?

你　石墙　缝隙　LNK　地头　DIR–来　PRT

你从石墙缝里过来的吗？

qu　χʂɑ　χqe　ne　dʑoʁɑ　ʐu-tɕỵ　tə.

我　石墙　缝隙　LNK　地头　DIR–来　PRT

我是从石墙缝里过来的。

χʂɑ　χqe　ne　dʑoʁɑ　nəgə　ne　ɣȵi-ti　qu-d　ȵi?

石墙　缝隙　LNK　地头　什么　LNK　两–CL　DIR–迎接　PRT

石墙缝里两只什么东西来迎接了？

---

① r̊ 是 r 的清化音，下同。

ʁləw ne ɣn̥i-ti qu-d n̥i.

贝母鸡 LNK 两–CL DIR–迎接 PRT

两只贝母鸡来迎接了。

nəgə ne ɣn̥i-ti ɣgyo xʂ̥uɑ ɣgye-j?

什么 LNK 两–CL 路 捷径 开启–INDCT

两只什么引捷径？

ʁləw ne ɣn̥i-ti ɣgyo xʂ̥uɑ ɣgye-j.

贝母鸡 LNK 两–CL 路 捷径 开启–INDCT

两只贝母鸡引捷径。

ɣzəχtʂ̥e ne dʑ̥oʁɑ zə̥-tɕ̥ẙ n̥i?

草坡 LNK 地头 DIR–来 QUES

客人从草坡中间过来了吗？

ɣzəχtʂ̥e ne dʑ̥oʁɑ zə̥-tɕ̥ẙ tɐ.

草坡 LNK 地头 DIR–来 PRT

客人从草坡中间过来了。

nəgə ne ɣn̥i-ti qu-d n̥i-j?

什么 LNK 两–CL DIR–迎接 来–INDCT

两只什么来迎接了？

ʁdu-tɕ̥he ne ɣn̥i-ti qu-d n̥i-j.

鹿子–DEF LNK 两–CL DIR–迎接 来–INDCT

两只鹿子来迎接了。

nəgə ne ɣn̥i-ti ɣgyo xʂ̥uɑ ɣgye-j?

什么 LNK 两–CL 路 捷径 开启–INDCT

两只什么引捷径？

ʁdu-tɕ̥he ne ɣn̥i-ti ɣgyo xʂ̥uɑ ɣgye-j.

鹿子–DEF LNK 两–CL 路 捷径 开启–INDCT

两只鹿子引捷径。

phuχtʂ̥e ne dʑ̥oʁɑ zə̥-tɕ̥ẙ n̥i?

树林 LNK 地头 DIR–来 PRT

客人从树林里过来了吗？

phuχtʂ̥e ne dʑ̥oʁɑ zə̥-tɕ̥ẙ tu.

树林 LNK 地头 DIR–来 PRT

客人从树林里过来了。

nəgə ne ɣn̥i-ti qu-d n̥i-j?

什么 LNK 两-CL DIR-迎接 来-INDCT

两只什么来迎接了？

xtɕytɕy̥ ne ɣn̥i-ti qu-d n̥i-j.

獐子 LNK 两-CL DIR-迎接 来-INDCT

两只香獐来迎接了。

nəgə ne tɕe-ʂ̥ ɣgyo xʂ̥uɑ ɣgye-j?

什么 LNK 指称-ADV 路 捷径 开启-INDCT

几只香獐来引捷径？

xtɕytɕẙ ne tɕe-ʂ̥ ɣgyo xʂ̥uɑ ɣgye-j.

獐子 LNK 指称-ADV 路 捷径 开启-INDCT

两只獐子来引捷径。

lən̥i ne dʑoʁɑ zə̥-tɕẙ n̥i?

森林 LNK 地头 DIR-来 PRT

客人从森林中间过来了吗？

lən̥i ne dʑoʁɑ zə̥-tɕẙ tu.

森林 LNK 地头 DIR-来 PRT

客人从森林中间过来了。

nəgə ne ɣn̥i-ti qu-d n̥i-j?

什么 LNK 两-CL DIR-迎接 来-INDCT

两只什么来迎接了？

poj ne ɣn̥i-ti qu-d n̥i-j.

马熊 LNK 两-CL DIR-迎接 来-INDCT

两只马熊来迎接。

ɣgyo xʂ̥uɑ ne ɣgye-n ʂ̥əda dʑ̥i-j?

路 捷径 LNK 开启-NMLZ 谁个 有-INDCT

是谁引领走捷径？

poj ne ɣn̥i-ti ɣgyo xʂ̥uɑ ɣgye-j.

马熊 LNK 两-CL 路 捷径 开启-INDCT

马熊引领走捷径。

jahĩ ne dʑoʁɑ zə̥-tɕẙ n̥i?

岩红 LNK 地头 DIR–来 PRT

客人从悬崖里走过来了吗？

jahĩ ne dʑoʁɑ zə̥-tɕẙ tu.

岩红 LNK 地头 DIR–来 PRT

客人从悬崖里走过来了。

nəgə ne ɣn̥i-ti qu-d n̥i-j?

什么 LNK 两–CL DIR–迎接 来–INDCT

两只什么来迎接？

gogo ne xsi-gi̊ qu-d n̥i-j.

燕子 LNK 三–CL DIR–迎接 来–INDCT

三只燕子来迎接。

ɣgyo xʂ̥uɑ ne ɣgye-n ʂ̥ədɑ dʑ̥i-j?

路 捷径 LNK 开启–NMNLZ 谁个 有–INDCT

是谁引领捷径？

gogo ne xsi-gi̊ ɣgyo xʂ̥uɑ ɣgye-j.

燕子 LNK 三–CL 路 捷径 开启–INDCT

三只燕子引领捷径。

tʂ̥ugu ne dʑoʁɑ zə̥-tɕẙ n̥i?

沼泽 LNK 地头 DIR–来 PRT

客人从沼泽地头过来了吗？

tʂ̥ugu ne dʑoʁɑ zə̥-tɕẙ tu.

沼泽 LNK 地头 DIR–来 PRT

客人从沼泽地头过来了。

nəgə ne ɣn̥i-ti qu-d n̥i-j?

什么 LNK 两–CL DIR–迎接 来–INDCT

两只什么来迎接？

ʁdyzu ne ɣn̥i-ti qu-d n̥i-j.

青蛙 LNK 两–CL DIR–迎接 来–INDCT

两只青蛙来迎接。

ɣgyo xʂ̥uɑ ne ɣgye-n ʂ̥ədɑ dʑ̥i-j?

路 捷径 LNK 开启–NMLZ 谁个 有–INDCT

是谁引领走捷径？

ʁdyzu ne ɣn̥i-ti ɣgyo xʂuɑ ɣgye-j.

青蛙 LNK 两–CL 路 捷径 开启–INDCT

两只青蛙引领走捷径。

ʁupu ne dʐoʁɑ zə̥-tɕẙ n̥i?

山垭口 LNK 地头 DIR–来 PRT

客人从山垭口过来了吗？

ʁupu ne dʐoʁɑ zə̥-tɕẙ tu.

山垭口 LNK 地头 DIR–来 PRT

客从山垭口过来了。

nəgə ne ɣn̥i-ti qu-d n̥i-j?

什么 LNK 两–CL DIR–迎接 来–INDCT

两个什么来迎接？

mən̥ ne χɬən̥ qu-d n̥i-j.

太阳 CONJ 月亮 迎接 来–INDCT

太阳和月亮来迎接。

ʁlə-ʂ̥ nəgə ne χtse-ʂ̥ qu-d n̥i-j?

主人 什么 LNK 拿–ADV DIR–迎接 来–INDCT

主人拿着什么来迎接？

hatɕhi̊ hãbu ne χtse-ʂ̥ qu-d n̥i-j.

锣鼓 响器 LNK 拿–ADV DIR–迎接 来–INDCT

拿着锣鼓响器来迎接。

ʁlə-ʂ̥ nəgə ne χtse-ʂ̥ qu-d n̥i-j?

主人 什么 LNK 拿–ADV DIR–迎接 来–INDCT

主人拿着什么来迎接？

hĩků hĩxs ne χtse-ʂ̥ qu-d n̥i-j.

陈酒 新酒 LNK 拿–ADV DIR–迎接 来–INDCT

拿着新酒陈酒来迎接。

dʐ̥u-j nəgə ne χtse-ʂ̥ qu-d n̥i-j?

客人–DAT 什么 LNK 拿–ADV DIR–迎接 来–INDCT

拿什么来迎接客人？

lapɑ ne phu-ʂ qu-d n̥i-j.

唢呐 LNK 吹奏-ADV DIR-迎接 来-INDCT

吹奏着唢呐来迎接。

pipu nəgə ne χtse-ʂ qu-d n̥i-j?

长辈 什么 LNK 拿-ADV DIR-迎接 来-INDCT

长辈拿着什么来迎接?

pipu kholo ne χtse-ʂ qu-d n̥i-j.

男长辈 转经筒 LNK 拿-ADV DIR-迎接 来-INDCT

男长辈拿着转经筒来迎接。

ʑen̥i nəgə ne χtsə-ʂ qu-d n̥i-j?

女长辈 什么 LNK 带-ADV DIR-迎接 来-INDCT

女长辈拿着什么来迎接?

ʑen̥i kəɣʐ[①] ne tsə-ʂ qu-d n̥i-j.

女长辈 舞蹈 LNK 做-ADV DIR-迎接 来-INDCT

女长辈跳着舞蹈来迎接。

phoso nəgə ne χtse-ʂ qu-d n̥i-j?

小伙子 什么 LNK 拿-ADV DIR-迎接 来-INDCT

小伙子拿着什么来迎接?

leʁʐ ledʐ ne χtse-ʂ qu-d n̥i-j.

手玩 手笑 LNK 带-ADV DIR-迎接 来-INDCT

手舞足蹈来迎接。

tɕisɑ nəgə ne χtse-ʂ qu-d n̥i-j?

姐妹 什么 LNK 拿-ADV DIR-迎接 来-INDCT

姑娘拿着什么来迎接?

ɣdioʁʐ ɣdiodʐɑ ne χtse-ʂ qu-d n̥i-j.

玩耍 玩笑 LNK 拿-ADV DIR-迎接 来-INDCT

笑逐颜开来迎接。

（龙波他讲述）

① 多指“妮莎”。

4. 出嫁唱说①

qon̥i ʑ̥e-k xuɑ ne ʑ̥eme zə̥-di̊ ɕɑ?

我俩 辛劳-NMLZ 回想 LNK 指称 DIR-说唱 PRT

我俩说唱回想辛劳曲吧？

ʁlə-k ne tɕhytɕẙ dzu̥ ly mɑ.

主人-GEN LNK 跟随 客人 来 PRT

主人引领客跟随。

mɑnɑ mɑnɑ qɑ mɑnɑ-j.

伤感 伤感 我 伤感-INDCT

伤感伤感我伤感。

qu mɑnɑ tu na tə-pi-j?

你 伤感 时 什么 DIR-变成-INDCT

你伤感时怎样痛？

mɑnɑ xsi-thue ɑtɕe ly-j.

伤感 三-CL 一起 来-INDCT

三次伤痛一起痛。

nəqə̥ ne χtɕya tu a-thue ly-j?

什么 LNK 想念 时 一-CL 来-INDCT

想念什么时痛一次？

pima ne χtɕya tu a-thue ly-j.

父母 LNK 想念 时 一-CL 来-INDCT

想念父母时痛一次。

nəqə̥ ne χtɕya tu ɣn̥i-thue ly-j?

什么 LNK 想念 时 两-CL 来-INDCT

想念什么时痛两次？

pi-z̥ ne χtɕya tu ɣn̥i-thue ly-j.

故土 LNK 想念 时 两-CL 来-INDCT

想念故土时痛两次。

---

① 出嫁女想家时唱的曲子。

nəgə ne χtɕya tu xsi-thue ly-j?

什么 LNK 想念 时 三-CL 来-INDCT

想念什么时痛三次？

ɣgiodʐ ne χtɕya tu xsi-thue ly-j.

朋友 LNK 想念 时 三-CL 来-INDCT

想念朋友时痛三次。

nəgə ne dʑi tu pima dʑi-j?

什么 LNK 说 时 父母 COP-INDCT

想念父母咋辛苦？

ɣguɬi ba ʑe ne ly-n pima dʑi-j.

九月 背负 辛苦 LNK 来-NMLZ 父母 COP-INDCT

九月怀胎多辛苦。

nəgə ne dʑi tu pima dʑi-j?

什么 LNK 说 时 父母 COP-INDCT

想念父母咋辛苦？

ɑ-ja tse ʑe ne ly-n pima dʑi-j.

一-夜 分娩 辛苦 LNK 来-NMLZ 父母 COP-INDCT

一夜分娩多辛苦。

nəgə ne dʑi tu pima dʑi-j?

什么 LNK 说 时 父母 COP-INDCT

想念父母咋辛苦？

ɣgu-p ʂu ʑe ne ly-n pima dʑi-j.

九年 抚育 辛苦 LNK 来-NMLZ 父母 COP-INDCT

九年养育多辛苦。

nəgə ne dʑi tu pima dʑi-j?

什么 LNK 说 时 父母 COP-INDCT

想念父母怎不易？

moɣʑ ɣʑi tu ne tsə-n pima dʑi-j.

无知 有知 时 LNK 做-NMLZ 父母 说-INDCT

劳心劳力教会人。

ʐəp nəgə ne quɕ pi-ʐ suɑ-j?

地方 什么 LNK 样子 父-地 算-INDCT

什么地方是故土？

dʐɑlɑxtutɕhe ne quɕ pi-ʐ suɑ-j.

出生地 LNK 样子 父–地 算–INDCT

出生地方算故土。

ʐəp nəgə ne quɕ pi-ʐ suɑ-j?

地方 什么 LNK 样子 父–地 算–INDCT

什么地方算故土？

pi-k jatɕhi ne tʂu-k pi-ʐ suɑ-j.

父–GEN 血系 LNK 相同–GEN 父–地 算–INDCT

父脉相同算故土。

nəgə ne dʑi tu ɣgyodʐ dʑi-j?

什么 LNK 说 时 朋友 说–INDCT

怎样才算是朋友？

bəl ʑe ʁuɑ ne tʂə-n ɣgyodʐ dʑi-j.

劳动 辛苦 帮助 LNK 做–NMLZ 朋友 说–INDCT

劳动帮工是朋友。

nəgə ne dʑi tu ɣgyodʐ dʑi-j?

什么 LNK 说 时 朋友 说–INDCT

怎样才算是朋友？

tɕudů ʂu ʁuɑ ne tʂə-n ɣgyodʐ dʑi-j.

儿女 抚育 帮忙 LNK 做–NMLZ 朋友 说–INDCT

互帮育子是朋友。

nəgə ne dʑi tu ɣgyodʐ dʑi-j?

什么 LNK 说 时 朋友 说–INDCT

怎样才算是朋友？

ʁʐə ʁue dʐɑ ʁue ne tʂə-n ɣgyodʐ dʑi-j.

要 帮忙 笑 帮忙 LNK 做–NMLZ 朋友 说–INDCT

帮笑助玩是朋友。

ʁutu ne məɳ nəgə tʂə-j?

山梁 LNK 太阳 什么 做–INDCT

西边太阳做了什么？

ʁutu ne məɳ̥ χʂo-ʂ kə-j.
山梁 LNK 太阳 没落–ADV 走–INDCT
西边太阳走太快。

xoʁɑ ne ɣʐoɕi nəgə tsə-j?
河坝 LNK 霞光 什么 做–INDCT
河坝霞光做了什么？

xoʁɑ ne ɣʐoɕi kho-ʂ ly-j.
河坝 LNK 霞光 烤–ADV 来–INDCT
河坝的霞光照来了。

məɣʐe ne məχqa na di le-j?
下雨 LNK 天晴 什么 道理 有–INDCT
天晴下雨谁主事？

məɣʐe ne məχqa ɣdɑ di le-j.
下雨 LNK 天晴 云 道理 有–INDCT
天晴下雨云主事。

tʂutɕi ne jaɕi na di le-j?
水涨 LNK 岩倒 什么 道理 有–INDCT
河涨河落谁主事？

tʂutɕ ne jaɕi tʂu di le-j.
水涨 LNK 岩倒 水 道理 有–INDCT
河涨河落水主事。

tʂuth ne hĩth na di le-j?
喝水 LNK 喝酒 什么 道理 有–INDCT
喝水喝酒谁主事？

tʂuth ne hĩth hĩ di le-j.
喝水 LNK 喝酒 酒 道理 有–INDCT
喝水喝酒酒主事。

thə-n the lə ne tʂɑ dʑi-j?（后补加的疑问句）
喝–NMLZ 那：CL 也 多少 杯 说–INDCT
能喝者也喝几杯？

thə-n the lə xsitʂɑ dʑi-j.
喝–NMLZ 那：CL 也 三杯 说–INDCT
能喝者也喝三杯。

mɑ-thə-n the lə ne tʂɑ dʑi-j?（后补加的疑问句）
NEG–喝–NMLZ 那：CL 也 多少 杯 说–INDCT
不能喝者也喝几杯？
mɑ-thə-n the lə xsitʂɑ dʑi-j.
NEG–喝–NMLZ 那：CL 也 三杯 说–INDCT
不能喝者也喝三杯。
thə ɣle mi-ɣle ʂə di le-j?（后补加的疑问句）
喝 行 NEG–行 谁 道理 有–INDCT
能喝者谁做主？
thə ɣle mi-ɣle qu di le-j.
喝 行 NEG–行 你 道理 有–INDCT
能喝者你做主。
ʁə ɣle mi-ɣle ʂə di le-j?（后补加的疑问句）
斟酒 能 NEG–能 谁 道理 有–INDCT
能斟者谁做主？
ʁə ɣle mi-ɣle qɑ di le-j.
斟酒 能 NEG–能 我 道理 有–INDCT
能斟者我做主。

（龙波他讲述）

5．羊膀卦者

qoṇi tɕequ[①] ne mume zə-di̊ ɕɑ?
我俩 黄鼠狼 LNK 卦者 DIR–说唱 PRT
我俩说唱《羊膀卦者》吧？
ʁlə-k tɕhytɕẙ dzʉ ly mɑ.
主人–GEN 跟随 客人 来 PRT
主人引领客跟随。
tɕequ mume pi xʂu ne zəp taʁɑ dʑi-j?
黄鼠狼 卦者 父亲 降生 LNK 地方 哪里 说–INDCT

① 指羊膀卦者。

羊膀卦者父亲降何地？

ləɣʐ sudʐe[1] ne qəli̥ pi tu-xʂu-j.

经书 麦秆 LNK 下面 父 DIR–降生–INDCT

降生在麦秆经书地。

ma xʂu ne zəp taʁɑ dʑi-j?

母亲 降生 LNK 地方 哪里 COP-INDCT

羊膀卦者母亲降何地？

moŋgo jɑχu ne qəli̥ ma tu-xʂu-j.

雪宝顶 洞穴 LNK 下面 母亲 DIR–降生–INDCT

母亲降生在雪宝顶洞下。

thələ pi-j ne ɣmu wə na ɣmu wə-j?

那：CL 父亲–DAT LNK 名字 有 什么 名字 有–INDCT

父亲的名字是什么？

wase ne xtɕu te ɣmu wɐ kə-j.

瓦瑟 LNK 活举 他 名字 有 去–INDCT

瓦瑟活举是他名。

ma-j ne ɣmu wɐ na ɣmu wɐ-j?

母亲–DAT LNK 名字 有 什么 名字 有–INDCT

母亲的名字是什么？

ʂəpɑ ne dʑɑmu ɣmu wɐ kə-j.

柏树（藏语） LNK 妇女（藏语） 名字 有 去–INDCT

柏树观音是她名。

tɕhe tɕhi xʂuɕ ne zəp taʁɑ dʑi-j?

山羊 白 降生 LNK 地方 哪里 有–INDCT

白山羊降生在哪里？

khoxtɕy ne xsəki-ʁɑ tɕhe tɕhi xʂu-j.

纳咪 LNK 寺庙–LOC 山羊 白 降生–INDCT

白山羊降生在纳咪寺庙。

tɕhe tɕhi pi-j ne ɣmu wɐ na ɣmu wɐ-j?

羊山 白 父亲–DAT LNK 名字 有 什么 名字 有–INDCT

① 指纳咪上面的一个地名。

白羊山父叫什么？

dzȩdzȩ ne gu te ɣmu wɐ kə-j.

山羊 LNK 公 他 名字 有 去-INDCT

公山羊是他名。

ma-j ne ɣmu wɐ na ɣmu wɐ-j?

母-DAT LNK 名字 有 什么 名字 有-INDCT

母的名字叫什么？

tɕhe tɕhi ma te ɣmu wɐ kə-j.

山羊 白 母 她 名字 有 去-INDCT

洁白母羊是她名。

xʂətɕhi xʂuɕ ne zəp taʁɑ dʑi-j?

山羊卦算 降生 LNK 地方 哪里 有-INDCT

羊膀卦算降生在哪里？

tɕhe tɕhi ne ku-j xʂətɕhi xʂu-j.

山羊 白 LNK 里-头 山羊卦算 降生-INDCT

洁白山羊生羊膀卦。

xʂətɕhi χtʂeɣʐ ne nɑxsɑ ʂədɑ dʑi-j?

山羊卦算 会卦算者 LNK 指称 谁个 有-INDCT

羊膀卦算者是谁？

tɕequ ne mume χtʂeɣʐ tsə-j.

黄鼠狼 LNK 卦者 会卦者 做-INDCT

会羊膀卦者卦算了。

xʂətɕhi nəgə ne qəl̥i qu-xɕ kə-j?

山羊卦算 什么 LNK 底下 DIR-放置 去-INDCT

羊膀卦放在什么底下去了？

zumɑ ne qəl̥i qu-xɕ kə-j.

柏树 LNK 底下 DIR-放置 去-INDCT

放在柏树底下了。

zumɑ ne qəl̥i ʂə-ʂ kue-j?

柏树 LNK 底下 谁-AGT 拿走-INDCT

柏树底下被谁拿走了？

tɕequ　tɕha　tsə　ne　ɣʑi-n　tə-kuə　kə-j.

黄鼠狼　磕头　做　LNK　会–NMLZ　DIR–拿　去–INDCT

会作揖的黄鼠狼拿走了。

nəgə　ne　qəti̊　dɑ-qɑ　kə-j?

什么　LNK　下面　DIR–走　去–INDCT

从什么底下走去了？

gugu　tshopu　ne　qəti̊　dɑ-qɑ　kə-j.

纳咪寺　下面桥　LNK　上面　DIR–走　去–INDCT

从纳咪寺下桥上去了。

dɑ-qɑ　ne　mi-qɑ　na　de-xti-j?

DIR–走　LNK　NEG–走　什么　DIR–掉落–INDCT

刚走过去什么掉落了？

xʂətɕhi　ne　khɑjɑ　de-xti　kə-j.

羊膀卦骨　LNK　指称　DIR–掉落　去–INDCT

羊膀卦骨掉落了。

nəgə　ne　qəti̊　dɑ-qɑ　kə-j?

什么　LNK　下面　DIR–走　去–INDCT

从什么底下去了？

phudu[①]　ne　χuʁɑ　ʂə-qɑ　kə-j.

普多沟　LNK　河坝　DIR–走　去–INDCT

从普多沟河坝去了。

nəgə　ne　kidi　ʂə-kuə　kə-j?

什么　LNK　房前　DIR–拿　去–INDCT

什么房前拿走了？

phudu　ɣdʑobu　ne　kidi　ʂə-kuə　kə-j.

普多沟　大户人家　LNK　房前　DIR–拿走　去–INDCT

普多沟大户人家房前拿走了。

ɣdʑobu　tɕi　ne　ɣmu　wɐ　na　ɣmu　wɐ-j?

大户人家　女儿　LNK　名字　有　什么　名字　有–INDCT

大户女儿叫什么？

① 大姓乡地名。

thɑtɕhi ne ma the ɣmu wɐ kə-j.
塔期 LNK 曼 她 名字 有 去-INDCT
塔期曼是她名。

thɑtɕhi ne ma the（te）na ba kə-j?
塔期 LNK 曼 她 什么 背 去-INDCT
塔期曼她背什么去了？

thɑtɕhi ne ma the（te）tʂu ba kə-j.
塔期 LNK 曼 她 水 背 去-INDCT
塔期曼她背水去了。

tʂu ba ne kə tu na qu-ty-j?
水 背 LNK 去 时 什么 DIR-看见-INDCT
背水去时看见啥？

tʂu ba ne kə tu xʂə qu-ty-j.
水 背 LNK 去 时 羊膀卦骨 DIR-看见-INDCT
背水看见羊膀骨。

ɑʁzɑ ne tə-ʁzɑ na mi-ɣde-j?
一舀 LNK DIR-舀 什么 NEG-得到-INDCT
舀一勺没舀起啥？

ɑʁzɑ ne tə-ʁzɑ xʂə mi-ɣde-j.
一舀 LNK DIR-舀 卦骨 NEG-得到-INDCT
舀一勺没舀起卦骨。

ɣn̥iʁzɑ ne tə-ʁzɑ na mi-ɣde-j?
两舀 LNK DIR-舀 什么 NEG-得到-INDCT
舀两勺没舀起啥？

ɣn̥iʁzɑ ne tə-ʁzɑ xʂə mi-ɣde-j.
两舀 LNK DIR-舀 卦骨 NEG-得到-INDCT
舀两勺没舀起卦骨。

xsiʁzɑ ne tə-ʁzɑ na qu ɣde-j?
三舀 LNK DIR-舀 什么 得 到-INDCT
舀三勺舀起啥？

xsiʁzɑ ne tə-ʁzɑ xʂə qu-ɣde-j.
三舀 LNK DIR-舀 卦骨 DIR-得到-INDCT
舀三勺舀起卦骨。

tɕi-k pi-j ne ɣmu wɐ na ɣmu wɐ-j?

女儿-GEN 父亲-DAT LNK 名字 有 什么 名字 有-INDCT

大户女父叫啥名?

dʑitɕ[1] ne tʂhowu ɣmu wɐ kə-j.

基及 LNK 磋俄 名字 有 去-INDCT

基及磋俄是他名。

ma-j ne ɣmu wɐ na ɣmu wɐ-j?

母亲-DAT LNK 名字 有 什么 名字 有-INDCT

大户女母叫啥名?

dʑidzɑ[2] ne tʂhomu ɣmu wɐ kə-j.

基扎 LNK 磋姆 名字 有 去-INDCT

基扎磋姆是她名。

nəgə ne mume zə-tʂh kə-j?

什么 LNK 卦算者 DIR-追来 去-INDCT

请来了什么卦者?

tɕɑqu ne mume zə-tʂh kə-j.

黄鼠狼 LNK 卦算者 DIR-追 去-INDCT

请来了羊膀卦者。

tɕɑqu ne mume nəgə dʑi-j?

黄鼠狼 LNK 算者 怎么 做-INDCT

羊膀卦者怎样做?

xʂətɕhi xtitʂ ne qe-j ɣdi khi-j dʑi-j.

羊膀卦算 七卦 LNK 前面-在 挂算 需要-DAT COP-INDCT

要算七次羊膀卦。

ɑtʂ ne ɣdiɕ nəgə dʑi-j?

一卦 LNK 卦算 什么 COP-INDCT

一卦卦算是什么?

zəxk ɣbu ʁuɑsɑ ne dzuɕ ɑtʂ dʑi-j.

鼠 龙 猴 LNK 座位 一卦 COP-INDCT

---

① 寨名。

② dʑitɕi 下面的一个寨名。

属鼠龙猴是一卦。

ɣn̥itʂ ne ɣdiɕ nəgə dʑi-j?

二卦 LNK 卦算 什么 COP-INDCT

二卦卦算是什么？

khu hø jy xse ne dzuɕ ɣn̥itʂ dʑi-j.

狗 虎 马 三位 LNK 座位 二卦 COP-INDCT

属狗虎马是二卦。

xsitʂ ne ɣdiɕ nəgə dʑi-j?

三卦 LNK 卦算 什么 COP-INDCT

三卦卦算是什么？

wu bigy jet ne dzuɕ xsitʂ dʑi-j.

鸡 蛇 牛 LNK 座位 三卦 COP-INDCT

属鸡蛇牛是三卦。

ɣzətʂ ne ɣdiɕ nəgə dʑi-j?

四卦 LNK 卦算 什么 COP-INDCT

四卦卦算是什么？

tɕhe pe ʁdi xse ne dzuɕ ɣzətʂ dʑi-j.

山羊 猪 兔 三者 LNK 座位 四卦 COP-INDCT

属羊猪兔是四卦。

ʁuɑtʂ ne ɣdiɕ nəgə dʑi-j?

五卦 LNK 卦算 什么 COP-INDCT

五卦卦算是什么？

nə-j ɣgietse ne mɑle ʁuɑtʂ dʑi-j.

人-DAT 病灾 LNK 没有 五卦 COP-INDCT

人无病灾是五卦。

xtʂutʂ ne ɣdiɕ nəgə dʑi-j?

六卦 LNK 卦算 什么 COP-INDCT

六卦卦算是什么？

qotɕi-j dzexpe ne mɑ-le χtʂutʂ dʑi-j.

牲畜-DAT 疫情 LNK NEG-有 六卦 COP-INDCT

牲畜无疫情是六卦。

xtʂitʂ ne ɣdiɕ nəgə dʑi-j?
七卦 LNK 卦算 什么 COP-INDCT
七卦卦算是什么?
ɕigi n̥i qu ne ma-le xtʂitʂ dʑi-j.
人类 人 战争 LNK NEG-有 七卦 COP-INDCT
人类无战争是七卦。

(龙波他讲述)

四 讲述和对话

(一)讲述

1. 郎加他2008年震后经历

n̥iba n̥a ŋu-n̥i tsɐ-gɐ tsɐ-ʂ zʐɐ tɐ-ɣmů, zʐɐ tɐ-ɣmů-tu, zʐu
2008 年 COP-LNK 这一个 样子-ADV 地 DIR-震动 地 DIR-震动-LNK LNK
tɕy tɕaɕao-ʁa qu-qa. tsə-ʂ ha-ɣgů, tɕy wɐntʂhua tɕaɕao-ʁa ʑe.
孩子 驾校-LOC DIR-去 这里-ABL DIR-出发 孩子 汶川 驾校-LOC 在

2008年地震了。地震时,孩子还在驾校里。从这里出发,我们要到孩子所在的汶川驾校去。

tsandʐe ətsə-ʂ ɣgyejy ɦa-qa, ɣgye ete qɐti̊ ʁlɐpe ɕi, ɣgye
我们 这里-ABL 路上 DIR-去 路 一:CL 上面 石头 垮塌 路
da-ʁzʐo, n̥i ɕaq ɪn̥ ɦə-tʂha qu-ɕa. tsandʐe tsə-ʂ məŋɕa ɣn̥i-ja
DIR-塌方 人 光是 很多 DIR-压 DIR-死亡 我们 这里-ABL 茂县 两-夜
ɦa-qa-j. tsɐ-kɐ tsɐ-ʂ ɣn̥i-je ɦa-qa, ɣgyejy ɣn̥i-je qu-ja, məŋɕa
DIR-走-INDCT 这-CL 样子-ADV 两-夜 DIR-去 路上 两-夜 DIR-过夜 茂县
ɕatʂhən ɦo-χɬů, tsɐ-kɐ tsɐ-ʂ zʐɐ ɣmu, aŋů tsɐkɐ tsɐ-ʂ khin̥i jaki
县城 DIR-到达 这一个 样子-ADV 地 震动 都 这个 样子-LNK 外面 棚子
ʂo-khu-ʂ, ɣgitɕ mazu zʐu tʂɐgan kuanthan ma-zʐə. qa zʐu ətha tʂɐgan
DIR-盖起-LNK 晚上 傍晚 又 治安 管理 NEG-有 我 又 那里 治安
az tə-guantha. χta n̥i meŋɕa-k thaχɐ-s qa-j tɐ-ɕi-ku zʐɐ.
一点儿 DIR-管理 后来 人家 茂县-GEN 那些-AGT 我-DAT DIR-撑头-COMP 说
tsɐkɐ tɐ-tsɐ-j, tha qa wənthuan ɦo-χɬů mi-ɣle.
这样 DIR-做-INDCT LNK 我 汶川 DIR-到达 NEG-能够

我们从这里走路下去,沿途石头掉落,道路塌方,压死了很多人。从这里到茂县,我们走了两天。在路上住了两夜，到了茂县县城。因为地震，人们就在外面搭棚子，但晚上没有人管治安，于是我又在那里管了点儿治安。后来，茂县人说我办了好事。因此，我没能到达汶川。

məŋɕa ɦo-zů xsi-s tɐ-bi-du, tiahua do-toŋda-j. tiahua do-thoŋ-da-ȵi,
茂县 DIR–住 三–天 DIR–变成–LNK 电话 DIR–通–CSM 电话 DIR–通–PFV-LNK
tɕy liɕa-ʂ ha-qa-ʂ-ku, ʂa na ŋu-j ʂɐ. tha tsandzʐe məŋɕan
孩子 理县–ABL DIR–去–INCHO-DCT 好 好 COP-INDCT 说 这样 我们 茂县
ɣzɐ-s ʁo-s dzu-zů-ȵi, tsatɕi que-j lɐ ɣgye do-thoŋda-j. tha tsandzʐe
四–天 五–天 DIR–住–LNK 这边 方向–DAT 也 路 DIR–通–CSM 这样 我们
tu-tɕů, kikə tu-tɕů. kikə tu-tɕu-ȵi, haiʂɐ tʂəŋtshe na-j, tsandzʐe-j
DIR–上来 家里 DIR–上来 家里 DIR–上来–LNK 还是 政策 好–INDCT 我们–DAT
pantɕhan tsɐ khi-ku ʂɐ, tsandzʐe aŋů tsə ʂɐ-xpu, aqɐ-j aʁuan mas
搬迁 做 需要–DCT 说 我们 所有 这 DIR–搬迁 一家–DAT 一万 不止
ɣȵi-ʁuan nan pede-ʂ, ki tɐ-qat, ȵize zu tsɐkɐ tsɐ-ʂ χtsə-k
两–万 那样 给予–LNK 房子 DIR–修建 家务 又 这个 样子–LNK 另外–GEN
xsɐ ta-qat. qa-k ki thaχ, de-ɕi bi-k thaχ de-ɕi,
重新 DIR–做 我–GEN 房子 那：PL DIR–倒塌 变成–NMLZ 那：PL DIR–倒塌
da-ʁzuə bi-k thaχ da-ʁzuə, maʂe tə-bi-k thaχ ma-ʂe
DIR–垮塌 变–NMLZ 那：PL DIR–垮塌 不好 DIR–变–NMLZ 那些 NEG–好
tə-bi-ʂ-ku. ən, tsoŋnɛ, məijou koŋtʂhantaŋ məijou ɕintʂoŋkuai. tsə
DIR–变–INCHO-DCT 嗯 总之 没有 共产党 没有 新中国 这
χtakə ŋu-j-ȵi, tsandzʐe haiʂə tsə-k peχualəu senthai lyjəu
以后 COP-INDCT-LNK 我们 还是 这–GEN 百花娄 生态 旅游
ətse qatɐ-ɕa be-ku, atshua tuŋ haiʂɐ ʁdzodi, tsaʁa lyjəu az
这个 做–COMP 想–INDCT 一寨子 都 还是 加油 这里 旅游 一点儿
ɐ-ts. ɬa-k thɐ-k tʂunpi tɐ-ts, phuts χtsama tɐ-ts, ɣgye
DIR–做 吃–NMLZ 喝–NMLZ 准备 DIR–做 房间 干净 DIR–做 道路
ʂa tsɐ-ʂ tɐ-ʐa. lɐȵi-j paufu tɐ-ts, tsɐkɐ tɐ-tsɐ-j-ȵi, tha
好 样子–ADV DIR–修理 森林–DAT 保护 DIR–做 这样 DIR–做–INDCT-LNK 那
tsɐbqa koŋsɐ-ʂ tsɐkɐ tsɐ-ʂ tsandzʐe-j ɣgye tɐ-ʐa tian qu-dzu, peχualəu
这时 公司–AGT 这个 样子–ADV 我们–DAT 路 DIR–修 电 DIR–接通 百花娄
ətsə senthai lyjəu tse fatʂan tɐ-pi, tha tsandzʐe zu jop tɐ-bi. tsaha
这里 生态 旅游 这个 发展 DIR–成功 然后 我们 又 富裕 DIR–成为 现在

ŋu-j-n̥i haiʂə ɬa-k ʁdzɐ̥ thɐ-k ʁdzɐ̥ ŋu-j. tsə χtaka
COP-INDCT-LNK 还是 吃-NMLZ 够 喝-NMLZ 够 COP-INDCT 这 以后

ŋu-n̥i, the-k mas tsɐ-ʂ, tsandʐ̥e-k tsaʁa kəutsao χoɕeʂeχui qatɐ,
COP-LNK 那-GEN 不止 更加-LNK 我们-GEN 这里 构建 和谐社会 营造

aŋů tsu ɣʐe tse ɣʐ̥e, ky-k xudʐ̥u-k hũ, phuʐ̥ haʁ-tu ʂəda-k
全部 碰头 团结 见面 和睦 家-里 收入-GEN 有 远处 出门-LNK 使用-NMLZ

hũ, phuʐ̥ ɕue-j-tu ɦo-zu-k hũ. tsɐz masɐ-ʂ, tsan̥i lɐ tsɐ
有 远处 活动-CSM-LNK DIR-做-GEN 有 这点 不止-LNK 我们：REFL 也 这

χtakɐ khin̥i thaχa lyjəu tsɐ-k, tʂhənʂɐ-ʁa lyjəu tsɐ-k, əlaχ qatɐ, tsɐ
以后 外面 地方 旅游 做-NMLZ 城市-LOC 旅游 做-NMLZ 这样 做 这

χtakə ɣgye thaχtʂ ŋu-n̥i ətha kɐ khi-j. tsu ɣʐ̥e tse ɣʐ̥e, dzɐ-ɕo-da
今后 路子 那条 COP-LNK 这个 走 要-INDCT 碰头 团结 见面 和睦 DIR-学习-AUX

do-ɕo-da tsɐ, n̥ithəmu-k jop tɐ-pi-pɐ-k thaχ ɣʐɐ. n̥ithəmu-k
DIR-学习-AUX 做 别人-GEN 富裕 DIR-变成-INCHO-NMLZ 那：PL 看 别人-NMLZ

thuatɕe ly pu-k thaχ ɣʐɐ tha əlaχ ta-qatɐ-j-n̥i, tsandʐ̥e-k tse
团结 来 做-NMLZ 那些 看 这样 这：PL DIR-做-INDCT-LNK 我们-GEN 这个

ʂəŋthailyjeu tse ha-the əle ta-qat ɣle-m ɣʐɐ-ɕa, ətha-ʁa kɐkkɐ-k
生态旅游 这个 DIR-成功 这样 DIR-做 行-QUES 看-PRT 那个-LOC 努力-NMLZ

əthe ha-ŋů khi.
那个 DIR-COP 要

在茂县住了三天，电话就通了。我们就知道孩子一切安好，已经经过理县回到家了。在茂县住了四五天，路就通了，我们也就回来了。到家后，得知情况还是好的，但我们所有人需要异地搬迁安置到这里。每家发了1—2万元的补贴，我们就修建了房子，重置了家业。我们的房子有的倒塌了，有的垮塌了，有的废弃了。总之，没有共产党就没有新中国。我们还想继续做好百花娄生态旅游这个项目。全寨人还须加油，把旅游搞起来。准备好吃的喝的，打扫干净房间，修好道路，保护好森林。随后，公司帮我们修了路、通了电，百花娄生态旅游也随之得到了发展，我们又富裕起来了。现在吃的喝的不愁了，以后吃的喝的会更好。从今往后，我们这里会建设得更加和谐，村民团结和睦，家里有收入，出远门有车子，活动有场所。另外，我们今后也要到外地的城市去旅游。这样就会形成一种民风：团结、和睦，互相学习，看别人怎样富裕起来的，看别人怎样团结的。那么，我们的这个生态旅游项目就会成功。我们要朝这个方向努力。

（朗加他讲述）

2．旧村环境

qutsandzə̣ zɐq-a ze-n the nale, qe tɕhyny xty-j nale,
我们 山头-LOC 在-NMLZ 那：CL 什么 以前 羊 放-INDCT 什么
tɕhyny xty-ʂ-tə, tɕhyny xty-n thaχ heʂɐ xqo-j, qe, xpiɣzo
羊 放-INCHO-LNK 羊 放-NMLZ 那：PL 还是 辛苦-INDCT 以前 豺狼
ʁlaχtɕi ɣdiodzu poj agů ze-j.
小熊猫 豹子 熊 全 有-INDCT

以前，我们生活在山上，以牧羊为生。牧羊人真的很辛苦。那时的山上有豺狼、小熊猫、豹子、熊等。

tha-ʂ ɣgye xtɕi tal-a kɐ-tu, ha-ʀa tubu lek ma-khi-j,
这样-ADV 路 野外 大路-LNK 走-LNK DIR-LOC 时候 怎么 NEG-要-INDCT
tsotɕ, ɦo-ly-a-tu ɣgitɕ mazu, az ətha-n-tu χtɕoχtɕ khi pi ʂɐ-j,
早上 DIR-来-要-LNK 晚上 傍晚 一点儿 那样-NMLZ-LNK 闹腾 要 变 COP-INDCT
tha zɐq-a lɐ xpiɣzo ly-j, thyny thaχ sə əlaχ qatɐ-ʂ, tha
LNK 山头-LOC 也 豺狼 来-CSM 羊 那：PL 杀 那：PL 做-LNK LNK
qutsandzə-k ɣdiodzu ne thaχɐ-ʂ, ɣgye xtɕi tal-a ŋu-j zɐq-a
我们-GEN 豹子 LNK 那：PL-AGT 路 野外 大路-LOC COP-INDCT 山头-LOC
ŋu-j χo, aŋů-ʁa sə-ɦet.
COP-INDCT LNK 到处-LOC DIR-杀

早晨，走大路上山不怎么害怕。傍晚快要下山时，情况就变得很糟糕，山上的豺狼和豹子会出来杀羊。不管是在大路上，还是在山上，它们到处都可能杀羊。

（甲波牙讲述）

3．郎加他人生经历

qa xti-pu-ʂ ŋu-tu, ʁuasa ne ʁo pɐ-k matʂa ɬa pi ʂɐ-j.
我 七-岁-ABL COP-LNK 五十 CONJ 五 岁-GEN 饭 吃 变成 COP-INDCT
e-tse-k sɐtɕhin thaχ e-tse a tu-tʂo ɕa, xtip qɐti-ʂ jinatɕi
在-这-GEN 事情 那：PL 在-这里 一 DIR-讲 PRT 七岁 上面-ABL 一年级
sy, ɕue-ɕa kɐ. ətha ɬa-k χqo, ni qɐti-ʂ ydʑyydʑy, miaχua
学 学校-LOC 去 那个时候 吃-NMLZ 困难 人 上面-ABL 分配 棉花

phiau ŋu-j pu phiau ŋu-j, aŋů ɳi qɐti-ʂ ɣdʐyɣdʐy, pɐkə-ɳamba
票 COP-INDCT 布 票 COP-INDCT 都是 人 上面-ABL 分配 大人-PL
ə-s tɐ-lbu-tu, o-tɕo ne a-z di mo-ly-j.
一-天 DIR-劳动-LNK 一-角 CONJ 一-点儿 只有 NEG-来-INDCT

我自出生到现在已经吃了五十五年饭了。在这里我讲一下七岁以后的事情。我七岁开始到学校读一年级。那时候生活艰苦，按人头分配棉花票和布票。大人们劳动一天所得不多。

o-p tɐ-pi-tu totʂau tɐ-pi-j, totʂau zɐ-j. wa ŋɐ-j
一-年 DIR-成-LNK 倒找 DIR-成-INDCT 倒找 说-INDCT 粮食 COP-INDCT
ɳi. eɬi-a haxʂe-kı̊ hoɣgů-ki nan di ma-le-j. əlaχ di mo-ly-j.
PRT 一个-月 十八-CL 十九-CL 约 只有 NEG-有-INDCT 这样 只有 NEG-来-INDCT
ɬa-k ma-ʁdʐ pɐkə-ɳamba-ʂ χqoɳi kh-j. the χqoɳi-tu tsandʐɐ
吃-NMLZ NEG-够 大人-PL-AGT 供养 需要-INDCT 这：CL 供养-LNK 我们
ɬa a-qu khi-j. tɕekxʂə-ʂ ŋu-tu, xpetɕ ɕueɕau di kɐ, ɕueɕau
吃 一-CL 需要-INDCT 寨溪寨-ABL COP-LNK 白柱寨 学校 直到 去 学校
xpetɕ wə-j. xpetɕ ɕueɕao di kɐ, qɐ χta χpaɳi, mɐɣʐɐ tu ɳeχpɐ
白柱寨 在-INDCT 白柱寨 学校 直到 去 头 屁股 光着 下雨 时 非常
ɣgyedʐ na, xpetɕpu-kɐ qaʐ ŋu-j. qaʐ χɬa-ʂ, χtɕoχpa da-qta-ɳi
朋友 好 白柱寨-LOC 黄泥地 COP-INDCT 黄泥地 滑-PRT 稀泥 DIR-一身-ADV
ɕueɕau kɐ, χtɕoχpa da-qta-ɳi kikɐ due-ɳ.
学校 去 稀泥 DIR-一身-ADV 家里 DIR-到达

一年下来，家里入不敷出。每个月学校提供十八九斤粮食，但我们那时饭量比较大，不够吃，因此还需要大人们供养。学校设在白柱寨，我们常常光着头和脚丫子从寨溪寨到白柱寨学校，下雨时非常好玩儿。白柱寨和寨溪寨都是黄泥地，因为黄泥地滑，所以我们总是满身稀泥。

kikɐ dueɳ-tu, pi ne me-ʂ: quandʐɐ χtɕo-ʁa zəq tɐ-tsɐ-j.
家里 到达-LNK 父 CONJ 母-AGT 你们 稀泥-LOC 玩耍 DIR-做-INDCT
tsuʁa zəq tɐ-tsɐ-j, χtɕoχpa da-qta-ɳi ly-j. quandʐɐ-j saχe
水里 玩耍 DIR-做-INDCT 稀泥 DIR-一身-ADV 来-INDCT 你们-DAT 鞋子
dzɐ-pɐ-k totse mo-hõ-j. əthiɳ pu fuɳi ɣma ma-ɕida-ku. atshua
DIR-买-NMLZ 钱 NEG-有-INDCT 那几 年 副业 找 NEG-兴盛-DCT 全寨
tuŋ tɕethi bɐl, khukɐ-ʂ ŋu-tu, ɳyth ʁloxli di tɕhua, ʁlugu-ʂ ŋu-tu,
都 集体 劳动 苦戈-ABL COP-LNK 上游 洛里 直到 种植 洛古-ABL COP-LNK

ȵytha mahal di tɕua, jaqůtu χtʂala ʁotʂʁo aŋů-ʁa tɕhua. ɣguɕ-ta tɕua,
上面 曼汗勒 直到 种植 牙格都 扎拉 窝知窝 全都-LOC 种植 到处-LOC 种
xɕe ingo di ma-ʑi. ȵi-ʂ kua tɕua tsɐ-ʂ. tʂuaŋtɕa tɐ-ci ma-ʁu,
牛 几架 只有 NEG-有 人-AGT 锄头 种 做-PRT 庄稼 DIR-旺盛 NEG-肯
phukxɕy inʑe. poji-ʂ ɬa poɹhø-ʂ ɬa ʁdi-ʂ ɬa wu-ʂ ɬa. tha,
野兽 很多 熊-AGT 吃 野猪-AGT 吃 兔子-AGT 吃 鸟儿-AGT 吃 这样
dzɐ-ɕůlue-tu ɕuelɐ-k mo-hũ. ȵi-ȵamba ʑe-ʂ ʁmu ȵi, totse ɣdʑy-k
DIR-收获-LNK 收获-NMLZ NEG-有 人-PL 辛苦-ADV 死 LNK 钱 分-NMLZ
mo-hũ. ɬa-k ɣdʑy-k mo-hũ.
NEG-有 吃-NMLZ 分-NMLZ NEG-有

到了家里时，父母会说，你们在稀泥和水里玩耍了，就这么一身稀泥地回来了，也没有给你们买鞋子的钱。那几年还不兴找副业。全寨人都参加集体劳动，从苦戈直种到上游洛里，从洛古直种到上面曼汗勒，牙格都、扎拉、窝知窝全都在种植农作物。当时只有几头牛，不得不靠人用锄头种地。庄稼长势不旺，但野兽很多。庄稼都被熊、野猪、野兔和鸟儿吃了，收不了多少粮食。人们很累，但收获不多。

tha, tsandʐe əlaχ tsɐ-ʂ ɕueɕa lɐɣʐ sy-k. ɕuefɐi-bu xʂə-tɕo di
这样 我们 就那样 做-ADV 学校：LOC 书 读-去 学费-TOP 八-毛 只
ma-khi-j, the χeʂɐ dzeme χʐe khi-ku. tɕe muȵ dʐɐ ɕypi. metsu-k
NEG-需要-INDCT LNK 还是 午饭 带 要-DCT 夏天 太阳 长 饿 埃溪-GEN
ɕueɕo tsa lɐɣʐ sy, ɕintɕhi etha xsi-s tu-sy tu, ɬa-k mo-hũ pi-j.
学校 这里 书 读 星期 一个 三-天 DIR-读 LNK 吃-NMLZ NEG-有 成-INDCT
tha, ɕueɕa kɐ ma-ʁu pi-j. kikɐ dzu, kikɐ dʐu tu, kyk nale
这样 学校 去 NEG-肯 成-INDCT 家里 待着 家里 待着 LNK 家里面 什么
haq-laχ ȵi, az tɐ-xɬi ne thɐ ʁdʐɐ-j. ɕueɕa kɐ tu haq ɬa-k
野菜-PL LNK 一点儿 DIR-煮 后 喝 可以-INDCT 学校 去 LNK 野菜 吃-LNK
mo-wo-ku. əthe-ʂ lɐɣʐ ʂaȵi tɐ-mi-sy ʂɐ-j, hatu, tsandʐe ɕuesen
NEG-有-DCT 那-ABL 书 好好 DIR-NEG-读 COP-INDCT 然后 我们 学生
iɕkɐ the-ʂ az pɐ kɐ tha, dueȵy-ʂ ly pi tu, xɕop lɐ az
小 那样-ADV 一点儿 成 后 那样 到达-ADV 来 成 LNK 岁数 也 一点儿
tu-ɣʐo-ʂɐ-j. ɣlehĩ ɕueɕa kɐ khi-j ʐɐ-j, hatu, tsandʐe ətsə
DIR-大-INCHO-INDCT 碑子寺 学校 去 要-INDCT 说-INDCT 然后 我们 这里

xʂə-ʁ ȵi-ʁ tsɐ-ʂ tu koŋlu mo-wo, tɕekxʂə-ʂ ŋu tu, ʁlɐdʑo
DIR-下去 DIR-上来 做-ADV LNK 公路 NEG-有 寨溪-ABL COP LNK 麦子面
didʑo jaji iȵgi ɦe-be, hatu, hatiep nan lepɐ ʂɐ-j. əthaqu ɦe-be-ʂ,
蚕豆面 洋芋 几个 DIR-背 当时 十一岁 差不多 已经 有-INDCT 那点 DIR-背-PRT
gye ma-ʂe, tshopu ma-ʂe, gus tɕys ma-ʂe, ɣkhiextsə e ɣgu, daqu
路 NEG-好 桥 NEG-好 衣服 鞋子 NEG-好 长衫 一: CL 穿 裤子
tɕy-k mo-hõ, saba jabat a-qa-ʂ saba-k tshueχe te. qe
穿-NMLZ NEG-有 柳皮 皮 DIR-剥-NMLZ 柳皮-GEN 草鞋 编织 最初
pineme-ʂ te, az χtakɐ χtakɐ-ʂ, pineme-ʂ tsadʐe-j tu-sy aɳɳi-ʂ
父母-AGT 编织 一点儿 后来 后来-ABL 父母-AGT 我们-DAT DIR-教 自己-AGT
te, aɳɳi-ʂ te tu, dzɐ-s me-le-j. kikɐ-ʂ jadʑo a-qu
编织 自己-AGT 编织 LNK DIR-紧 NEG-能-INDCT 家里-ABL 口粮 一-CL
ɦe-be-ʂ suxtu xʂo-χɬua ma-pi tu, tsueχe do-ʑo. tha, ɕueɕao-ʁa
DIR-背-ADV 树珠坝 DIR-到达 NEG-成 LNK 草鞋 DIR-破 然后 学校-LOC
χpaɳi tsɐ-ʂ kɐ khi pi-j.
光脚 做-ADV 走 要 成-INDCT

我们就这样在学校里读着书。学费只需要八毛钱，但要带午饭。要是没有午饭，夏天白昼长，会饿肚子的。在埃溪学校里读书，因为一个星期只有三天吃的，所以我们就不愿意去学校了。可以在家里煮一点儿野菜充饥，但学校里没有野菜，因此我就没有好好读书。过了几年，我们也慢慢地长大了，要到碑子寺学校读书。当时往返学校没有公路，但是我们要从寨溪背一些麦面、豆面和洋芋去学校。虽然我们已经有十一岁了，但是因为当时的路不好，桥不好，衣服鞋子也不好，没有裤子，只穿个长衫子，所以背那点儿东西，需要剥柳树皮编织柳皮草鞋。最初是由父母编织，后来父母教我们，由我们自己编织。因为自己编不紧，从家里背一点儿口粮，草鞋撑不到树珠坝就破了。因此，我们在学校里就光着脚走路。

tha, tsandʐ qu-ɣʐ kie, χupa xʂɐ-ly, xkɐtɕletu qɐtthaa ja-ʁa ɣgye
然后 我们 DIR-看 PRT 河谷 DIR-来 戈基勒都 高处 岩石-LOC 路
laχtʂ wo-ku. əthatʂ pitʲ jy ɣgye sua-ku, qe-k thaχ badʐextə kɐ-n
一小道 有-DCT 那小路 还 马 路 算-DCT 以前-GEN 那: PL 马拉墩 走-NMLZ
khalu kɐ-n χutsa kɐ-n thaχ, əthatʂa kɐ. kalu kə-n thaχ aŋů
卡龙 去-NMLZ 红扎 去-NMLZ 那: PL 那小路 走 卡龙 去-NMLZ 那: PL 全都
əthəχtʂa（-ə-ʁa）kə. əthə qətha puts ɣgye-n ma-ʑa, jyxkie əthə-ʂ kə,
那小路 走 那里 上面 铺子 开-NMLZ NEG-有 马驮 那儿-ABL 去

əthə-ʂ ɣgye ɑz khuɑndɑ suɑ pə-ʂ-ku, thɑ tsɑndzɐ tɕekxʂɑ-ʂ thəs
那儿-ABL 路 一点儿 宽敞 算 变-INCHO-DCT 然后 我们 寨溪-ABL 早饭
xʂə-thə-ʂ ly tu, mɑz muqup tu di ʂo-χl me-ɣle.
DIR-喝-ADV 来 LNK 晚上 天黑 LNK 才 DIR-到达 NEG-行

后来，我们沿河谷下去，发现戈基勒都高处悬崖边有一条小路，那小路还算宽阔。先辈们去马拉墩、卡龙、红扎都走那条小路。虽然那里没有开铺子，但那里的路还算宽敞，所以马驮子会从那里经过。因为晚上天黑的时候不得不到达，所以我们吃了早饭就得从寨溪下来。

（郎加他讲述）

（二）对话

陶志强：e! ɣme-ɳɑmbɑ! ɣmedi̥ ɕɑq qu-tʂuɑ bɑ, ʁədi̥ tʂuɑ mɑ-khi pe.
哎 羌族-PL 羌语 只是 DIR-说 PRT 汉语 说 NEG-要 成
哎！羌族同胞们！咱们不说汉语，只说羌语哦。

党他：jɑqu hĩndze-ʁɑ thuntsue ɪngi hɑ-l-qho ge, thɑ ɣmedi̥ tʂuɑ ɕɑ!
口袋 红色-LOC 钱 几块 DIR-甩 看 然后 羌语 说 PRT
发几块钱红包出来，我们就开始说羌语吧！

陶志强：qu-k qəpɑtʂ the tʂuɑ mɑ? qɑ qu-k kɑ（kəʁɑ） ɦo-zu̥ ɳi,
你-GEN 头 那：CL 说 PRT 我 你-GEN 挨着 DIR-坐着 PRT
qu piti̥ qɑ-j lɑχ tʂuɑ-j?
你 还 我-DAT 那：PL 说-INDCT
说什么啊？我就在你身边，你还给我说这些？

郎加他：wɑŋbɑufeŋ, wɑŋbɑufeŋ, ɣmedi̥ qu-tʂuɑ gie.
王保锋 王保锋 羌语 DIR-说 看
王保锋，王保锋，说说羌语看。

党他：ɣmedi̥ mɑ-tʂuɐ-j ɳi, hoŋpɑu fɑ qu-ts bɑ.
羌语 NEG-说-INDCT LNK 红包 发 想-做 PRT
不说羌语的话，就发红包哦。

自尕她：də-ts ʂə-ku bɑ, də-ts ʂə-ku. tu-ti̥tio ʂə-j,
DIR-得到 COP-DCT PRT DIR-得到 COP-DCT DIR-捡到 COP-INDCT
tu-ti̥-tio ʂə-j, thənqətɕi̥ qɑ kə tsə nieχpə-k ʁlɑ-j,
DIR-捡到 COP-INDCT 只不过 我 跟前 这里 非常-ADV 慢-INDCT

əs tu-tiʰtio me-ɣle-j.

一天 DIR–捡到 NEG–行–INDCT

得到了啊，得到了。捡到了，捡到了，只不过我这里网络非常慢，很长时间都没信号。

郎加他：hoŋpau ha-qa, tsukotha, dɐ-tsə-m? jaqu hĩndze-ɑ（dze-ʁɑ）totse

红包 DIR–去 自尕她 DIR–得到–QUES 口袋 红色–LOC 钱

ʂə-qɑ o! tu-tytio-m? qɑ ɦo-tshoʁl pəthe ha-ɬi-ʂ-ku

DIR–去 哦 DIR–捡到–QUES 我 DIR–错误 那个 DIR–放–INCHO-DCT

bɑ, tə-mi-pi-k the ha-qɑ-ʂ-ku. tsha（tsaha），quɑ-ɳi

PRT DIR-NEG–对–NMLZ 那：CL DIR–去–INCHO-DCT 现在 你们–REFL

qu-ɣʐ di, ʂəle mi-pi-ʂ tu, ʂəle ɬi-k piʐi ly-ɑ-ku.

DIR–看 办 谁 NEG-DAT-NMLZ LNK 谁 放–NMLZ 日子 来–PROS-DCT

hɑ! pəs piʐi ʂɑ ŋu-j ʁdʐə-m ʂɑ ŋu-j, ha-dʐ xʂəq-dʐu-k

哈 几天 日子 好 COP-INDCT 星–夜 好 COP-INDCT DIR–看 神–敬–NMLZ

piʐi ŋu-j, ɦə-dʐ ɣɳyq-dʐu-k piʐi ŋu-j. xtanthɑ

日子 COP-INDCT DIR–看 土地神–敬–NMLZ 日子 COP-INDCT 党他

ʁo-j hoŋpau thoppa-k jaqu-ɑ（jaqu-ʁɑ）ʂə-qa-j ʂə-ɑ.

五–元 红包 陶宝宝–GEN 口袋–LOC DIR–去–INDCT 说–INDCT

ɦo zo ɦo！

哦 谢谢 哦！

红包发出去了，自尕她，你抢到了吗？红包发出去了，抢到了吗？我错了我就发了那个红包。现在你们看着办，谁没对谁就发红包。这几天是好日子，是向上敬神的日子，是向下敬土地神的日子。听说党他五元的红包到陶志强口袋里去了。谢谢哦！

郎加他唱：ɦo ɦo zozo! haho ɦo zozo, ɦɑ ɦo zozo, ɦoho zozo

哦 哦 谢谢 哈嗬 哦 谢谢 啊 哦 谢谢 哦嗬 谢谢

honthe he hoɦo ho zozo ɦo hoho zozo ɦo hoho ho zo

若嗬谢 嘿 嗬哦 嗬 谢谢 哦 嗬嗬 谢谢 哦 嗬嗬 嗬 谢

ne zo, ɦo zə ɕɑ ba!

加 谢 哦 说 吧 啊！

索基妹：ɦouɦo, zonthe ŋu-j ba! qundʐə ɑ-je tu-tʂuɑ ʂə-j.

哦噢 谢谢 COP-INDCT PRT 你们 一–夜 DIR–说 COP-INDCT

哦噢，谢谢了哦！你们都说了一晚上了。

郎加他：ʑi tu-tʂuɑ pə-k the qu zonthe ŋu-ɑ zə̣-ku mɑ, tsɑndʑe̥
话 DIR–说 成–NMLZ 那：CL 你 谢谢 COP-PROS 说–DCT PRT 我们
tɕel ɑ-ktɑ qu-xtɕ ʂə ne, qu zonthe ŋu-j. ɦou zə̣ pɑle
哪里 一–坨 DIR–放置 COP PRT 你 谢谢 COP-INDCT 哦 说 需要
n̥i. hoŋpɑu ligi̊ hɑ-xɬi tu le də-mə-ts ʂə-j.
PRT 红包 那样一个 DIR–放 LNK 也 DIR-NEG–得 COP-INDCT
我们说话你都要说“谢谢”？我们放一坨东西的话，你才需要说“谢谢”。就那样放一个红包，你也没有抢到。

索基妹：qu ɦo zozo thɑ χqo ɦo zo zə̣-ku ɦe-j.
你 哦 谢谢 那 首 哦 谢 说–DCT PRT-INDCT
你唱的那首《谢谢歌》说了“谢谢”啊。

索基妹：oɦo! qɑ də-mə-ts-ku ɦe-j, tu iji̊ ne hɑ-ɬi.
哦！ 我 DIR-NEG–得到–DCT PRT-INDCT LNK 一：CL 再 DIR–发
哦！我是没有抢到红包，你就再发一个嘛。

郎加他：nə-k pə ʂə-j ɦow, nə-k pə ʂə-j, koxtu sodi mɑne
睡–去 变 COP-INDCT 哦 睡–去 变 COP-INDCT 明天 后天 以后
hɑ-ŋů.
DIR-COP
去睡觉吧，以后再说。

自尕她：tɕopqɑ（tsəbqɑ） χtɑkɑ-k thɑ（the-ʁɑ） lə ɦo-tshoʁlə zu̥lə, jɑqu hĩndze
现在 后面–GEN 那：CL：LOC 也 DIR–错误 又 包 红色
thɑ（the-ʁɑ） mɑ-k-le n̥i, ʁədi̊ tə-ts ʂə-ku, qu əste ɦo-tshoʁlə-j
那：CL：LOC NEG–装 LNK 汉语 DIR–说 DIR–过 你 一天 DIR–错误–INDCT
qun̥i əste ɬi ʁdzə̣ hɑ-j-bɑ tu.
你：REFL 一天 放 够 要–INDCT-PRT 那么
刚才那次你又错了，你不但没发红包，而且还说了汉语，你一天都在犯错，够你发的了。

（对话由陶志强、党他、朗加他、自尕她、索基妹发音）

参考文献

陈登龙 1985《蜀水考》，成都：巴蜀书社。

樊祖荫 2004《中国民间多声部音乐论稿》，北京：中央音乐学院出版社。

洪　波 1999《松潘县志》，北京：民族出版社。

黄布凡 1987 羌语语音演变中排斥鼻音的趋势，《民族语文》第5期。

黄布凡 2000 羌语的体范畴，《民族语文》第2期。

黄布凡 2002 羌语构词词缀的某些特征，《民族语文》第6期。

黄布凡、周发成 2006《羌语研究》，成都：四川人民出版社。

黄成龙 1994 羌语形容词研究，《语言研究》第2期。

黄成龙 1995 羌语音位系统分析方法刍议，《民族语文》第1期。

黄成龙 1997 羌语动词的前缀，《民族语文》第2期。

黄成龙 1998 羌语的音节弱化现象，《民族语文》第3期。

黄成龙 2000 羌语的存在动词，《民族语文》第4期。

黄成龙 2003 羌语名词短语的词序，《民族语文》第2期。

黄成龙 2005a 语法描写框架及术语的标记，《民族语文》第3期。

黄成龙 2005b 羌语的名量词，《民族语文》第5期。

黄成龙 2007 蒲溪羌语研究，北京：民族出版社。

黄成龙 2008a 羌语子句的关系化手段，《民族语文》第4期。

黄成龙 2008b 羌语的话题标记，《语言科学》第6期。

黄成龙 2010a 羌语的施事者及其相关标记，《语言暨语言学》第2期。

黄成龙 2010b 羌语的非施事者及其相关标记，《语言学论丛》第四十一辑。

黄成龙 2013a 藏缅语存在类动词的概念结构，《民族语文》第2期。

黄成龙 2013b 羌语中的生命度等级序列，《汉藏语学报》第7期。

黄成龙 2014a 藏语与喜马拉雅语言中存在类动词的概念结构，《语言科学》第5期。

黄成龙 2014b 类型学视野中的致使结构，《民族语文》第5期。

黄成龙 2015a 2014年羌语支语言研究前沿，《阿坝师范专科学校学报》第1期。

黄成龙 2015b 2014年境外与港台藏缅语研究前沿，《西南民族大学学报》第4期。

黄成龙、王术德 2007 蒲溪羌语的话题—评述结构，《语言暨语言学》第8卷第1期。

黄成龙、余文生 2007 羌语关系子句的类型，《汉藏语学报》第1期。

黄成龙、李云兵、王　锋 2011 纪录语言学：一门新兴交叉学科，《语言科学》第3期。

李　辉、金　力 2015 Y染色体与东亚族群演化，上海：上海科学技术出版社。

李　山、周发成 2002 论羌语语法中的否定形式，《民族语文》第1期。

李　元 1985《蜀水经》，成都：巴蜀书社。

刘光坤 1981 羌语中的藏语借词，《民族语文》第3期。

刘光坤 1984 羌语辅音韵尾研究，《民族语文》第4期。

刘光坤 1986 羌语中的长辅音，《民族语文》第4期。

刘光坤 1987 论羌语代词的格，《民族语文》第4期。

刘光坤 1997 羌语复辅音研究，《民族语文》第4期。

刘光坤 1998a 麻窝羌语研究，成都：四川民族出版社。

刘光坤 1998b 论羌语声调的产生和发展，《民族语文》第2期。

刘光坤 1999 论羌语动词的人称范畴，《民族语文》第1期。

马学良主编 2003《汉藏语概论》，北京：北京大学出版社。

聂鸿音 2000 道光《石泉县志》中的羌语词，《民族语文》第1期。

司马迁 1982《史记》，北京：中华书局。

孙宏开 1962 羌语概况，《中国语文》第12月号（总第121期）。

孙宏开 1981a 羌语动词的趋向范畴，《民族语文》第1期。

孙宏开 1981b《羌语简志》，北京：民族出版社。

孙宏开 1983a 川西民族走廊地区的语言，《西南民族研究》第1辑，成都：四川民族出版社。

孙宏开 1983b 六江流域的民族语言及其系属分类，《民族学报》第3期。

孙宏开 1986 试论邛笼文化与羌语支语言，《民族研究》第2期。

孙宏开 1988 论羌族双语制——兼谈汉语对羌语的影响，《民族语文》第4期。

孙宏开 2001 论藏缅语族中的羌语支，《语言暨语言学》第2卷第1期。

孙宏开 2011a 古代羌人和现代羌语支族群的关系，《西南民族大学学报》第1期。

孙宏开 2011b 羌语支在汉藏语系中的历史地位，《云南民族大学学报》第6期。

孙宏开 2016 藏缅语族羌语支研究，北京：中国社会科学出版社。

孙宏开、刘光坤 2014 羌语的调查研究，《阿坝师范专科学校学报》第3期。

王保锋 2016 龙溪羌语的构词法，《阿坝师范学院学报》第1期。

王保锋、王　蓓 2015 龙溪羌语施事格标记 le^{31} 的实验研究，《民族语文》第4期。

闻　宥 1940 论黑水羌语之 final plosives，《中国文化研究所集刊》第1卷。

闻　宥 1941 川西羌语之初步分析，《中国文化研究所集刊》第2卷。

闻　宥 1943 汶川瓦寺组羌语音系，《中国文化研究汇刊》第3卷。

闻　宥 1945 理番后二枯羌语音系，《中国文化研究所集刊》第4卷增刊。

闻　宥 1947 羌语方言中若干强子音之来源，《中国文化研究所集刊》第6卷。

闻　宥 1951 汶川萝卜寨辞汇简编（萝卜寨方言），《中国文化研究所集刊》第10卷。

闻　宥、傅懋勣 1943 汶川萝卜寨羌语音系，《中国文化研究所集刊》第3卷第2号。

汶川县地方志编纂委员会编 1992《汶川县志》，北京：民族出版社。

张　曦主编 2009《持颠扶危：羌族文化灾后重建省思》，北京：中央民族大学出版社。

周发成 2007 简论羌语格助词，《阿坝师范专科学校学报》第3期。

Aikhenvald, Alexandra Y. 2000. *Classifiers: A Typology of Noun Categorization Devices*. Oxford: Oxford University Press.

Aikhenvald, Alexandra Y. 2015. *The Art of Grammar*. Oxford: Oxford University Press.

Aikhenvald, Alexandra Y. and Dixon, R. M. W. eds. 2003. *Studies in Evidentiality*. Amsterdam and Philadelphia: John Benjamins Publishing Company.

Comrie, Bernard. 1989. *Language Universals and Linguistic Typology*. Oxford: Basil Blackwell.

Corbett, Greville G. 2000. *Number*. Cambridge: Cambridge University Press.

Dixon, R. M. W. ed. 1976. *Grammatical Categories in Australian Languages*. Canberra:

Australian Institute of Aboriginal Studies.

Dixon, R. M. W. 1994. *Ergativity*. Cambridge: Cambridge University Press.

Dixon, R. M. W. 2000. Comparative constructions: A cross-linguistic typology, *Studies in Language*. vol. 32.4.

Dixon, R. M. W. 2010a. *Basic Linguistic Theory Ⅰ: Methodology*. Oxford: Oxford University Press.

Dixon, R. M. W. 2010b. *Basic Linguistic Theory Ⅱ: Grammatical Topics*. Oxford: Oxford University Press.

Dixon, R. M. W. 2012. *Basic Linguistic Theory Ⅲ: Further Grammatical Topics*. Oxford: Oxford University Press.

Dixon, R. M. W. and Aikhenvald, Alexandra Y. eds. 2003. *Word: A Cross-linguistic Typology*. Cambridge: Cambridge University Press.

Dixon, R. M. W. and Aikenvald, Alexandra Y. eds. 2004. *Adjective Classes: A Cross-Linguistic Typology*. Oxford: Oxford University Press.

Dixon, R. M. W. and Aikhenvald, Alexandra Y. eds. 2005. *Serial Verb Constructions: A Cross-linguistic Typology*. Oxford: Oxford University Press.

Evans, Jonathan P. 2001a. *Introduction to Qiang Phonology and Lexicon: Synchrony and Diachrony*. Tokyo: Tokyo University of Foreign Studies.

Evans, Jonathan P. 2001b. Contact-induced tonogenesis in Southern Qiang, *Language and Linguistics*. vol. 2.2. Taiwan: Academia Sinica.

Evans, Jonathan P. 2006a. Vowel quality in hongyan Qiang, *Language and Linguistics*. vol. 7.4. Taipei: Academia Sinica.

Evans, Jonathan P. 2006b. Origins of vowel pharyngealization in hongyan Qiang, *Linguistics of the Tibeto-Burman Area*. vol. 29.2.

Evans, Jonathan P. and Huang Chenglong. 2007. A bottom-up approach to vowel systems: the case of Yadu Qiang. *Cahiers de Linguistique Asie Orientale*. vol. 36.2.

Evans, Jonathan P., Man-ni Chu, John A. D. Aston, Chao-yu Su. 2010. Linguistic and human effects on F0 in a tonal dialect of Qiang. *Phonetica*. vol. 67.

Givón, Talmy. ed. 1997. *Grammatical Relations: A functional perspective*. Amsterdam/Piladelphia: John Benjamins.

Huang Chenglong. 2004. A Reference Grammar of the Puxi Variety of Qiang. 香港城市大学博士论文。

Huang Chenglong. 2008. Relativization in Qiang, *Language and Linguistics*. vol. 9.4. 台北：中研院语言学研究所.

Huang Chenglong. 2009. Shared morphology in Qiang and Tibetan, *Senri Ethnological Studies* vol. 75. 大阪：日本国立民族学博物馆.

Lapolla, Randy J. 1994. Paralle grammaticalizations in Tibeto-Burman: Evidence of Sapir's "drift", *Linguistics of Tibeto-Burman Area*. vol. 17.1.

Lapolla, Randy J. and Huang Chenglong. 2003. *A Grammar of Qiang, with Annotated Texts and Glossary*. Berlin: Mouton de Gruyter.

Lapolla, Randy J. 2011. On transitivity in two Tibeto-Burman languages, *Studies in Language*. vol. 35.3.

Packard, Jerome L. 2000. *The Morphology of Chinese: A Linguistic and Cognitive Approach*. Cambridge University Press.

Payne, Thomas E. 1997. *Describing Morphosyntax: A Guide for Field Linguists*. Cambridge: Cambridge University Press.

Payne, Thomas E. 2006. *Exploring Language Structure: A Student's Guide*. Cambridge: Cambridge University Press.

Van Valin, Robert D. and Lapolla, Randy J. 1997. *Syntax:Structure, Meaning and Function*. Cambridge: Cambridge University Press.

Wen Yu, 1943. Verbal directive prefixes in the Jyarung and their Qiang equivalents.《中国文化研究所集刊》第3卷第1号。

Wen Yu, 1950. An abridged Ch'iang vocabulary（Chiu Tzu Ying dialect）.《中国文化研究所集刊》第9卷第2号。

Zheng Wuxi, 2017. *A Grammar of Longxi Qiang*. The Thesis for the Degree of Doctor of National University of Singapore.

调查手记

——他者与自我的寻旅

素有“云朵上的民族”之称的羌族，久居四川西北部，历史悠久，人文丰富。2015年，我们联合中国社会科学院民族学与人类学研究所、中国社会科学院研究生院、北京大学中文系、中央民族大学民族学与社会学学院、中央民族大学少数民族语言文学系等单位，组成课题组，承接“中国语言资源保护工程·濒危语言调查项目”的三个子课题——“羌语北部方言”“羌语南部方言蒲溪话”“羌语南部方言萝卜寨话”，进入羌区展开语言调查。以羌语为媒，我们2015年、2016年先后两次入驻羌寨，与羌族民众结缘。调查中的所行所见，不仅使我们感受到语言背后的羌人品格与文化，而且认识到作为语言学工作者在濒危语言保护道路上的责任与使命。

一　田野调查之路

课题组于2015年7月16日从北京出发，18日到达汶川县雁门乡萝卜寨村，19日开始进行萝卜寨话的纸笔记录，至8月底返程。期间又有负责摄录工作的人员相继到达，我们分工合作，完成了汶川县雁门乡萝卜寨村、理县蒲溪乡休溪村、松潘县小姓乡等地的羌语纸笔调查和摄录工作。

行走于乡野，除了按部就班展开科学调查与记录外，往往还伴随着意想不到的插曲。2015年8月10日，黄成龙带领课题组部分成员从镇江关一直往西，车行至一半时，遇泥石流把公路冲毁，无法通行。无独有偶，2015年8月18日课题组一行在前往埃溪村老村的途中遭遇暴雨，泥石流冲毁了路基，车辆再次受阻无法通行。

这样的情况在我们的调查中时有发生，每遇此况，总有热心的羌民前来相助。郎加他先生就是我们此行的“救星”，他多次协助我们走出困境，在没有旅店可住的小姓乡，他还将我们安置在自己家中，照顾我们的起居，并为我们在家中开辟出摄录工作的空间。羌民好客，由此可见一斑。

郎加他在修整路基　松潘县小姓乡埃溪村/2015.8.18/黄成龙 摄

课题组在调查　松潘县小姓乡新埃溪村/2015.8.11/王保锋 摄

二　田野调查之人

除了在行路中为我们提供帮助的羌民外，田野调查也让我们结识了许多朋友。每逢红白喜事，羌族都要煮咂酒（未蒸馏过的青稞酒），饮咂酒。喝咂酒时，村寨里德高望重者会致开坛词。我们听说，小姓乡最会致开坛词的是龙波他，他是大尔边村的羌族，多声部州级传承人。得知我们采录的意愿后，他热情地为我们致开坛词，并悉心讲解其中的羌族文化。不禁使我们感慨，语言科学的背后是浓浓的人文情怀。

龙波他致开坛词　松潘县小姓乡埃溪村/2016.6.30/黄成龙 摄

羌民爱唱歌，他们常常歌唱生活，抒发情感。2016年，当我们完成对松潘羌语的补充调查将要离开的前一晚，大尔边村的热么带着十岁的孙子共金见搓前来送行，为我们演唱了羌族多声部歌曲《妮莎》。祖孙两代人的声音共同响起，一个苍劲，一个稚嫩，但都表达着相同的情感，那歌声里流淌着对故土的挚爱，对来客的挽留，令听者动容。

甲波牙先生，与我们相识于2015年，他性格耿直，友好谦逊。长于言谈的他羌语流利，更令我们惊喜的是他对羌族文化的熟稔。除了既定的内容，我们还从他那儿收集了许多当地羌族的谚语和谜语。令人悲痛的是我们离开不久，他便离世了。得知他离世的消息，我们悲痛的同时，也深感语言的调查更是人的调查，作为濒危语言项目的实施者，我们的工作是有意义的，也是紧迫的。

共金见搓演唱羌族多声部歌曲　松潘县小姓乡埃溪村/2016.7.6/黄成龙 摄

三　田野调查之感

与我们一同参与调查的还有几位当地关心羌族文化的热心人，他们虽非语言学学者，并不熟悉语言调查的内容，但却因生于斯，长于斯，而熟悉地方知识，与我们结伴调查，为我们提供便利的同时，他们也从中获得了对本民族语言和文化的再认识。而我们的语言发音人，他们忧于当前羌语逐渐濒危的态势，无私地为我们提供所需，希望为子孙后世留下这宝贵的文化遗产。他们的感想朴实无华，却发人深省。

发音人郎加他的感想：我是羌族，生长于羌、藏、汉交融的埃溪村。这里的语言比较复杂，我们会说羌语、藏语和汉语三种语言。我们这代人对羌语有着特殊的情感，所以交流时常常使用羌语，因此这里的羌语保存得也比较完整。

现在的年轻人基本上都出去打工了，在家的都是小娃娃。他们在学校学的是汉语，回到家接触手机、电视和电脑等时用的也都是汉语，因此羌语就用得少了。我们对他们回家不说羌语的行为比较反感，年轻人和学生娃娃一回来我们就尽量引导他们说羌语，要求他们记住自己的根，让他们把自己的语言文化传承下去。这需要我们有意识地去引导和培养。

调查者陈维康（茂县教育局）的感想：羌语作为一种濒危语言，再不抢救保护，她将面临失传的危险。羌族作为中华民族大家庭中的一员，其语言文字和流传千百年的传统文化具有很高的历史价值和学术价值。羌语作为这个民族的交际工具，其产生和发展不是一蹴而就的事，她是这个民族在生产、生活中不断积累的智慧集锦，有其文化内涵，不是凭空创制的。基于此，“中国语言资源保护工程·濒危语言项目”调查组黄成龙教授一行，对松潘羌语进行抢救性调查收集，并以志书的形式进行记录和保护具有极其重要的意义。

希望政府各级相关部门对于羌族语言文字的保护和传承高度重视，不要到这种语言消失以后才知道她的重要性。通过立法的形式保护好羌族语言文化，促进文化多样性发展，保护和传承羌民族的语言文化。

调查者王术德的感想：跟黄成龙教授认识快二十年了，正是因为跟他接触，我才知道了语言学这门学科的重要性。语言作为民族文化的重要载体，有着不可替代的作用，本人也是学民族语言的，也从事了很多年的语言文化工作，虽然对语言学的研究并不多，但对濒危语言羌语的传承和保护也是忧心忡忡。

2000年我有幸作为黄成龙教授的发音合作人，并参与了《蒲溪羌语研究》的编写工作。原来我认为家乡话保存得相当完整，但这项工作让我认识到蒲溪羌语也正在经历迅速的裂变，在加速地消失。父老乡亲们似乎也有同感，为了保护和传承羌语，我们建立了许多使用羌语交流的QQ群和微信群。在群内交流时，父老乡亲的交流很用心。我发现他们传递出来的文化是如此的厚重和亲切，蕴含着无法用汉语表达的发自内心的真情实感。

之后，从2003年到2007年，在参加《羌族释比经典》的编写工作中，我接触了羌语的方言土语，也发现方言土语之间的差别还挺大。这些“释比”老人所唱的经典多是用古羌语唱述的，我发现古今羌语也有不少变化。要是没人研究，语言传承恐怕也很难。

影响羌语传承和保护的因素很多，但我认为最重要的是羌语的实用性在现代生活和就业生存环境中面临着巨大的压力，以致年轻人失去了学习的积极性。

要搞好羌语的传承，我认为应该在体制层面上加大保护力度。现在国家对少数民族的语言文化越来越重视了，我希望通过实施一系列文化工程，出台相关的法律法规，以更好、更长久地保护少数民族的语言和文化。

对于即将出台的《阿坝藏族羌族自治州藏族羌族语言文字保护条例》，我充满期待，希望通过《条例》的实施，进一步推广羌文，扩大羌族学生的求学和就业机会，以此可以起到保护羌语的作用。

调查者毛明军的感想：羌语作为一种濒危语言，目前亟须传承和保护。我从事羌族文化保护和语言研究多年，据我所知，松潘县小姓乡地处藏、羌民族融合地带，小姓羌族既使用藏语，也使用羌语。羌语能够延续使用至今，与其相对封闭的自然环境和地理位置有极大的关系，两种民族的语言既有相互借鉴的词汇，又均保留较为完好的语言结构。

“5·12”汶川大地震后，受损的羌族村寨整体搬迁至河谷地带，紧邻公路或省道，与外界的沟通与交通日益便捷。为了便于和外界交流，在这些地方生活的羌族日常生活中倾向于使用汉语，羌语使用频率较低，词汇流失速度加快。在中小学教育中，多使用汉语教学，忽略羌语的教学，缺少完善的羌语和羌文化教学体系与教材，这是一个亟待解决的问题，我也希望能够引起有关部门足够的重视。

黄成龙教授及课题组成员，多次深入松潘县小姓乡等羌族村寨进行田野调查，得到了当地村民和羌族文化传承者的积极帮助和支持，收集了大量的语言材料和影像资料，基本上弄清了松潘羌语的使用现状和传承状况，是非常宝贵的第一手资料。我认为语言的传承是一个民族得以发展的核心。羌族是一个历史悠久、文化底蕴深厚且魅力非凡的民族。本书的编写，能够记录语言、保护文化、传承文明，对羌语的继承与发展有巨大的促进作用，这样的工作若能持续下去，一定能让羌族语言与文化在未来散发出独具特色的魅力。

语言学田野调查是富有魅力的人类实践活动，当我们的团队离开羌寨，踏上归途，每个成员都感慨万千。这是一趟他者与自我的发现之旅，濒危语言调查对世居于此的羌人而言，看似是在配合我们的科学工作，但这又何尝不是一种自我发现？而于我们这些调查者而言，看似在留住渐已消失的他民族语言，然而这又何尝不是一种自我的修行？

后　记

本研究是教育部、国家语委重大专项“中国语言资源保护工程·濒危语言项目”的子课题“羌语北部方言”最终成果的一部分。课题能顺利立项以及能按时完成，得到教育部、国家语委、中国社会科学院民族学与人类学研究所、四川省民族宗教委员会、四川省阿坝藏族羌族自治州黄龙风景名胜区管理局、茂县教育局、茂县地方史志办公室、松潘县小姓乡、松潘县小姓乡埃溪村民委员会的大力支持。在此向各级机构、单位表示最诚挚的谢意！同时在此也向积极配合、倾力支持调研的松潘县人民政府、松潘县县委以及各级党政行政机关，以及抽出自己的时间帮助我们完成个案调查的普通群众表示感谢！

本项目课题组成员共有10人，分别来自中国社会科学院民族学与人类学研究所、中国社会科学院研究生院、北京大学中文系、中央民族大学民族学与社会学学院、中央民族大学少数民族语言文学系、四川省阿坝藏族羌族自治州黄龙风景名胜区管理局、茂县教育局、四川省阿坝藏族羌族自治州中等职业技术学校，在职干部6人、硕博研究生4人，分属羌族和汉族。

在两次调查中，课题组得到党政机关和民间机构的积极配合和支持，获得第一手丰富的材料，为完成语言志提供了坚实的基础，在此一并致谢！

本语言志撰写分工如下：

第一章　导论：张曦　董瑶　宋佳

第二章　语音：魏久乔　黄成龙

第三章　词汇：王保锋（第1—2节）毛明军、陈维康、王术德（第3节）

第四章　分类词表：王保锋　宋佳

第五章　语法：黄成龙　毛明军

第六章　话语材料：黄成龙　毛明军　王保锋

全书由黄成龙和王保锋统稿。

松潘羌语基本上没有前期的调查成果，语言志涉及语音、词汇、语法、语言生态和话语材料等诸方面，由于调研时间、人力及条件的限制，本调研组尽管做出了诸多努力，但形成的语言志还是不尽人意，未能对松潘羌语进行全面深入地分析和描写，这还有待于今后进一步深入调查研究。

李大勤作为本书的执行编委和主编之一，一字一句地审读了本书的一审稿，提出了许多非常中肯的修改意见。他提出的多数意见都被吸纳到本书的二审稿中。黄行研究员作为本书的主编在肯定二审稿的同时，提出了非常有见地的修改建议。总主编曹志耘教授和责任编辑王丽艳女士在三审的过程提出了许多宝贵意见和建议，使得本书稿的质量在会审后得到进一步完善。中国传媒大学的朱苗苗和林鑫两位同学先后作为中国少数民族濒危语言志的联络人，为本书做了许多辛勤劳动。在此一并致谢！由于本语言志作者专业不同，含人类学、民族学和语言学几大专业背景，课题组成员专业知识不同、专业水平也存在差异，加之书稿统稿者水平所限，书中错漏之处在所难免，还望批评指正。

黄成龙

2018年8月10日